Martina Fuchs / Christoph Rella (Hgg.)

Ein „ganz normaler" Soldat?

Martina Fuchs / Christoph Rella (Hgg.)

Ein „ganz normaler" Soldat?

Feldpostbriefe eines Wiener Unteroffiziers

Von Polen bis Stalingrad

1. Auflage 2023
Alle Rechte vorbehalten
Copyright © 2023 by Kral-Verlag, Kral GmbH,
J.-F.-Kennedy-Platz 2
A-2560 Berndorf
Tel.: +43 (0) 660 4357604
Tel.: +43 (0) 2672/82 236-0, Fax: Dw. 4
E-Mail: office@kral-verlag.at

Für den Inhalt verantwortlich:
Martina Fuchs / Christoph Rella (Hgg.)

Fotos und Dokumente: © Christoph Rella, Küb

Kartenmaterial: University of Texas Libraries, CC BY-SA 3.0, via Wikimedia Commons / Moritz Ziegler

Umschlag- und grafische Innengestaltung:
office@xl-graphic.at | Wien

Printed in EU
ISBN: 978-3-99103-110-9

Besuchen Sie uns im Internet: www.kral-verlag.at

Inhaltsverzeichnis

Vorwort 7

I. Einleitung 9

1. Der Briefschreiber und sein Umfeld 11
   a. Karl Josef Wintereder 11
   b. Die Eltern Wintereder 17
   c. Die Schwestern Wintereder 19

2. Die Quelle 23
   a. Feldpost im Zweiten Weltkrieg 23
   b. Frauen – Berge – Krieg:
      Zur Charakteristik der Feldpostbriefe Karl Winterders 27
   c. Quellenbestand – Editorische Notiz 31

II. Die Feldpostbriefe 35

1. Ausbildung und Feuertaufe 36
2. Urlaub vom Krieg 47
3. Westfeldzug und Verwundung 58
4. Ruhe vor dem Sturm 68
5. Einsatz im Osten 77
6. Bis zur Wolga 91
7. Vor Stalingrad 107

Literatur und gedruckte Quellen 140
Anmerkungen 145

Vorwort

Küb am Semmering, Juli 2001. Auf dem Wohnzimmertisch in der Sommerwohnung von Oswald und Anni Wager liegt eine zeitgenössische Landkarte der Ukraine ausgebreitet. Von einer Studienreise nach Lemberg heimgekehrt, berichtet Christoph Rella seinem Großonkel und seiner Großtante über seinen Erfahrungen in diesem Land, als Oswalds Finger über das Papier gleitend auf einem Punkt – den Dnjepr bei Kiew – zum Ruhen kommt. Mit stockender Stimme erzählt er kurz von seiner Zeit als junger Panzersoldat bei der Deutschen Wehrmacht und davon, wie er 1943 an der genannten Stelle mit seiner Einheit von der Roten Armee beinahe eingeschlossen worden wäre. Bald kommt das Gespräch auf Annis Bruder Karl Wintereder – und dessen trauriges Ende im Kessel von Stalingrad. Es war dies das erste Mal, dass die Verwandten mit Christoph Rella über das Schicksal ihres Bruders und Schwagers sprachen. Der Name des Vermissten war ihm damals bereits ein Begriff gewesen, nicht aber die besondere Tragik rund um seine Person.

Erst nach dem Tod des Ehepaares stellte sich heraus, dass sich von Karl Wintereder zahlreiche Briefe, Fotografien und Dokumente erhalten hatten: 2016 überantwortete Oswald Wager Junior diesen Nachlass Christoph Rella.

Nachdem die beiden Herausgeber bereits einen Band mit Feldpostbriefen aus der Zeit des Ersten Weltkrieges ediert hatten, trat dieses bewährte Duo wieder in Aktion, sichtete das übergebene Material und kam rasch zu der Einsicht, dass diese Korrespondenz eines „einfachen Soldaten" durchaus bemerkenswert sei und es verdiene, einer breiteren Öffentlichkeit zugänglich gemacht zu werden.

Unser Dank gilt Oswald Wager, der nicht nur – wie eben erwähnt – das Quellenmaterial zur Verfügung stellte und seine Zustimmung zur Veröffentlichung gab, sondern auch immer wieder Fragen zur Familiengeschichte beantwortete und das Entstehen dieses Buches mit Interesse verfolgte.

Ralph Andraschek-Holzer hat uns auf dem Weg von der Idee zum „Endprodukt" mit viel Engagement, Fachwissen und Geduld begleitet – ohne seine Unterstützung hätten wir wohl gelegentlich verzagt.

Katrin Rella sei für ihre Langmut diesem mehrjährigen Projekt gegenüber gedankt.

Robert Ivancich, Inhaber des Kral-Verlages, zeigte von Anbeginn Interesse an unserem Vorhaben und war bereit, das Buch in sein Verlagsprogramm aufzunehmen – und das in Zeiten, in denen das Interesse an gedruckten Büchern leider rapide schwindet, wovon mittlerweile sogar zeitgeschichtliche Themen betroffen sind. Dr. Christian Bendl, Verlagskoordinator im Kral-Verlag, hat uns umsichtig betreut, und nicht nur das: Man spürte stets seine persönliche Anteilnahme an diesem Buchprojekt und die Freude an seiner Arbeit. Ihnen beiden ein aufrichtiges Dankeschön!

Herzlicher Dank ergeht nicht zuletzt an Moritz Ziegler für die Erstellung und Bearbeitung der Landkarten, die dieser Edition beigegeben sind sowie an Walter Fritz, xl-graphic, für das Buchlayout.

Wien und Küb im Jänner 2023
Martina Fuchs und Christoph Rella

I. Einleitung

1. Der Briefschreiber und sein Umfeld

a. Karl Josef Wintereder

Karl Wintereder in Zivil

Karl Josef Wintereder (1916–1943) wurde am 15. September 1916 in Groß-Raßberg Nr. 16 bei Anzbach (NÖ) als Sohn des Karl Wintereder (1891–1947) und der Mathilde Christ (1890–1959) geboren.[1] Obwohl in ärmlichen Verhältnissen aufgewachsen, genoss er eigenen Angaben zufolge eine unbeschwerte Kindheit („Meine Jugend war arm an Gut und Geld, aber viel schöner und lehrreicher als die reicher Eltern Kind"[2]). Im Alter von sechs Jahren besuchte er die sechsklassige Allgemeine Volksschule in Pressbaum (NÖ), im Herbst 1927 wechselte er an die dortige Bürgerschule, die er mit Mühe 1930 abschloss. Karl war, wie er in seinem Tagebuch anvertraute, „keiner von den braven Jungs"[3] – und dementsprechend schlecht waren seine Zensuren. Schrieb er während der Volksschulzeit noch gute Noten, so schwand mit dem Schulwechsel der Lerneifer. Wie ein Blick in das Abschlusszeugnis des Jahres 1927/28 zeigt, erreichte er in nahezu allen Lehrgegenständen lediglich das Kalkül „Genügend", ein Umstand, der sich erst mit dem Wechsel an die Allgemein-Gewerbliche Fortbildungsschule (Berufsschule) in Pressbaum verbessern sollte. Mit Ausnahme der Fächer Schönschreiben sowie Erdkunde und Geschichte, die mit Minderleistungen belegt wurden, wies das Entlassungszeugnis durchwegs „Sehr gut" und „Gut" aus. Darüber hinaus wusste sich Karl, wie die Betragensnote verrät („Sehr gut"), offenkundig zu benehmen.[4]

Am 13. August 1930 trat Karl Wintereder als Lehrling in den Dienst der Bau- und Kunstschlosserei Jakob Weinstabl in Pressbaum und blieb hier bis Dezember 1934 als „Gehilfe" beschäftigt. Später sollte er diese Lehrjahre als eine seiner „bittersten Zeiten" bezeichnen, umso größer war die Freude, als ihm am 6. April 1935 von der Schlosser-Innung der Gesellenbrief verliehen wurde.[5] Zu diesem Zeitpunkt lebte Karl bereits in der Millergasse Nr. 46 im 6. Wiener Gemeinde-

Bundesland: Niederösterreich. Zahl: 7
Schulbezirk: Hietzing Umgeb. Schuljahr 1929/30.

Entlassungszeugnis.

Wintereder Karl, geboren am 15. Sept. 1916 zu Auerbach in Niederösterreich, röm.-kath. Religion, Schüler der dritten Klasse an der öffentlichen Knaben- Bürgerschule mit Zulassung von Mädchen in Purkersdorf, erhält hiemit ein Entlassungszeugnis nach § 176 der Ministerialverordnung vom 29. September 1905, Z. 13200, mit folgenden Noten:

Betragen: sehr gut

Fleiß: gut

Lehrgegenstände	Fortgang	Unterschriften
Religion	sehr gut	Thomas Guggenberger
Unterrichtssprache und Geschäftsaufsätze	gut	R. Rubenzucker
Erdkunde und Geschichte	genügend	Karl Rienmüller
Naturgeschichte	sehr gut	
Naturlehre	sehr gut	Hans Mayer
Rechnen und einfache Buchführung	gut	
Raumlehre und geometrisches Zeichnen	gut	R. Rubenzucker
Freihandzeichnen	gut	Franz Tausch
Schönschreiben	genügend	Karl Spindler
Gesang	sehr gut	
Turnen — Weibliche Handarbeiten	sehr gut	R. Rubenzucker
Freigegenstände Turnen	—	
Sprache	—	
Kurzschrift (1. Abt.)	gut	Oskar Grossweiny
Hauswirtschaftlicher Unterricht	—	

Äußere Form der Arbeiten: gut

Zahl der versäumten halben Schultage 14; davon nicht entschuldigt 0

Dieser Schüler hat die allgemeine Volksschule vom 16. Sept. 1922 bis 3. Juli 1927, die Bürgerschule vom 10. Sept. 1927 bis 5. Juli 1930 besucht und letztere vollständig absolviert.

Karls Entlassungszeugnis 1930

Obwohl Schlosser-Geselle, fand der Briefschreiber keine Arbeit.

bezirk, wohin die Eltern zwischenzeitlich übersiedelt waren. Die Hoffnung, in der Großstadt rasch Arbeit als Schlosser zu finden, erfüllten sich nicht, und so musste sich der junge Mann zunächst als Hilfsarbeiter verdingen. Willkommene Abwechslung boten der regelmäßige Besuch des Lokals des Deutschen Turner-Bunds in Wien-Meidling sowie das Bergsteigen, eine Passion, die in seinem Leben bestimmend war und die ihn auch als Frontsoldat stets begleitete. 1939 trat er dem Ostmärkischen Gebirgsverein, der „österreichischen" Zweigstelle des Deutschen Alpenvereins, als Mitglied bei.[6]

Mit der Einberufung in das Österreichische Bundesheer im Herbst 1937 erfuhr das Leben des Briefschreibers eine entscheidende Wendung. „Ich wurde", so hielt er später in seinem Tagebuch fest, „in eine mir völlig fremde Umgebung hineingestoßen."[7]

Als die Republik Österreich im März 1938 durch den so genannten „Anschluss" Teil des Deutschen Reiches wurde, wurde er als Soldat in die Deutsche Wehrmacht übernommen – eine Entwicklung, die er sowohl beruflich wie auch politisch begrüßte. „Nun war alles vorbei, wir waren frei und unabhängig und konnten uns als Deutsche bekennen",[8] notierte er. Es folgten entbehrungsreiche

Soldaten des Österreichischen Bundesheeres

Garnisonsaufenthalte in Krems a. D. und Znaim/Znojmo („Keine Quartiere, keine Kasernen, kalte und feuchte Witterung"[9]), jedoch sollte sich seine Diensteinteilung mit der Versetzung in die Telefonzentrale der Adolf-Hitler-Kaserne in Brünn/Brno bald bessern. „Nun, mir gefällt es ausgezeichnet", schrieb Karl im Juni 1939 an seine Eltern: „Der Dienst ist auch schön eingeteilt, bloß 12h Arbeit und 24 frei, doch nicht schlecht, nein?"[10]

Karl Wintereder diente in der Fernmeldetruppe der Wehrmacht, genau genommen in der Nachrichtenstaffel II/132, der er am 22. Juni 1939 zugeteilt wurde. Bei seiner Dienststelle handelte es sich um den Stab des II. Bataillons im Infanterie-Regiment 132, das 1938 im Wehrkreis 17 (Wien) aufgestellt worden war und der 44. Infanterie-Division angehörte. Friedensstandort des Bataillons war Znaim bzw. Brünn, seit der Zerschlagung der Tschechoslowakei im März 1939 Teil des „Reichsprotektorats Böhmen und Mähren".[11]

Mit den Tschechen wurde Karl übrigens nie wirklich warm. „Es ist ganz unglaublich, wie die Menschen hier sind", notierte er im Mai 1939 nachdenklich. „Die Deutschen wie die Tschechen sind nicht zufrieden. Die Deutschen wollen's besser haben und ins Reich ganz eingegliedert werden. Und die Tschechen wollen natürlich wieder frei sein. Wenn Deutschland nicht gut aufpaßt, so nährt es einen Parasiten."[12]

Die Deutschfreundlichkeit des Briefschreibers ist hier nicht zu übersehen. Zwar war er im Unterschied zu seinem Vater nicht eingetragenes Mitglied der NSDAP, aber dennoch begeisterter Anhänger des Nationalsozialismus. Die Verbundenheit mit dem NS-Staat im Allgemeinen und der Wehrmacht im Speziellen äußerte sich nicht nur in Bemerkungen zu politischen und gesellschaftlichen Fragen, sondern auch in einem konsequenten Loyalitätsempfinden und Opferbereitschaft. „[...] möchte ich doch so gerne auch mit dabei sein, wenn es heißt, fest und stark für Deutschland zu kämpfen",[13] schrieb er im April 1940 von Kreiensen aus. Und noch im Jänner 1943, im Kessel von Stalingrad, notierte er verärgert: „Wir haben so ein paar alte Miesmacher, die täglich schwarz sehen und erst jetzt richtig merken, was überhaupt Krieg ist, denn bis vor kurzem haben die außer einigen Bomben noch nichts bemerkt. [...] Doch wenn dieses ängstliche Getue nicht bald aufhört, dann fahre ich aber einmal ganz kräftig drein."[14] Die Treue zu Hitler bestimmte wenig überraschend auch Karls Privatleben, wie dieser Tagebucheintrag vom April 1939 zeigt: „Ich glaube, daß ich es fertigbrachte und auf die ganz große Liebe verzichten kann, denn ich will ja doch meine Jugend unserem Führer geben."[15]

Wobei, halten konnte Karl Wintereder dieses Versprechen nicht. Denn in Wirklichkeit war der Wiener ein „Womanizer", der viele Freundinnen hatte und auf der Suche nach „der Frau für's Leben" war. Wie aus den Feldpostbriefen hervorgeht, war er während des Krieges zumindest mit zwei Frauen – Stefanie und Luise – gleichzeitig liiert: Bei „Steffi" handelte es sich wohl um die Tochter des Tischlermeisters Otto Strondl, der mit der Familie Wintereder befreundet war und im 16. Wiener Gemeindebezirk eine Werkstatt besaß. Über Luise Glaser ist hingegen nur bekannt, dass sie ebenfalls in Wien lebte und im Gesundheitsbereich tätig war.[16] Während Karl die Zuneigung der beiden Damen genoss, gerieten sich Stefanie und Luise, die voneinander wussten, zunehmend in die Haare – und die Dreiecksbeziehung endete beinahe in einer Tragödie. Als Stefanie im Frühjahr 1941 einen Selbstmordversuch unternahm, drängte Luise ihren im Feld stehenden Freund Karl, diesen unerträglichen Zustand zu beenden: „Wenn Du fühlst, das Deine mir so wohltuende Liebe doch mehr für die Steffi sprechen, so habe ich ihr zwar unter Tränen das Wort gegeben, das ich Dich wieder frei gebe. Bitte Schatzerl, entscheide."[17]

Offenkundig waren die beiden Damen nicht die einzigen, die Karl in sein Herz ließ, ist doch in den Briefen von einem weiteren Mädchen, Beate, sowie von einer Frauenbekanntschaft aus seiner Zeit in Charkow/Charkiw die Rede.[18] Angesichts der zahlreichen Verehrerinnen mag Karls ausgeprägter Sexualtrieb nicht verwundern. Die Versuche, seine „fast tierische Leidenschaft"[19] zu zügeln, ließen ihn beinahe zwischen Bedürfnis und Ideal zerbrechen. Karl sollte nicht mehr heiraten können, und auch der Traum von einem Eigenheim, für das er bereits ein Grundstück suchte, ging nicht in Erfüllung.

Karl Wintereder, am 1. Oktober 1939 zum Unteroffizier befördert,[20] machte während seines dreieinhalbjährigen Kriegsdienstes in der Wehrmacht insgesamt drei Feldzüge – Polen 1939, Frankreich 1940 und Sowjetunion 1941–1943 – mit.[21] Am 24. August 1939, sieben Tage vor Ausbruch des Zweiten Weltkrieges, wurde seine Einheit, die Nachrichtenstaffel II/132, in ihren Bereitstellungsraum an die schlesisch-polnische Grenze befohlen. Der Feldzug führte den Briefschreiber über Krakau/Kraków, Tarnow/Tarnów und Dembitza/Dębica bis an die deutsch-sowjetische Demarkationslinie bei Rzeszów. Nach dreiwöchiger Besatzungszeit in Ostpolen wurde die Staffel zunächst nach Hamburg und schließlich im Februar 1940 ins niedersächsische Einbeck (südlich von Hannover) befohlen. Während des Frankreich-Feldzuges nahm Karl an der Durchbruchschlacht an der Somme und Oise teil. Am 5. Juni 1940 bei Péronne im Gesäß- und Bauchbereich schwer verwundet, brachte er bis zu seiner Entlassung mehrere Wochen im Reservelazarett von Gotha zu. Nach seiner Genesung wurde der Unteroffizier zunächst dem Ersatz-Bataillon I/132 in Senitz/Senica (Slowakei) zugeteilt und im Februar in die Intendantur des Generalkommandos des LI. Armeekorps versetzt. In dieser Verwendung nahm Karl im April 1941 (von der Steiermark aus) am Feldzug gegen Jugoslawien teil und blieb für kurze Zeit in Agram/Zagreb stationiert.

Die meiste Zeit des Kriegsdienstes leistete der Unteroffizier zwischen Juni 1941 und Jänner 1943 in der Sowjetunion, die er wiederholt als „scheußliches Land" bezeichnete, ab.[22] Der Feldzug führte ihn zunächst bis an den Dnjepr und vor Kiew/Kijew/Kyjiw, wo er im Oktober 1941 an Gelbfieber erkrankte und neuerlich in ein Lazarett eingewiesen wurde. Nach seiner Genesung trat Karl im Dezember seinen Posten als „Nachschubler" im Generalkommando des LI. Korps wieder an, im Juni 1942 – kurz vor der Sommeroffensive der Wehrmacht gegen Stalingrad und den Kaukasus („Fall Blau") – wechselte er zu einem neuen „Haufen", dem Stab des Nachschub-Bataillons 542: Dieses war 1939 im Wehrkreis 4 (Dresden) aufgestellt und in Polen sowie Frankreich eingesetzt worden; ab 1941 unterstand es der 6. Armee und ging mit dieser in Stalingrad unter.[23]

Im Zuge der Offensive erreichte Wintereder im August 1942 den Don und schließlich das Gebiet von Stalingrad. Mit der Einkesselung der 6. Armee war das Schicksal des Unteroffiziers, auch wenn er dies bis zuletzt nicht wahrhaben wollte, besiegelt. Die letzten Wochen seines Lebens brachte er in einem „Küchenbunker" zu; seine letzte Nachricht datiert vom 8. Jänner 1943: Der an seine Schwester Grete gerichtete Brief wurde noch mit einem der letzten Flugzeuge aus dem Kessel ausgeflogen.

Über Karl Wintereders weiteres Schicksal ist nichts bekannt. Wiederholte Anfragen der Angehörigen bei Regierungsbehörden und beim Deutschen Roten Kreuz erbrachten keine konkreten Erkenntnisse. So teilte das österreichische Innenministerium der Familie 1952 über den Verbleib des Sohnes mit, „daß derzeit keine Nachrichten vorliegen, die einen einwandfreien Aufschluß über sein weiteres Schicksal geben könnten. Aus den Umständen, die zum Vermißtsein führten, läßt sich die Wahrscheinlichkeit ableiten, daß der Vermißte nicht mehr am Leben ist."[24] Diese Vermutung sollte sich Jahrzehnte später bestätigen. Wie die Dokumentationsstelle ÖKIS (Österreichische Kriegsgefangene und Internierte in der Sowjetunion) in Graz in einem Schreiben vom 26. August 1993 festhielt, dürfte „der Gesuchte von der sowjetischen Hauptlagerverwaltung für Kriegsgefangene und Internierte nicht registriert" worden sein und daher „im Kessel von Stalingrad den Tod gefunden" haben.[25]

Seit 1999 erinnert die Ruhe- und Erinnerungsstätte Rossoschka bei Wolgograd an die in der Schlacht von Stalingrad gefallenen, nicht mehr zu bergenden sowie vermissten Wehrmachtssoldaten.

Militärische Auszeichnungen, gemeinhin ein wichtiges Thema in Feldpostbriefen, werden von Karl an keiner Stelle erwähnt: Jedenfalls wurde er mit dem Eisernen Kreuz 2. Klasse dekoriert, wie ein Portraitfoto belegt (vgl. Abb. S.45). Nach seiner Verwundung in Frankreich müsste ihm „zumindest" das Verwundetenabzeichen in Schwarz verliehen worden sein – dafür gibt es allerdings keinen Beleg. Erhalten ist lediglich eine frühe Urkunde über die Verleihung der „Sudetenland-Medaille".[26]

Bekannt ist dagegen, dass Wintereder ein begeisterter Fotograf war, der sich Filme von zu Hause schicken ließ und sich im Mai 1942 eine neue Kamera, eine Leica, leistete: Zahlreiche seiner Aufnahmen sind erhalten – einige davon finden sich in diesem Buch abgedruckt.

b. Die Eltern Wintereder

Karl Wintereder Senior (1891–1947) wurde am 15. Jänner 1891 in Preinsbach Nr. 12 bei Amstetten (NÖ) geboren. Sein gleichnamiger Vater (1866–1929) stammte aus Matzendorf bei St. Georgen (NÖ) und war zuletzt als Platzmeister bei den Österreichischen Bundesbahnen beschäftigt. Seine Mutter Rosina Brunbauer (1866–1917) stammte ebenfalls aus Amstetten; die Vermählung des Paares fand am 5. März 1889 in der Stadtkirche statt.[27] Nach dem Besuch der Pflichtschule trat Karl Senior am 15. Jänner 1905 eine Lehre als Mechaniker und Elektromonteur bei der Dynamo- und Elektromotorenbauanstalt in Wien an, die er am 15. Juli 1908 erfolgreich mit der Gesellenprüfung abschloss.[28] 1914 rückte er als Soldat zum Militärdienst in das k.u.k. Infanterie-Regiment 49 ein und wurde nach einer Verwundung im Herbst 1915 mit der Bronzenen Tapferkeitsmedaille ausgezeichnet.[29] Nach seiner Entlassung 1918 tat sich der Vater schwer, im republikanischen Nachkriegsösterreich Fuß zu fassen und Arbeit zu finden. Die Beschäftigungen, die er ausübte, waren meist von kurzer Dauer. Nachdem er im November 1925, nach nur dreieinhalb Jahren Dienst, als Elektroschlosser bei der A.E.G. Union

Karl mit seinen Eltern und den beiden Schwestern

Wien gekündigt worden war, jobbte der Senior – unterbrochen durch häufige Phasen der Arbeitslosigkeit – unter anderem als Hausmonteur in einer Werkstätte und als Geschäftsdiener in einer Buchdruckerei.[30]

In politischer Hinsicht war Karl Wintereder Senior zunächst Sozialdemokrat und Funktionär der österreichischen Sozialdemokratischen Arbeiterpartei (SDAP). „Wie es so vielen ging, wurde auch er arbeitslos, zwar eine Unterstützung hatten wir, aber was war das? Ein Tropfen auf den heißen Stein", vermerkte sein Sohn im Tagebuch: „Dazu kam noch, daß er viele Parteiarbeiten hatte und wir zu guter letzt überhaupt keinen Vater mehr hatten. Die Arbeit wurde immer mehr, aber wenn die Mutter oder Vater von Arbeit, die Lohn trägt, sprachen, waren fast alle taub."[31] Seine Arbeitsstelle als Elektromonteur bei der A.E.G. erhielt der Senior erst nach der Machtergreifung Hitlers in Österreich im Mai 1938 zurück, ein halbes Jahr später wechselte er auf den für ihn angenehmeren Posten eines Hauselektrikers bei der Email- und Metallwarenfabrik Wien.[32] Dieser berufliche Aufstieg war kein Zufall. Wie Karl Junior in seinem Tagebuch berichtet, war Vater Wintereder bereits vor 1938 als „Illegaler" der NSDAP beigetreten und zum „Politischen Leiter" aufgestiegen. Und wie zuvor bei der SDAP sollte ihn auch diese Parteifunktion, die auf die politische Überwachung, propagandistische Ausrichtung und weltanschauliche Schulung der Bevölkerung ausgerichtet war, vollkommen ausfüllen.[33] Mit den früheren politischen Verhältnissen in Österreich wollte er nichts mehr zu tun haben, ebenso wenig mit der katholischen Kirche, der er wohl nur äußerlich angehört hatte und aus der er schon im Jahr 1923 ausgetreten war.[34]

Privat war Karl Senior mit der aus Mähren gebürtigen Schuhmachertochter Mathilde Christ (1890–1959) liiert, die er am 30. Jänner 1916 in der Pfarrkirche von Anzbach geheiratet hatte. Mathilde Wintereder wurde am 26. Jänner 1890 in Fulnek, wenige Kilometer südlich von Ostrau/Ostrava, geboren.[35] Nach dem Besuch der Allgemeinen Volksschule sowie der Mädchen-Bürgerschule in Odrau/Ordy arbeitete sie während des Ersten Weltkriegs als Dienstmädchen in Ostrau, wo sie möglicherweise ihren späteren Mann kennen und lieben lernte.[36] 1916 schenkte sie Sohn Karl das Leben, 1918 kam Töchterchen Margarete (Grete) und 1924 Nesthäkchen Mathilde (Anna) auf die Welt. Um das Jahr 1925 übersiedelte die Familie von Anzbach nach Pressbaum (Hauptstraße Nr. 53) und schließlich nach Wien, wo man in der Millergasse eine kleine Wohnung bezog und bis auf den einen oder anderen Urlaub in Niederösterreich und Mähren ein bescheidenes Leben führte. So geht aus Karls Briefen unter anderem hervor, dass die Mutter zum Missfallen der Familie zum (Wäsche)waschen außer Haus ging.[37]

Das Kriegsende 1945 stieß die Familie in eine tiefe Krise. Nicht nur galt der einzige Sohn seit der Schlacht von Stalingrad als vermisst, auch verlor Karl Senior im April 1945 seine Anstellung bei der Email- und Metallwarenfabrik. Hinzu kam die Hürde der Entnazifizierung, der sich die Eltern zu stellen hatten und die dazu beitrug, dass der Vater erst wieder im März 1946 im Wiener Elektrotechnik-Unternehmen Stöphl Arbeit fand. Im selben Jahr wurde er im Österreichischen Gewerkschaftsbund als Mitglied aufgenommen.[38] Als Karl Wintereder Senior am 22. August 1947 unerwartet im Alter von 56 Jahren in Wien starb, musste die Mutter ihr Leben mit einer kargen Witwenpension bestreiten. Ihren Lebensabend verlebte sie in Wien und in ihrer alten Heimat Pressbaum, wo sie 1957 neuerlich das Heimatrecht erwirkte. Mathilde Wintereder erlag am 27. Jänner 1959 in Wien einem Krebsleiden und wurde in der Simmeringer Feuerhalle nach altkatholischer Einsegnung eingeäschert. Im September 1979 wurden die Urnen der Eltern auf den Hernalser Friedhof überführt und im Familiengrab zur letzten Ruhe gebettet.[39]

c. Die Schwestern Wintereder

In den Feldpostbriefen des Unteroffiziers Karl Wintereder wird neben den Eltern vor allem dessen beiden Schwestern Grete und Anna viel Platz eingeräumt. Das ist nicht selbstverständlich, war er doch mit den beiden Mädchen vor dem Krieg „nicht gut" gewesen, wie er einmal bekannte: „Daß ist ein schwarzer Punkt, den ich nicht mehr tilgen kann."[40] Immerhin versuchte Karl, diesen Fehler im Krieg wieder gut zu machen – etwa, indem er den Schwestern Geld und alltägliche Bedarfsartikel schickte.[41] Überhaupt scheint er während der Zeit der Trennung, zumal er in den Briefen kaum Kameradenfreundschaften erwähnt, vor allem in der Familie Halt gesucht und gefunden zu haben. „Hat Anni nicht einmal ein wenig Zeit für mich, ihr könnt euch doch sicher denken, daß man so weit von der Heimat gerne einige Zeilen liest, die wenigstens etwas die Verbindung mit ihr herstellen",[42] schrieb Karl im September 1941 aus Kiew. Aber auch über Post von Grete freute er sich: „Heute hab' ich von Grete wieder ein Paket bekommen mit allerlei guten Sachen, die sie sich ganz bestimmt abspart."[43]

Die ältere Schwester, Margarete Wintereder (1918–2001), genannt „Grete", wurde am 1. Jänner 1918 im mährischen Ostrau, der Heimat der Mutter, geboren und wuchs im niederösterreichischen Anzbach auf, wo sie die Volkschule besuchte. Nach der Übersiedelung der Eltern nach Pressbaum absolvierte Grete ab Herbst 1928 die hiesige öffentliche Hauptschule, die sie trotz Schwierigkeiten im Juni 1932 erfolgreich abschloss. Über die verbleibende Friedenszeit in Österreich sind keine biographischen Daten vorhanden. Am 2. Oktober 1939 trat Grete Wintereder als Lernschwester in die Krankenpflegeschule Wien-Lainz ein und wurde nach abgelegter Krankenpflegprüfung (mit dem Gesamt-Kalkül „Gut") am 23. März 1941 entlassen.[44] Dementsprechend stolz zeigte sich ihr Bruder Karl im Feld: „Zum Examen möchte ich ihr gerne einen Wunsch erfüllen, aber sie muß ihn mir noch vorher schreiben, denn es soll doch etwas sein, an dem sie sich freut."[45]

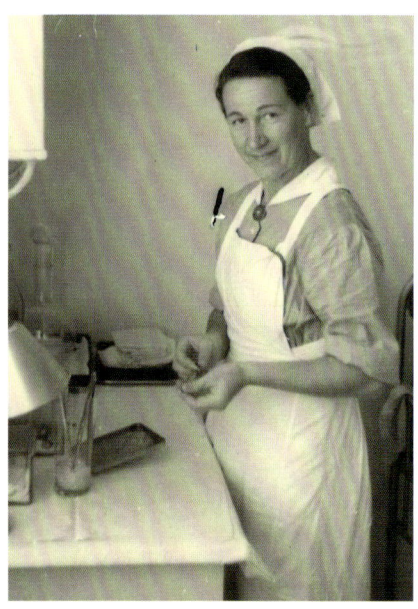

Karls Schwester Grete war als Krankenschwester tätig.

Am 1. April 1941 trat Grete eine Stelle als NS-Schwester im Städtischen Krankenhaus Lainz in Wien an und sollte ihre Vorgesetzten, wie aus einer im Juli 1942 ausgestellten Beurteilung hervorgeht, nicht enttäuschen: „Die Schwester war durch ihre Pflichttreue und Fleiss bei Ärzten, Patienten und Hilfsschwestern gleich beliebt."[46] Weil sie aber diese Tätigkeit nicht ausfüllte, bemühte sich Grete darum, als selbständige Gemeindeschwester am Land angestellt zu werden – und erhielt tatsächlich im August 1942 in Arriach bei Villach (Kärnten) einen entsprechenden Posten.[47] Für Männerbekanntschaften scheint die junge Frau durchaus Interesse gehegt zu haben, nur war unter den damals in Frage kommenden Partnern nie der „Richtige" dabei – ein Umstand, der sich nach dem Krieg, als akuter Männermangel herrschte, nicht bessern sollte. Über die Frauen- und Bergsteigergeschichten ihres im Feld stehenden Bruders, dessen Begeisterung für den Alpinismus sie teilte, war sie gut unterrichtet.⁴⁸ Der Briefschreiber selbst nahm ebenfalls Anteil am Leben seiner Schwester, der er sich eng „verbunden" fühlte. Er hoffe, schrieb er etwa an einer Stelle, dass Grete „die schwer zu erringenden Herzen der Kärntner gewonnen hat."⁴⁹

Großes Interesse zeigte der Bruder auch am Schicksal seiner zweiten Schwester Mathilde: Mathilde Anna Rosina Wintereder (1924–2015), genannt „Anni", wurde am 2. Dezember 1924 in der NÖ Landes-Gebäranstalt in Wien (Lazarettgasse Nr. 14) geboren. Obwohl aus der römisch-katholischen Kirche ausgetreten, gab Vater Karl Wintereder – offenbar auf Druck der Verwandtschaft – gegenüber dem Pfarrer von Neulengbach, Josef Hofstätter, „die Einwilligung zur r.[römisch] katholischen Taufe des Kindes und das Versprechen der r.[römisch] kath.[katholischen] Kindererziehung". Der Taufritus fand am 28. März 1928 in der Pfarrkirche Neulengbach statt.⁵⁰ Nach dem Besuch der Volksschule in Pressbaum wechselte Anna 1934 zunächst an die öffentliche Hauptschule für Mädchen in der Wiener Stumpergasse Nr. 56, die letzten beiden Pflichtschuljahre absolvierte sie an den Mädchen-Hauptschulen am Loquaiplatz Nr. 4 (1937/38) bzw. in der Embelgasse Nr. 48 (1938/39).⁵¹

Bedingt durch das familiäre Umfeld konnte sich Anna der NS-Ideologie nicht entziehen und war etwa im Bund Deutscher Mädel aktiv, wie sie Christoph Rella gegenüber in einem Interview im Jahr 2010 angab: „Da war immer ein Heimabend, da sind wir halt zusammengekommen. Wir haben aber mehr geblödelt als sonst was." Für politische Ereignisse scheint die damals 15-Jährige kaum Interesse gehegt haben, dennoch begrüßte sie den „Anschluss" Österreichs an das Deutsche Reich: „Wir haben geglaubt, jetzt wird es uns gut gehen."⁵² Nach ihrer Entlassung aus der Hauptschule absolvierte Anna im Sommer 1939 den obligatorischen „Landdienst", und zwar als „Pflichtjahrmädchen" in einem Wiener Haushalt sowie einem Jugendarbeitslager.⁵³

Während dieser Zeit wurde sie von ihrem im Feld stehenden Bruder moralisch unterstützt. „Ich weiß nicht, aber ich glaube, daß Anni mit dem Landdienst eine Menge verloren hat und nun schon schwer irgendwo als Lehrmädchen unterkommt, denn das Beste ist auf jeden Fall, irgendetwas gelernt zu haben", schrieb Karl im Februar 1940 und riet seiner Schwester, „sich nie von der Materie verleiten lassen, sondern frei nach dem Herzen [zu] handeln."⁵⁴

Anna Wintereder träumte davon, Lehrerin zu werden.

1950 heiratete Anna den Wiener Oswald Wager.

Den Schulnoten nach zu urteilen war Anna eine sehr gute Schülerin. Dennoch sollte sich ihr Wunsch, die Matura nachzuholen und Medizin oder Pädagogik zu studieren, mangels verfügbarer Geldmittel nicht erfüllen. Schließlich absolvierte sie einen neunmonatigen Fachkurs für Stenotypie an der Wiener Privat-Handelsschule Alois Weiss, den sie am 13. Dezember 1941 mit Erfolg abschloss.[55] Als sich für Anna nach zweijähriger Bürotätigkeit im „Reichsnährstand"[56] die Möglichkeit eröffnete, als „Unbemittelte" an eine Ausbildung als Hilfslehrerin zu kommen, sagte sie sofort zu. Nach Abschluss des Kurses an der Lehrerbildungsanstalt in Marburg an der Drau war sie zwischen April 1944 und Juli 1945 an den Allgemeinen Volksschulen Altenmarkt und Filzmoos im Pongau (Salzburg) angestellt. Wie aus einem Dienstbestätigungsschreiben vom 22. März 1947 hervorgeht, war Anna „mit Leib und Seele bei ihrem Beruf", zudem bewies sie „viel Geschick in der Behandlung der kindlichen Eigenart."[57] Nachdem die Hilfslehrerausbildung von den österreichischen Behörden nach dem Krieg nicht anerkannt wurde, arbeitete Anna ab 1946 wieder als Stenotypistin und Kontoristin. 1947 lernte sie beim Volkstanzen den Wiener Maschinenschlosser Oswald Wager (1924–2016) kennen und lieben. Der am 15. April 1950 in Wien geschlossenen Ehe entsprang ein Sohn, Oswald Wager Junior, der heute in Wien lebt.[58]

Anna Wintereder starb am 29. Dezember 2015 im Alter von 91 Jahren in Wien und wurde am Friedhof Hernals bestattet. Hier hat auch ihre am 16. Juni 2001 verstorbene Schwester Grete, die zeitlebens ledig blieb, ihre letzte Ruhestätte gefunden.[59]

2. Die Quelle

a. Feldpost im Zweiten Weltkrieg

Schätzungen zufolge wurden im Zweiten Weltkrieg im Deutschen Reich 40 Milliarden Feldpostsendungen verschickt: ca. ein Viertel von der Front in die Heimat und drei Viertel in umgekehrte Richtung.[60] Ein professionelles Feldpostsystem entwickelte sich bereits im Deutsch-Französischen Krieg 1870/71,[61] ein Höhepunkt wurde im Ersten Weltkrieg erreicht.[62]

Mit Kriegsbeginn 1939 richtete die Deutsche Reichspost einen Feldpostdienst ein, wobei sie auf ein seit 1936 im Manöver erprobtes System zurückgreifen konnte. Dieser hatte dienstlich-militärische Sendungen ebenso zu befördern wie private Schreiben der Soldaten und ihrer Angehörigen. Bis zu einem Gewicht von 250 Gramm wurden sie gebührenfrei transportiert. Aus Geheimhaltungsgründen wurde jedem Soldaten eine Feldpostnummer zugewiesen. Dem Heeresfeldpostmeister, Karl Ziegler, unterstanden die ca. 400 Feldpostämter mit ihren 12.000 Mitarbeitern, wobei die Dienststellen ständig mit Personalmangel – besonders aufgrund der Aufhebung von Unabkömmlichkeits-Stellungen – zu kämpfen hatten.[63] Die Feldpostprüfstellen überprüften die Post stichprobenartig, v.a. auf mögliche Spionage und Wehrkraftzersetzung.[64] Regelmäßige Prüfberichte informierten die Reichsführung über die Stimmung in der Truppe und erfüllten damit dieselbe Aufgabe wie die „Meldungen aus dem Reich": Diese geheimen Lageberichte, erstellt vom Sicherheitsdienst der SS, inkludierten allerdings die Gesamtbevölkerung.

Die Wehrmachtsführung war sich der Bedeutung einer funktionierenden Feldpost für die Truppe in psychologisch-moralischer Hinsicht durchaus bewusst, war das Medium Brief doch durchwegs die einzige Möglichkeit der Kommunikation zwischen Soldaten und Angehörigen. Folglich wurden alle erdenklichen Anstrengungen unternommen, um die Postzustellung sicher und möglichst schnell zu gewährleisten. Die räumliche Ausdehnung des Krieges erforderte neue Transportmittel – 1942 wurde daher etwa ein Luftfeldpostdienst zur Ostfront eingerichtet. Private Luftpostsendungen durften ein Höchstgewicht von 10 Gramm aufweisen; zu verwenden waren Luftpostmarken, die ab Mitte 1943 kontingentiert wurden. Insgesamt funktionierte die Feldpost bis zum Ende des Krieges.[65]

Auch die letzten Briefe Wintereders wurden mit Luftfeldpost befördert. Auf der Marke ist einer Junkers Ju 52 zu sehen. Diese wurde von vielen Landsern im Kessel direkt angesprochen und da – nun die einzige Verbindung zu Heimat – zum Familienmitglied, der „Tante Ju".[66]

Im Selbstverständnis der kriegführenden Nationen nahmen Feldpostbriefe – auch nach dem Ende des Krieges – einen besonderen Stellenwert ein: Briefe wur-

Die Briefmarke „Tante Ju" garantierte die Verbindung zur Heimat.

den sogar gefälscht, wie die in dem 1950 erschienenen Band „Letzte Briefe aus Stalingrad" enthaltenen.[67] Aus militärhistorischer Sicht standen weiterhin die so genannten „Generalsmemoiren" im Fokus,[68] denn was kann der einfache Landser denn schon beitragen, wenn es gilt, die Geschichte des Zweiten Weltkrieges zu schreiben? Diese Haltung änderte sich ab den 80er-Jahren des 20. Jahrhunderts, und die Feldpostkorrespondenzen wurden als Quellengruppe neu entdeckt. Im Zentrum stand nun die „Geschichte von unten", der „Krieg des kleinen Mannes".[69] Neben Werken, die auf breiter Materialbasis Feldpostbriefe analysieren,[70] entstanden auch zahlreiche Editionen, zum einen in Form von Anthologien: Die Schreiben verschiedener Soldaten – etwa von einem bestimmten Kriegsschauplatz – zeigen Gemeinsamkeiten und Unterschiede der Wahrnehmung und wichtige, die Soldaten bewegende Themen auf. Über die Verfasser selbst gibt es allerdings vergleichsweise wenige biographische Informationen.[71] Wenn von einem bestimmten Angehörigen der Wehrmacht eine umfangreichere Korrespondenzserie überliefert ist, fließen meist auch die Angaben zur betreffenden Person etwas reichlicher. Instruktiv kann der Einsatz eines Einzelnen an verschiedenen Kriegsschauplätzen, seine persönliche Entwicklung, auch in geistiger Hinsicht, nachvollzogen werden. Ein in mancher Hinsicht zu Wintereder interessantes Vergleichsbeispiel stellen die Briefe des Dresdner Unteroffiziers Gustav Haase, im Zivilberuf Speditionskaufmann, dar. Haase (1896–1987), im rückwärtigen Dienst eingesetzt, war ebenfalls vielseitig interessiert, z.B. an Büchern, schickte Geld und Lebensmittel in die Heimat. Wie so oft in Feldpostbriefen sind Postzustellung und der ersehnte Urlaub häufig aufgegriffene Themen. Haase legte – wie Wintereder – Wert auf sein Gebiss – immer wieder kommt er auf Zahnarztbesuche und die Frage der Kostenübernahme durch die Wehrmacht zu sprechen. Im Gegensatz zu seinem Wiener Kollegen legt er sein Seelenleben nicht offen. Haase ist aber auch ein verheirateter Familienvater, der seine Frau mit „Zärtlichkeiten" überschütten will – das ist das Äußerste an „intimen" Bemerkungen.[72]

Wiederum ganz anders geartet sind die zahlreich erhaltenen Briefe des promovierten Theologen und Germanisten Konrad Jarausch: 1900 geboren, erlag der Feldwebel, eingesetzt in einem deutschen Kriegsgefangenen-Durchgangslager, 1942 in der Sowjetunion seiner Fleckfiebererkrankung. Seine Schreiben – überwiegend an die Gattin – ermöglichen einen ungeschönten Blick auf das Soldatenleben sowie den Vernichtungskrieg im Osten.[73]

Immer wieder bringen (Privat)personen Feldpostkorrespondenzen zum Druck; häufig allerdings vollkommen unkritisch, sowohl in historischer wie editorischer Hinsicht, womit diese an sich interessanten Dokumente für die Forschung unbrauchbar sind.[74] Den „Markt" zum Zweiten Weltkrieg dominieren Erinnerungen, Feldpostbriefausgaben sowie Tagebücher „deutscher" Kriegsteilnehmer, von „österreichischen" Soldaten sind solche bis dato kaum zur Veröffentlichung gelangt; eines der wenigen – auch wissenschaftlichen Ansprüchen genügenden – Beispiele ist die Korrespondenz des steirischen Gebirgsjägers Johann Posch.[75] Auswahleditionen finden sich ferner gelegentlich in landeskundlicher Literatur.[76]

Um die Sammlung von Feldpostbriefen hat sich besonders das Museum für Kommunikation in Berlin verdient gemacht. In der Feldpostsammlung dieses Museums werden ca. 100.000 Feldpostbriefe und -karten, mit Schwerpunkt Zweiter Weltkrieg, verwahrt, inhaltlich erschlossen und der Öffentlichkeit zugänglich gemacht.[77]

Stalingrad – die Schlacht, der Untergang der 6. Armee im Kessel, die Folgen in militärhistorischer[78] wie gesellschaftspolitischer Hinsicht („Totaler Krieg") – war für die deutsche Erinnerung, auch die Nachkriegserinnerung, von zentraler Relevanz. Dies trifft auch für die österreichische Situation zu, waren doch überproportional viele „Österreicher" dem Untergang in der Stadt an der Wolga geweiht.[79] Am Mythos „Stalingrad" wurde nach dem Krieg eifrig weitergesponnen, in Belletristik, Filmen, Erinnerungsbänden, populärer Literatur.[80]

Auch Feldpostzeugnisse aus Stalingrad, besonders nach dem Einschluss der Armee, konnten und können sich besonderer Aufmerksamkeit gewiss sein. Es war eine Sensation, als 1987 im Panorama-Museum „Stalingrader Schlacht" in Wolgograd Briefe und Tagebücher von Angehörigen der 6. Armee gefunden und in der Folge teilweise auch publiziert wurden,[81] ebenso wie die in einem Moskauer Archiv verwahrten Briefe.[82] Zum 60. Jahrestag der Schlacht 2002/2003 forderte der Deutschlandfunk seine Hörer auf, Feldpostbriefe für eine Sendestaffel mit dem Titel „Feldpostbriefe aus Stalingrad" zur Verfügung zu stellen: Diesem Aufruf wurde überraschend intensiv Folge geleistet; das Ergebnis liegt auch in Buchform vor.[83]

Auch die inhaltliche Analyse der erhaltenen Feldpost konzentriert sich häufig auf die aus dem Stalingrader Kessel erhaltenen Briefe, wobei die gewonnenen Ergebnisse durchaus generalisiert werden können:[84] „Allgemein ist zu beobachten, daß die Kriegswirklichkeit nur fragmentarisch beschrieben wird. Es dominieren Themen wie Post, Kälte, Hunger und Läuse sowie persönliche Probleme aus dem Familien- und Freundeskreis. In vielen Briefen ist der Krieg überhaupt nicht präsent. Über militärische Kämpfe wird nur selten berichtet."[85]

Im Kessel war es für den Einzelnen von entscheidender Bedeutung, wo genau er sich befand und ob er Zugang zu den wenigen noch eingeflogenen Versorgungsgütern hatte. Essensrationen und Versorgungslage waren folglich extrem unterschiedlich. Diesbezüglich dürfte Karl Wintereder aufgrund seiner Position als Angehöriger einer Nachschubeinheit „privilegiert" gewesen sein. Bis zum Ende begleitete ihn sein Optimismus, behielt er seinen Humor, wie er in seinem letzten erhaltenen Brief vom 8. Jänner 1943 betont; die „Miesmacher" in seiner Umgebung erregten seinen Zorn. Mit dieser Einstellung unterschied er sich auffällig von vielen anderen Soldaten, die, je auswegloser die Situation im Kessel wurde, immer ungeschminkter ihrer Verzweiflung brieflich Ausdruck verliehen. Thematisiert wurde von vielen die katastrophale Versorgung, eigentlich Nicht-Versorgung, mit Lebensmitteln, wobei – was natürlich verboten war – sogar die ausgegebenen Rationen genau rapportiert wurden.[86] In dieser letzten Phase verwendeten viele Briefschreiber sorglos die Worte „Kessel", „Einkesselung" o.ä.[87] Wintereder entschied sich für „Festung".

Welche Faktoren haben nun Stimmung und Gemütslage der Soldaten beeinflusst, auch wenn sie nicht eingekesselt waren? Zum einen natürlich das direkte Kriegserlebnis, die militärische Lage, Versorgungssituation, Gesundheitszustand, Interaktion mit Kameraden und Vorgesetzten, das Verhältnis zum Korrespondenzpartner/der Korrespondenzpartnerin, zum andern aber auch die Lage in der Heimat, etwa angesichts der zunehmenden Bombardierung deutscher Städte[88] – um nur einige zu nennen.[89]

Es sei noch einmal betont: Kriegsbriefe, wie diejenigen eines Karl Wintereder, erbringen keine (neuen) Erkenntnisse zur Kriegs- bzw. Militärgeschichte, erlauben uns aber einzigartige Einblicke in Denken, Wünsche, Gefühlswelt, Erleben und Verarbeiten des Krieges durch den sprichwörtlichen „einfachen" Soldaten. Viele dieser Soldaten waren nicht gewohnt, ihre Gedanken zu reflektieren, geschweige denn, diese zu Papier zu bringen. Nun war dies ihre einzige Möglichkeit, die Verbindung zu Familie und Freunden aufrechtzuerhalten. Wie haben sie diese genützt, worüber schreiben sie, was wird verschwiegen? Was berichten die Soldaten über die „anderen", wie wird „Fremdes" wahrgenommen und kommentiert? Spiegelt sich NS-Indoktrination in diesen Ego-Dokumenten wider? Gibt es kritische Stimmen, gerade von den in der Sowjetunion eingesetzten Wehrmachtsangehörigen?

Editionen serieller Quellen, wie die vorliegende, schaffen eine breite Quellenbasis für zukünftige Forschung und können zur Beantwortung unterschiedlicher Fragen beitragen, etwa dem noch relativ jungen Feld der Männlichkeitsforschung. Aufschlussreich wäre auch der Vergleich mit Korrespondenzen von Angehörigen anderer, „feindlicher", Armeen.[90]

b. Frauen – Berge – Krieg:
Zur Charakteristik der Feldpostbriefe
Karl Wintereders

Die Briefe des Karl Winetereder gewähren Einblick in das Denken und Fühlen eines Wieners aus dem Arbeitermilieu, der sich seinen Eltern und der älteren Schwester gegenüber auffällig offen äußerte,[91] gerade wenn es um das für ihn alles bestimmende Thema „Frauen" ging. Er bat sogar um Rat, wie er – der zwischen zwei Frauen stand – sich verhalten sollte, besonders nach dem Selbstmordversuch der älteren der beiden Frauen. Wie schon erwähnt, war ihm auch die körperliche Seite der Liebe nicht fremd, und er trachtete danach, sein Verlangen zu zügeln: „Der Kampf zwischen treuer und selbstloser Liebe und körperlichem Verlangen wird immer schwerer und läßt mich oft nicht zur Ruhe kommen, und doch fühle ich fast, daß die Liebe unterstützt von einem reinen und gewaltigen Willen siegen wird, denn darin liegt Kraft und Erfüllung, wenn man geduldig und hart kämpft."[92]

Neben den „Frauen" beseelte ihn eine zweite große Leidenschaft: die Berge, die sein Lebenselixier waren, ihm Kraft gaben. Die Briefe, entstanden während seiner Zeit im Salzkammergut zu Beginn des Jahres 1941, sind fast ausschließlich diesem Thema gewidmet. Begeistert berichtete der Alpinist von seinen (Ski-) Touren. Im Kriegseinsatz wiederum träumte er von den heimatlichen Bergen, reagierte geradezu entsetzt, als die Familie seine Skier verkaufte. Besonders in der russischen Kalmükensteppe vermisste er das heimatliche Gebirge:

„Täglich kommt die Sonne strahlend über diese trostlose Steppe herauf und beleuchtet dieses traurige, von allen Göttern verfluchte Land so, daß man nur Sehnsucht nach unserer Heimat empfinden kann. Sand, Staub und trostlose Hügel, bestanden mit dürren harten Gräsern, die von keinem Pferd gefressen werden."[93]

Auf der Pasterze vor dem Großglockner

Wie nahezu alle Soldaten hoffte er ständig auf Post, wurde unruhig, wenn er länger nichts von daheim hörte, was einmal mehr die Bedeutung eines funktionierenden Feldpostwesens unterstreicht. Der Diebstahl von Päckchen erzürnte ihn verständlicherweise:

„[...] wenn ein Päckchen eintrifft, so schreibt es mir, denn ich führe ein kleines Büchlein, wo diese Sachen notiert werden, und ich möchte sehen, was verschwindet. [...] Ich werde von nun ab in jedes Päckchen ein kleines Blatt beilegen und darauf schreiben, daß jeder, der es an sich nimmt, ein Verbrecher und Volksschädling ist, den es über kurz oder lang doch erwischen wird."[94]

Wie alle Soldaten beschäftigte auch ihn die Urlaubsfrage – ein in den Briefen stets präsentes Thema, das in der Weihnachtszeit eine eigene Dimension erreichte. 1942 musste Karl das Fest zum fünften Mal fern der Heimat verleben. An dieser Stelle sei angemerkt, dass Angehörigen des Feld- und Ersatzheeres jährlich ein Urlaub von mindestens 14 Tagen (plus zwei Reisetagen) gewährt werden sollte.[95] Offiziere, so monierte Wintereder, würden bevorzugt behandelt.[96]

Geld bzw. Geldfragen sind allgegenwärtig. Immer wieder forderte der Unteroffizier seine Eltern auf, den beiden Schwestern von seinem Sold dringend nötige Dinge des täglichen Bedarfs zu kaufen, auch der Zins könne von seiner Löhnung bezahlt werden. Andererseits lebte er gelegentlich über seine Verhältnisse und bat um Geldzuwendungen von zu Hause. Außerdem schickte er seinen Angehörigen – wie viele Soldaten – regelmäßig Lebensmittel und betonte, die Verpflegung an der Front sei besser als in der Heimat. Er versorgte Familie und Freunde auch mit Textilien und Stoffen, bis hin zu „Hirschhäuten", wobei Bekleidung als Statussymbol zu werten ist: „Wenn ich heim komme, möchte ich gerne Vater im tadellos sitzenden Anzug sehen, denn das ist ja kaum wahr, daß er einmal in Straßenanzug stolzieren konnte. [...] Stelle Dir vor, alle Deine Weiblein in tadellosen Kostümen und Du noch dazu in einem neuen Anzug, wäre das nicht prima?"[97]

Woran es den Angehörigen der Wehrmacht ermangelte, nahmen sie von toten oder gefangenen Rotarmisten; so kam auch Wintereder zu einem Paar „erstklassiger Handschuhe" von einem russischen Flieger.[98]

Obwohl offensichtlich von robuster Konstitution, hatte der Wiener immer wieder mit gesundheitlichen Problemen zu kämpfen. Nicht nur die Verwundung in Frankreich machte ihm zu schaffen, sondern auch die Gelbsucht, eine durch ein herabfallendes Beil verursachte Kopfverletzung, eine langwierige Beingeschichte, ein Furunkel sowie die Grippe beeinträchtigten ihn. Natürlich wollte er seine Lieben daheim nicht beunruhigen, spielte seine Befindlichkeit herunter: So rückte er mit den Details zu seiner Verletzung erst nach und nach heraus, zu einem Zeitpunkt nämlich, an dem seine Heilung abzusehen war.

Wichtig waren ihm seine Zähne. Stolz berichtete er: „Nun hab ich meine Papperlatur auch wieder in Ordnung und alle Zähne gerichtet."[99] Im Oktober 1942 waren allerdings weitere zahnärztliche Behandlungen notwendig. Seinen offensichtlich bereits zahnlosen Vater forderte er dringend auf: „Wenn auch die Zeit sehr knapp ist, so nimm Dir bitte die Zeit, um zum Zahnarzt zu gehen, denn die Zähne zeigen den Menschen, und wenn Du Parteienverkehr hast, bekommen die Leute angst."[100]

Hervorzuheben ist sein Interesse an Lektüre. Wiederholt ersuchte er um die Zusendung von Büchern, wobei er ganz konkrete Wünsche äußerte. Gerade die „entsetzlich langen Abende" in Raum Stalingrad versuchte er sich mit Lektüre zu verkürzen,[101] denn es wurde in dieser Weltgegend sehr früh stockdunkel; ein Umstand, der auch in zahlreichen anderen Soldatenbriefen vermerkt wurde. Ein

Küchendienst im Freien – trotz Fliegenplage

Topos, in nahezu allen Korrespondenzen der in der Stadt an der Wolga eingeschlossenen Soldaten, fehlt dagegen bei Wintereder: die extreme Kälte, die durch den Steppenwind noch verschärft wurde. Dafür schilderte er die sommerliche Mückenplage umso anschaulicher: „Ganz gleich, was man ißt oder trinkt, mit dem Gegenstand, den man zum Munde führt, muß man in dauernder Pendelbewegung sein; wobei es dem Essenden freigestellt bleibt, von links nach rechts oder von oben nach unten oder umgekehrt zu pendeln: Fliegen schluckt er mit."[102]

Das Verhältnis zu den Kameraden erscheint ambivalent. Nach seiner Verwundung sehnte er sich nach ihnen; einer neuen Einheit zugeteilt, bedauerte er, der einzige Ostmärker zu sein. In der Folge dürfte er nur mehr wenig freundschaftlichen Umgang gepflegt haben. In der Literatur wurde zurecht die Bedeutung der „Primärgruppen" unterstrichen: „Die Kohäsion der Primärgruppen, also der kleinen Kampfgemeinschaften der Kompanien, Züge und Gruppen, war für die Durchhaltefähigkeit der Wehrmacht von zentraler Bedeutung."[103] Lange Kriegsdauer, zahlreiche Kriegsschauplätze, die vielen Gefallenen, Verwundeten oder Vermissten unterminierten diese für die Soldaten wichtige Grundkonstellation – Wintereders Verhalten legt dafür beredtes Beispiel ab.

Sein Denken war – ein Charakteristikum von Soldatenbriefen – auf die Zukunft gerichtet.[104] Er wollte beruflich weiterkommen, Grund erwerben, ein Haus bauen, eine Familie gründen. Offensichtlich belastete es ihn, dass sich für seine Vorhaben keine realisierbaren Lösungen abzeichneten, dennoch blieb er optimistisch, wie noch seine letzten Briefe aus dem Kessel belegen. So war ihm der 5. Jänner 1943 ein doppelter Festtag – er erhielt ein Weihnachtspaket und konnte sich endlich wieder einmal gründlich waschen und die Haare schneiden lassen![105]

Auf die jeweilige militärische Situation ging er nur en passant ein, was er auch zu begründen wusste:

„Heute hab ich von Anni Post bekommen; sie will durchaus einen Frontbericht, und ich kann mich nicht recht dazu Entschließen, weil ich vom Geschehenen schon genug habe und ich das Ganze nicht gerne auffrische."[106]

Gelegentlich finden sich aber auch aufschlussreiche Details: Bereits im Oktober 1942 wurde der Unteroffizier von Stalingrad aus in die Umgebung von Woroschilowgrad in der Ukraine geschickt, um Gemüse in die 2.000 Kilometer entfernte umkämpfe Stadt zu bringen.[107]

Betroffen machten ihn die Zustände in den Gefangenenlagern, wobei besonders die Gleichgültigkeit der Russen untereinander hervorgestrichen wurde,[108] wie Wintereders Charakterisierung der „Russen" überhaupt wohl nur als stereotyp beschrieben werden kann:

„Es ist das Schiksal dieses Volkes, klein und gebäugt zu sein, und wenn es aus dieser Eintönigkeit herausgehoben werden soll, dann steht es mit ungläubigen großen Augen da wie ein Kind, dem zum ersten Mal zum Bewußtsein kommt, was es Großes erlebt hat. Wie diese Wesen das Leben aufnehmen, können wir nicht begreifen, denn die sind furchtbar hart im Tragen und können, trotz ihrer Härte, weich wie warmes Wachs werden, wenn man sie mit richtiger Strenge behandelt."[109] Grundsätzlich sind sie das „unkultivierteste Volk".[110]

Die Briefe demonstrieren, auf welch fruchtbaren Boden die NS-Ideologie gefallen war:

„Wir [...] stehen fest und unerschütterlich, bis uns der Befehl erreicht, den Feind zu vernichten und den Sieg für Deutschland einzuholen."[111] Hämische Kommentare über Juristen, eine „intelektuelle Schicht, die vieleicht national denken, aber nie nationalsozialistisch sein kann",[112] finden sich ebenso wie antibolschewistische Äußerungen, die ebenfalls auf die NS-Propaganda zurückzuführen sind, etwa die Geringschätzung des russischen Gegners: „Die russische Infanterie ist ja als aktive Kraft überhaupt auszuschalten, denn heulende, auf einen Klumpen zusammen gerottete Horden können unsere Landser, die hinter ihrem M.G. [Maschinengewehr] liegen, nicht erschüttern."[113] Oder:

„Die letzten Reserven Stalins, bestehend aus Frauen und Kindern, stehen in Stalingrad und führen die Befehle der Komissare zitternd durch, denn Stalin selbst führt diese Armee."[114]

Wintereder bezeichnete sich selbst als „Idealisten", wobei seine Begeisterung für das Soldatendasein schwand, da „trotz aller Mahnungen des Führers so große Unterschiede zwischen ‚Klein und Groß'", bestehen blieben.[115] Während die Soldaten der 6. Armee bereits mit geringeren Lebensmittelrationen auskommen mussten – ein Umstand, welchen der Unteroffizier aber nicht thematisierte – wurden den „hohen Herren" noch allerlei Annehmlichkeiten geboten:

„Da gibt es noch Kasinos, wo für die größten Herren Fruchtschnitten, erstklassige Kompotte und noch andere Sachen aufgetragen werden. Doch da kann man nicht hineinstechen, es würde nichts nützen, das dringt nicht durch. Es ist ja auch nicht Kriegsentscheidend; nur gut, daß es der kleine Mann nicht weiß."[116]

c. Quellenbestand – Editorische Notiz

Von Karl Wintereder sind insgesamt 93 Briefe sowie einige (Feld)postkarten erhalten, ferner zwei Briefe der Eltern und einer der älteren Schwester an den Soldaten, der sich bereits im Raum Stalingrad befand: Diese drei Schriftstücke wurden mit dem Vermerk „Unzustellbar" oder dergleichen an die Absender retourniert. Ferner existieren einige wenige Briefe und Ansichtskarten verschiedener Personen an Karl. Zudem führte der Soldat von 1938 bis 1940 ein Tagebuch, in dem er auch über seine Jugend berichtete. „Der gerade Weg zum Ziel ist immer der schwerste"[117] – so lautet das für die grundsätzliche Einstellung des Schreibers zum Leben bezeichnende Motto dieser Aufzeichnungen.

Gelegentlich weist die Korrespondenz innerhalb der überlieferten Briefe längere Lücken auf – diese Schreiben sind wohl nicht oder nur in geringem Ausmaß verlorengegangen. Es war dem Kriegsgeschehen sowie dem Gesundheitszustand des Soldaten geschuldet, wenn er nicht zum Schreiben kam, etwa während der ersten Phase des Polenfeldzuges oder nach seiner Verwundung in Frankreich. Bezeichnenderweise ist sein erstes Lebenszeichen nach dieser in deutlich nachlässigerer Schrift als seine anderen Briefe verfasst; normalerweise bediente er sich einer kaum individuelle Züge aufweisenden Kurrentschrift.

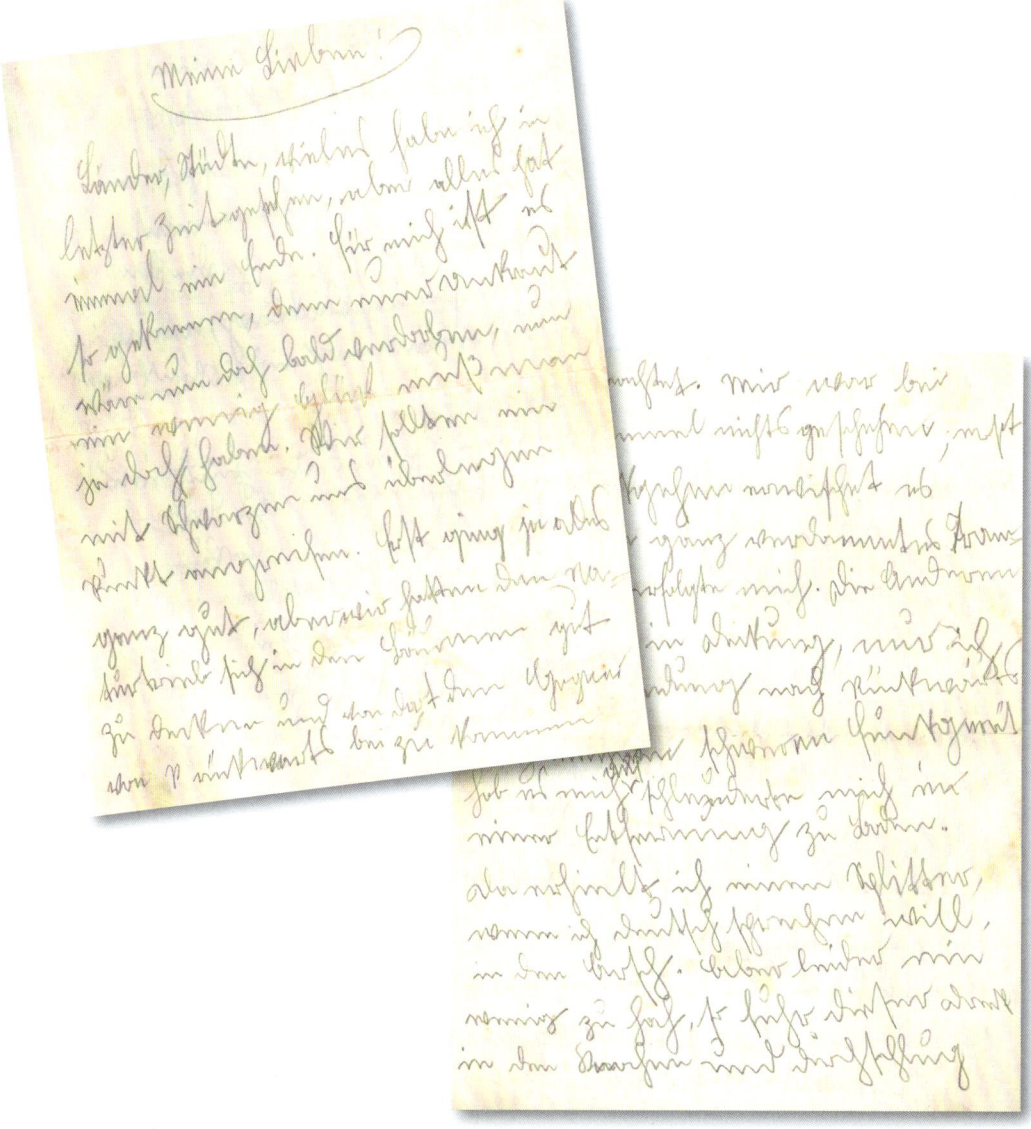

Diesen Brief schrieb Karl wohl liegend – mit einem Splitter im Gesäß.

Zweien seiner Schreiben hat Unteroffizier Briefe von anderen Personen beigelegt, nämlich von denjenigen beiden Frauen, welche in seinem Leben eine bedeutende Rolle spielten: Diese Texte ermöglichen einen weiteren Einblick in sein komplexes Seelenleben, weshalb sie in die vorliegende Edition aufgenommen wurden.

Hinweise auf Zensur gibt es keine, auch keine Andeutungen des Briefschreibers, er könne auf bestimmte Sachverhalte aufgrund möglicher Zensurierung nicht konkret(er) eingehen.

Grammatik und Rechtschreibung werden in der von Karl Wintereder verwendeten Form wiedergegeben, um die Authentizität der Korrespondenz zu gewährleisten. Das betrifft auch die Groß-/Kleinschreibung, Getrennt- bzw. Zusammenschreibung bestimmter Ausdrücke sowie die daß-/das-Schreibung. Eine besondere Eigenheit ist die konsequente Schreibung von „vieleicht", „forne", „bischen" oder „Schiksal" u.a. in eben diesen Varianten. Ein „[sic!]" wird daher nur in Ausnahmefällen gesetzt; das gilt auch für die in der Einleitung zitierten Passagen.

Die Interpunktion dagegen wurde, besonders die Beistrichsetzung betreffend, dem heutigen Gebrauch angepasst, um einen sinnerfassenden Lesefluss zu ermöglichen, ebenso wurden die meisten Absätze von den Bearbeitern eingefügt.

Abgesehen von gewissen „Schwächen" verwendete der Briefschreiber ein für sein Bildungsniveau passables Deutsch und verfügte über einen geschulten Wortschatz, was wohl darauf zurückgeführt werden kann, dass er gerne – und offensichtlich – viel las.

Interessant zu sehen ist auch, wie schnell „deutsche" Termini die „österreichischen" überlagerten, etwa, wenn bereits im Juni 1939 „Abitur" anstelle von „Matura" verwendet wird.

Die für diese Publikation ausgewählten Briefe werden im Vollabdruck ediert; gelegentliche, durch die Herausgeber vorgenommene Kürzungen werden durch „[...]" kenntlich gemacht: Das betrifft in erster Linie die monoton wiederkehrenden Fragen nach Post, Angaben, von wem er selbst Post erhielt, die Erkundigung nach dem Befinden der Schwestern.

Von Wintereder verwendete Abkürzungen werden im Brieftext direkt in eckiger Klammer vervollständigt, ebenso die wenigen von den Herausgebern vorgenommenen, für das Verständnis notwendigen Ergänzungen in den Briefen selbst.

Die „Briefköpfe" wurden einheitlich gestaltet: Hier erfolgt jeweils die Angabe, an wen der Brief adressiert ist; Datumsangaben werden – unabhängig von der originalen Schreibung – standardisiert. Wenn möglich, werden fehlende Angaben anhand des Post-/Feldpoststempels in eckiger Klammer ergänzt, wobei das Datum des Post-/Feldpoststempels auch dann angegeben wird, wenn Wintereder den betreffenden Brief handschriftlich datierte. Wann Briefe verfasst und wann sie abgefertigt wurden, ist – besonders im Verlauf des Krieges gesehen – eine nicht uninteressante Information.

Die Kommentierung bietet – in unterschiedlicher Dichte – weiterführende Erläuterungen zu verschiedenen Themenbereichen. Varianten von Ortsnamen werden bei der ersten Nennung angeführt, in der Folge die deutsche Form verwendet. Geldfragen werden in der Korrespondenz häufig angesprochen. Anhand von Währungsumrechnern[118] kann man sich eine etwaige Vorstellung von den genannten Summen verschaffen: Numismatiker lehnen derartige Umrechnungen aber als problematisch ab, zumal sich im Lauf der Zeit die Relationen zwischen verschiedenen Waren und Dienstleistungen entsprechend verschoben.[119]

II. Die Feldpostbriefe

1. Ausbildung und Feuertaufe[120]

Die Militärkarriere des jungen Schlossers Karl Wintereder nahm im Oktober 1937 mit seiner Einberufung in das Österreichische Bundesheer ihren Anfang. Der damals 21-Jährige diente zunächst in Wien und in Krems (Infanterie-Regiment 6); nach dem so genannten „Anschluss" der Republik Österreich an das Deutsche Reich wurde er im Herbst 1938 zur weiteren Ausbildung nach Znaim, später nach Iglau/Jihlava und Brünn befohlen. Karl war Telefonist im Infanterie-Regiment 132 (44. Infanterie-Division), nahm regelmäßig an Übungen und Manövern teil und genoss, wie aus den Briefen hervorgeht, das gesellschaftliche Leben im „Reichsprotektorat".

Im März 1939 war die Rest-Tschechoslowakei von der Wehrmacht zerschlagen und besetzt worden. Kurz nach dem Einmarsch wandte sich Hitler seinem nächsten Opfer, Polen, zu und forderte die Rückgabe der Stadt Danzig/Gdańsk sowie eine direkte Anbindung Ostpreußens an das Reich. Allein die polnische Regierung blieb – mit Rückendeckung Englands und Frankreichs – standhaft und lehnte ab. Krieg lag in der Luft. Dies bekam auch Karl bald zu spüren: Im Juli 1939 wurde er nach Friedeck/Frýdek in Mährisch-Schlesien versetzt und ihm seine künftige Kriegsverwendung in der Nachrichtenstaffel des II. Bataillons des Infanterie-Regiments 132 mitgeteilt. Am 24. August 1939 bezog Karls Einheit ihren Bereitstellungsraum an der polnischen Südgrenze (Heeresgruppe Süd).

Am 1. September 1939 fiel die Wehrmacht von Schlesien, Pommern und Ostpreußen aus in Polen ein und erzielte große Geländegewinne. Karls Division, die dem XVII. Armeekorps der 14. Armee unterstellt war, erreichte nach sechs Tagen Krakau und rückte binnen zweier Wochen über Tarnow und Dembitza bis an den San vor. Am 19. September standen die Soldaten vor den Toren Lembergs/Lwów/Lwiw. Zu diesem Zeitpunkt war der Westteil Polens bis zum Bug von der Wehrmacht besetzt; lediglich im Landeszentrum rund um die Hauptstadt Warschau/Warszawa tobten noch Gefechte. Die unterlegene polnische Armee stand kurz vor dem Zusammenbruch und konnte daher dem am 17. September einsetzenden, zwischen Deutschland und der Sowjetunion vereinbarten Einmarsch der Roten Armee im Osten (Hitler-Stalin-Pakt) nichts mehr entgegensetzen.

Polen kapitulierte am 6. Oktober 1939; das Land wurde entlang der Demarkationslinie an Bug und San geteilt. Karl schaffte es mit seiner Nachrichtenstaffel unverletzt bis Rzeszów, wo er – mittlerweile zum Unteroffizier befördert – noch mehrere Wochen als Besatzungssoldat zubrachte. Am 14. November erfolgte die Transferierung des Infanterie-Regiments von Polen nach Einbeck in Mitteldeutschland.

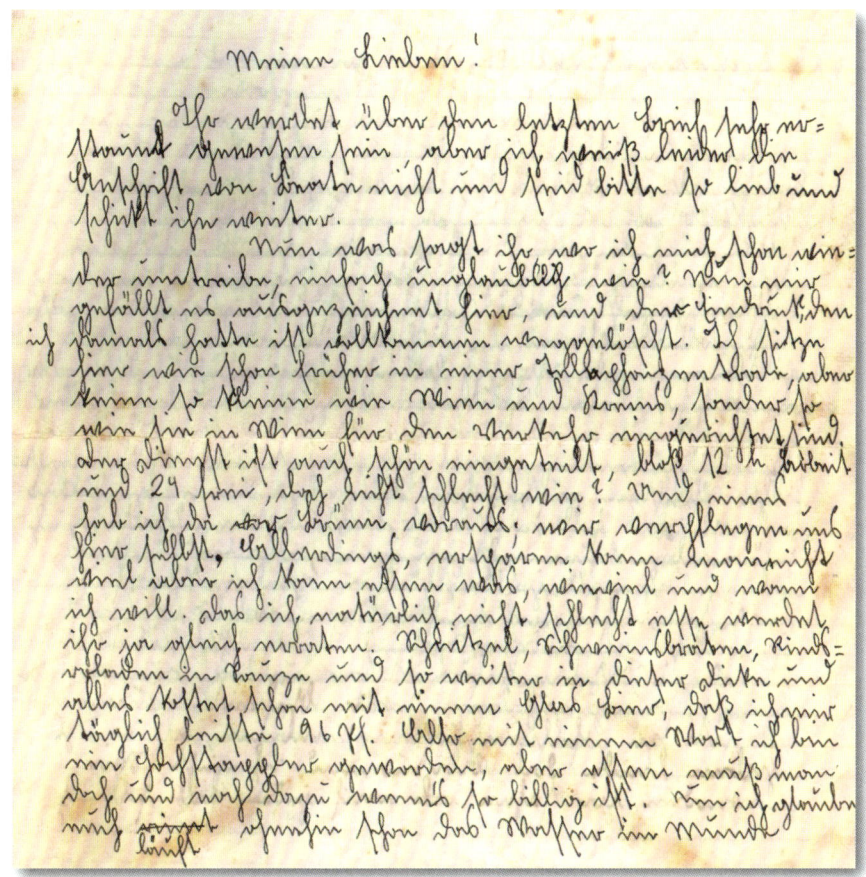

„Ich hatte keinen Schwipps" – Brief an die Familie vom Juni 1939

An die Familie   o.O., o.D. [Poststempel: Brno, 4. Juni 1939]
Meine Lieben!
Jetzt ist der Wirtschaftmacher[121] wieder weg, da gehts wieder etwas ruhiger zu, nichtwahr? Nur schön wars doch, aber kurz, werweiß, wie lange es dauert, bis ich wieder kommen kann, wir gehen nämlich doch noch auf Übungen und dann 3 Wochen noch auf Mannöver. Aber wir werden ja noch sehen, ich weiß jetzt bloß nicht, soll ich vor- oder nachher auf Urlaub gehen. Geld hab' ich nachher mehr, aber das Wetter währe im Juli schöner. Nur darüber zerbreche ich mir einstweilen noch nicht den Kopf.
Was sagt ihr zu dem Bild, davon hab' ich 6 Postkarten und 1 Porträt, alles um 2.60 RM. doch wirklich billig, nichtwahr, und nicht schlecht?
Nun, meine Lieben, verzeiht die Schmiererei, aber ich bin so komisch nervös und kann leider nichts dagegen machen. Das gibt sich wieder. Also lebtwohl und nochmals recht schönen Dank für alles
euer Karli

An die Familie   o.O., o.D. [Poststempel: Iglau, 14. Juni 1939]
Meine Lieben!
Ihr werdet über den letzten Brief sehr erstaunt gewesen sein, aber ich weiß leider die Anschrift von Beate nicht und seid bitte so lieb und schickt ihn weiter.
Nun, was sagt ihr, wo ich mich schon wieder umtreibe, einfach unglaublich, wie? Nun, mir gefällt es ausgezeichnet hier, und der Eindruck, den ich damals hatte, ist vollkommen weggelöscht. Ich sitze hier, wie schon früher, in einer Telephonzentrale, aber keine so kleine wie Wien und Krems, sondern so, wie sie in Wien für den Verkehr eingerichtet sind. Der Dienst ist auch schön eingeteilt, bloß 12h Arbeit und 24 frei, doch nicht schlecht, wie? Und eines hab ich da Brünn[122] voraus: Wir verpflegen uns hier selbst. Allerdings, ersparen kann man nicht viel, aber ich kann essen was, wieviel und wann ich will. Das ich natürlich nicht schlecht esse, werdet ihr ja gleich erraten. Schnitzel, Schweinsbraten, Rindsroladen in Sauze und so weiter, in dieser Dicke, und alles kostet schon mit einem Glas Bier, daß ich mir täglich leiste, 96 Pf. Also mit einem Wort: Ich bin ein Hochstapler geworden, aber essen muß man doch und noch dazu, wenn's so billig ist. Nun, ich glaube, euch läuft ohnehin schon das Wasser im Munde zusammen, ich will damit aufhören.
Es gibt aber auch noch einige andere ganz angenehme Dinge, die mich nun wieder ein wenig hoffen lassen, daß es doch weiter geht. Nach meiner Rückkehr vom Urlaub hat mir der Feldw.[ebel] gesagt, ich sollte mich für Herbst vorbereiten zur Kriegsschule,[123] aber ich bin jetzt schon mißtrauisch geworden und verlasse mich nicht darauf. Sollte es sein, na, dann gehts mit Volldampf ran an die Arbeit, aber Bedenken gibt's immer mehr, ich hab' mich wieder und wieder bei verschiedenen Leuten erkundigt und bin leider draufgekommen, daß es ohne Geld sehr, sehr schwierig ist, durchzukommen, weil so derart viel gesellschaftliche Pflichten auftauchen, die eine unmenge davon fordern. Das soll mich aber nicht davon abhalten, ich gehöre eben dann nicht zu jenen, die es leichter haben. Ich will ja auch mein Ziel erkämpfen und nicht so einfach an mich nehmen. Aber da sind ja auch noch andere Sachen: Ich müßte bis spätestens 1. Oktober befördert sein, um nur eine kleine Hoffnung zu haben.[124] Zwei Gefreite wurden bereits zu Fahnenjunkern[125] ernannt, allerdings haben beide das Abitur und ich nicht. Wir werden ja sehen, auf jeden Fall soll ich Reiten lernen und mich auf ganz verflixt vielen Gebieten vorbereiten.
Und jetzt muß ich noch euch ein schönes Erlebnis erzählen: Da wir 24h frei haben, hatten wir Gelegenheit, ein wenig in der Stadt herum zu bummeln, und da überholte uns eine lustige Schar Autofahrer und hielten etwa 30 m vor uns. Schon beim vorbei fahren sahen wir schöne reiche Tracht und konnten uns nicht recht erklären, was da los ist. Wir gingen natürlich hin und wurden von allen gleich willkommen geheißen. Das Ganze war eine echte Bauern Hochzeit. Da ist Brauch, daß jeder eine Flasche Schnaps mit sich führt, und jeder, der sich das ansieht, muß davon trin-

ken. Im Ganzen waren es 18 Teilnehmer, und daher mußten wir aus 18 Flaschen trinken, und stellt euch vor, ich hatte keinen Schwipps; allerdings hatte ich vorher ein lukullisches Mal zu mir genommen. Und die Krönung des ganzen war eine Einladung, und wir folgten nur gar zu gerne, war es doch ganz etwas Neues. Ein Glück, das wir bis heute morgen um 8 frei hatten. Nun, so wanderten wir zu zweien die Landstraße entlang, denn es war 9 km außerhalb Iglau,[126] und schon nach ganz kurzer Zeit war mir die Hatscherei zuwider. Ich hielt glatt einen LK[-]Wagen auf, und wir fuhren lustig drauf los. Nun, der Anfang wäre nicht schlecht, dachte ich, aber es kam noch besser. 2 km mußten wir aber doch gehen, weil das Dorf etwas abseits liegt. Erst trauten wir uns nicht recht rein, wir waren ja doch Fremde, aber deshalb brauchten wir uns keine Sorgen zu machen, wir wurden mehr als herzlich aufgenommen. Nun gings los, erst einmal schmausen, davon will ich euch garnichts erzählen!!?!! Ihr müßt wissen, so eine Hochzeit dauert 2–3 Tage. Das war lustig und schön, das könnt ihr euch gar nicht vorstellen. Musik, Tanz, Scherz, „Fraß und Suff" sind das Wichtigste. Die Musik wird auf lauter selbsterzeugten Instrumenten gespielt. Das war ein Trubel, und nach einiger Zeit ging ich raus, einmal Luftschnappen, und da kam es mir so komisch vor, und wißt ihr, was war, „Morgen" wars. Na so eine Schweinerei, um 10 hätten wir zu Haus sein sollen, aber wir hatten eben „Nachtdienst". Um 7 früh machten wir uns auf die Stiefel, um das Auto nach Iglau und unseren Dienst nicht zu versäumen. Ihr seht, daß ich aber ganz gut beisammen bin. Es gebe ja noch so vieles davon zu erzählen, aber davon später. Nun recht herzliche Grüße und Busserln von
eurem Karli

An die Familie   o.O., o.D. [Poststempel: Brno, 22. Juni 1939]
Meine Lieben!
Recht schönen Dank für eure Karte, die ich zwar erst gestern erhielt, aber über deren Inhalt ich ja schon informiert war. Nun wirds ja immer einsamer zuhause; auf eins, zwei seid ihr, liebe Eltern, allein, und eure Sprößlinge sind in alle Welt zerstreut. Wie lange wirds dauern, und Grete wird auch einberufen werden, wer weiß, wohin und wie lange.
Aber bange werden braucht euch nicht, denn wir kommen durch, und wenn's noch so dick wird, wir sind ja nicht umsonst eure Kinder. Nur Grete muss noch energischer werden, dann geht alles Reibungslos, und ihr könnt stolz auf uns sein. Ich will aber Grete nicht damit wehtun, aber es ist tatsächlich so, auch Luise hat ihr das gesagt, und selbst weißt du's doch auch, nichtwahr? Ich glaube, du kannst es kaum erwarten, daß für dich auch der große Augenblick kommt, um deinem Ziele näherzukommen. Weißt du, ganz erreichen soll man sein Ziel nie, weil es sonst Inhaltslos wird, sondern, wenn man weiter kommt, gleich wieder weiter vor-

gehen und höhere Ziele stecken, das ist Lebensinhalt und hält Körper und Geist auf seiner Höhe. Es gibt schwere innere Kämpfe, bis man sich soweit durchgerungen hat, aber schließlich haben wir doch ein Hirn, mit dem wir unser schlechteres Ich bezwingen können, das uns immer alles anders vorgaukelt, als es tatsächlich ist. Aber der Mensch ist doch schwach und kann nicht immer, wie er will, das sind die Lebensgesetze, denen wir nicht ganz entgehen können, und die uns schöne, aber, umso mehr, sehr schwere Stunden bringen. „Reich werden und rein bleiben ist größte und schwerste Lebenskunst." Das ist eine der größten Lebensweisheiten, die ich je hörte.

Ich hätte gerne noch der Anni einige Zeilen geschrieben, aber wenn sie schon weg ist, kann man nichts machen. Ich hoffe, daß ich die genaue Anschrift von ihr ja bald bekommen werde, um auch ihr etwas von meiner Erfahrung im fremdem Land zu geben, ob sie's annimmt, ist ja eine andere Sache. Ist die gerne weggefahren, oder fiel euch der Abschied schwer, denn es ist ja doch weit und auf längere Zeit. Aber eine Prüfung muß ja jeder einmal machen, damit der Körper wie der Geist gestärkt wird.

Nun, noch recht schönen Dank für die Zeilen von dir, lieber Vater, es hat mich ganz damisch gefreut, daß du auch geschrieben hast.

Also, meine Lieben, lebt wohl, und recht herzliche Grüße und Küsse von eurem Karli [...]

An die Familie   Brünn, 9. Juli 1939 [Poststempel: Brno, 9. Juli 1939]
Meine Lieben!

Recht schönen Dank für euer Brieflein, ich bin leider noch nicht dazu gekommen, zu antworten, es gibt viel Arbeit. Ich bin augenblicklich schon wieder in Brünn, fahre aber schon morgen wieder weiter. Wohin? Alle Andern sind noch am Übungsplatz, kommen aber auch schon Montag zurück, wo's dann nach kurzer Rast wieder weiter geht. Ich weiß bloß, daß wir in die Nähe Ostraus[127] kommen, und wenn ihr glaubt, daß ein Besuch bei Nosseks[128] wert hätte, so gebt mir bitte die Anschrift,[129] denn ich glaube, dazu hätte ich zeit. Aber [ihr] müßtet da gleich postwendend eine Karte schreiben, damit sie mir gleich nachgeschickt wird.

Ist es bei euch auch so verflixt heiß? Wir schwitzen so derart, daß so kleine Bächlein am ganzen Leib runterrinnen. Und trotzdem bin ich noch gar nicht abgebrannt,[130] wie es bei einer solchen Hitze sein sollte. [...]

Jetzt würde ich gerne auf Urlaub kommen, erstens [ist] so schönes und warmes Wetter und Geld hätte ich jetzt auch genug. Das klingt wohl sehr komisch, wie, aber es ist doch so.

Wir haben Nachzahlungen in Zulagen bekommen, und diese greife ich nicht an, die werden ausschließlich für den Urlaub verwendet. Ihr schreibt, wie ich mir diesen einteile? Das liegt nicht bei mir, weil den Urlaub Andere einteilen, aber ich

hoffe, daß ich doch im August auf 14 Tage komme. Was ich da mache, werdet ihr auch wohl gleich erraten haben: „Berge."
Von diesen 14 Tagen verbringe ich 12 in den schönen hohen Tauern[131] und will einige unserer schönsten Gipfel erreichen; daß ich mit Steffi fahre, werdet ihr ja auch schon denken, wenn Grete frei bekommen kann, so fahrt sie selbstverständlich auch mit.
Wenn du ein wenig Geld sparen kannst, so wird's schon gehen. Was die Fahrt kostet, weiß ich nicht, da die Sätze für den Alpenverein verändert sind.
Bis Zell a[m] See dürften es etwa 20 RM sein, aber darüber können wir uns noch unterhalten. Freue dich aber nicht zu früh, denn wer weiß, wie's noch kommt. [...]
Nun, lebt wohl, und recht viele herzliche Grüße und Busserln
Euer Karli

An die Familie　　　　　　　　o.O., o.D. [Poststempel: Frydek,[132] 20. Juli 1939]
Grüß euch Gott!
Vielen Dank für eure liebe Karte, aber leider werden die Besuche in's Wasser fallen, weil ich nur sehr schwer wegkann und dann bloß auf einige Stunden, und das steht sich kaum dafür, weil ich mit der Bahn etwa 1 Stunde nach Ostrau zu fahren habe. Wißt ihr, daß mir das Herumsegeln, kreuz und quer durch das herrliche Land, so langsam zum gefallen anfängt, denn ich sehe etwas, das ich [in] meinem späteren Leben nimmer werde anschauen können. Besonders hier, ganz in der Nähe, erheben sich die letzten Ausläufer der Karpaten[133] bis zu 1400 m, und das ist doch mein größtes Glück, Berge wenigstens zu sehen, wenn ich sie schon

Auf dem Weg zur Front

nicht besteigen kann. Aber ich hoffe, daß wenigstens der Höchste[134] unter ihnen mein gehören wird, und ich weit über das leuchtende Land bis hinein zu den schneebedeckten Gipfeln schauen kann und meine Sehnsucht nach dem Weiten und Unbekannten ein wenig zu stillen. In 3–4 Wochen werde ich unsere schönen Heimatberge wieder sehen und mir neue Arbeitskraft und Ausdauer holen, um denn wieder frisch und ein wenig energischer dranzugehen.
Sagt, ist es bei euch so schrecklich heiß, wir schwitzen hier so derart, daß wir abgenommen haben und jeder sein Koppel um 5 Löcher enger schnallen mußte, wenn er es nicht verlieren will. Aber an Zähigkeit und körperlicher Ausdauer fehlt es nicht, weil wir doch in letzter Zeit fest, lang und viel geübt haben, also ganz bestimmt eine ganz vorzügliche Vorübung für eine schöne Hochtur.
Heute hab ich eine Frau getroffen, die unsere Großmutter[135] gut gekannt und oft mit ihr gesprochen hat, sie wohnte ihr gegenüber. Ich unterhielt mich längere Zeit mit ihr, und sie lud mich ein, hin und wieder zu kommen und ein wenig mit ihr zu plauschen; es ist auch so ein Mütterchen, wie unsere Großmutter war.
Jetzt muß ich euch noch meine neue Anschrift geben und gleich bitten, mir die von der Anni zu geben, weil ich diese in Brünn zurückgelassen habe.
K. W. Stab II. 132 Postabholstelle Friedland. Mähren[136]
Nun, meine Lieben, recht herzliche Grüße und auf Wiedersehen recht bald
euer Karli

An die Familie   o.O., 17. September [1939] [Feldpoststempel:
Meine Lieben!   18. September 1939]
Ihr werdet schon nichtmehr wissen, was mit mir eigentlich los ist, aber ich denke Steffi wird sicher bei euch gewesen sein und hat euch den Brief lesen lassen. Bei mir ist es nicht immer einfach, zu Papier und Zeit zu kommen. Wie geht's denn bei euch zu Hause, obwohl es erst 4 Wochen her ist, würde ich ganz verdammt gerne wieder einmal so durch die Stadt und so auf unsern Hausberg, den Galizinberg,[137] gehen. Nun ja, das merkt man eben erst, wenn einen so ziemlich einige 100 km von der Heimat trennen. Aber auch das wird wieder kommen, dann leiste ich mir aber ganz bestimmt eine ganze Menge, so wie Theater, lukullische Malzeiten u.s.w. in dieser Stärke. [...]
Wenn mich nicht alles täuscht, so sind wir in einigen Tagen hier fertig, und nach kurzer Besetzungszeit kann ich ganz sicher auf Urlaub. Aber es ist besser, auf so lange Zeit nicht voraus zu denken, sonst schmeckt eine Enttäuschung um vieles bitterer.
Hat euch Steffi die Bilder vom Urlaub schon gezeigt? Die sind doch ganz wunderbar, nicht? Einige davon werde ich vergrößern, bin neugierig, was daraus wird. Was ist denn mit Grete, hat sie schon irgend etwas, wo sie hin kommt oder vieleicht noch gar keine Ahnung? Beate will sich durchaus zum Sanitätsdienst melden. [...]

Nun, die Polen haben hier wie dort nichts zu lachen, sie sind nach den ersten 5 Tagen Gefecht so gelaufen, daß wir ab Krakau[138] keinen von diesen Helden mehr gesehen haben. So rasch konnten wir ihnen zu Fuß gar nicht folgen.
Nun, meine Lieben, lebt wohl, und glaube, wir werden uns nun doch bald wieder sehen. Recht herzliche Grüße und Bußerln von eurem Karli
[...]

An die Familie　　　　　　　　o.O., o.D. [Feldpoststempel: 26. September 1939]
Meine Lieben!
Euer Brieflein hat mir sehr große Freude gemacht, und es freut mich auch, daß alles so schön klappt. Grete wird es ja kaum erwarten können, ihr Ziel verwirklicht zu sehen, aber einen Schatten hat das Ganze, ihr, liebe Eltern, seid dann ganz allein, und eure Kinder alle im Staatsdienst. Nun, wir wollten es ja selbst so. Von Steffi hab ich auch einen Brief bekommen, gleich 2 auf einmal. Wenn ihr etwas schicken wollt, dann nicht weiß Got was, sondern bloß Schokolade oder etwas Bäckerei. Kriegen tu ichs auf jeden Fall, bei uns sind schon einige, die Päkchen erhielten; sogar aus dem Rheinland. Ich würde mir ja gerne etwas kaufen, aber Geld nützt nichts, weil alles von den Polen geplündert ist, nur Milch und hin und wieder einige Eier sind aufzutreiben, das ist aber schon alles.
Nun, meine Lieben, noch recht herzlichen Dank für das Briefpapier. Wenn Steffi kommt, so dankt auch ihr, ich brauche es nicht mehr, auch die Karten.
Viele herzliche Grüße euer Karli

An die Familie　　　　　　　　o.O., o.D. [Feldpoststempel: 30. September 1939]
Mein liebes Daheim!
Das war gestern eine Freude, als bei der Postverteilung gleich 3 Briefe für mich dabei waren. Es wundert mich, daß ihr erst eine Nachricht von mir bekommen habt, weil ich vor längerer Zeit eine Feldpostkarte sannte. Nun ja, es dauert eben etwas länger als normale Postsendungen. Und daß mich eure Nachricht nichtmehr erreicht, nun, so leicht geht das nicht, wir liegen noch sehr, sehr weit im Polenlande. Hier ist es ja schon ziemlich ruhig, nur so kleinere Zwischenfälle kommen noch vereinzelt vor, die uns aber nicht gefährlich werden können.
Grete kann ich leider nichtmehr gute Fahrt wünschen, bloß am Papier; ich wäre gerne gekommen, aber leider, was nicht sein kann, läßt sich nicht erzwingen. Ich glaube, sie wird sich gut durchsetzen und ihre Arbeit für Volk und Heimat leisten. Nun ist es wirklich so weit, daß ihr ganz alleine seid und eure Kinder tatsächlich in allen Richtungen zerstreut sind. Da paßt das Liedchen von Schubert[139] aus dem Dreimäderlhaus[140] sehr gut: „Leer ist das Nest, das ist der Rest, daran nichts ändern sich läßt." Aber ich hoffe, wir werden noch oft und lange alle beisammen

sein, es nützt nichts, Heimat bleibt Heimat, noch dazu, wenn sie so schön ist wie unsere. [...]

Die Polen sind doch vom Koridor vollständig verdrängt und zum Großteil gefangen.[141] Auch bei uns nehmen die Gefangenentransporte kein Ende. Tausende und tausende laufen stur die Straßen lang, und es ist ihnen vollkommen gleich, was mit ihnen geschieht. Sie sind so derart zermürbt, daß sie froh sind, von uns Essen und einige Zigaretten zu bekommen.

Von Beate ist auch einer der 3 Briefe, aber diesen kann ich noch nicht beantworten, denn da sieht's nicht rosig aus und den muß ich erst nochmal lesen. Tatsächlich, um dieses Mädel ist [es] schade, sie ist die Unruhe selbst, und da sie niemand [hat], der ihr irgendeinen Inhalt gibt, wirds immer noch schlimmer. Ich werde so bald wie möglich antworten. [...]

Sind bei Vater auch Leute eingezogen, weil er jetzt mehr leisten muß? Nun, das dauert auch nicht mehr lange, weil die Reservisten ja doch bald nach Hause kommen werden, um wieder zu arbeiten. Ich denke, der Arbeitermangel muß sehr stark fühlbar sein.[142] [...]

Nun, meine Lieben, recht herzl. Grüße und Busserln von eurem Karli.
[...]

An die Familie   o.O., o.D. [Feldpoststempel: 22. November 1939]
Ihr, meine Lieben, daheim!
Endlich haben auch wir dieses Polenland verlassen und nun sitzen wir in einem wunderbaren und schönen Ländchen in mitten unserem schönen und großen Deutschland. Nach schwieriger und langer Bahnfahrt über Radom, Kielze, Kattowitz[143] und noch vielen und großen Städten gings bis Mitteldeutschland. Wenn ihr die Karte nehmt [und] eine Linie von Hannover bis Kassel zieht und diese in der Mitte teilt, so kommt ihr auf meinen jetzigen Aufenthaltspunkt, wo es ganz wunderbar ist.[144] Wir sind fast alle privat untergebracht und schlafen in ganz wunderbaren Betten. Ich z.B. habe ein Zimmer für mich alleine mit einem weiß überzogenen Bett und Federmatratze. Wenn es sein soll, so halte ichs hier schon eine Weile aus das, werdet ihr sicher glauben. Sogar mit Essen ists nicht ganz knapp, denn gestern, Sonntag, mußte ich, ob ich wollte oder nicht, Frühstück, Mittag und Abends mitessen. Ihr könnt euch das gar nicht richtig ausmalen, wie mir jetzt zu mute ist, wo man statt auf Stroh in einem richtigen Bett schläft und sich mit deutschen Worten unterhalten kann. Wie lange das dauert, wissen wir natürlich nicht; ich glaube, es kann nicht zu lange sein, denn ein so schönes Leben hat noch nie lange gedauert, und daß es einmal eine Ausnahme sein sollte, kann ich nicht recht glauben. Nun, wir werden ja sehen.

Heute hab ich von Anni Post bekommen; sie will durchaus einen Frontbericht, und ich kann mich nicht recht dazu Entschließen, weil ich vom Geschehenen schon genug habe und ich das Ganze nicht gerne auffrische. Ihr könnt euch ja denken, daß diese Leute auch gerne alles wissen wollen, was ich erlebte. Anni ist sich noch nicht ganz im Klaren, was sie machen soll, ob einen Mantel kaufen oder nach Hause fahren. Wenn wir Glück haben, so sind wir zu Weihnachten alle beisammen, denn Anni soll auf jeden Fall kommen. In nächster Zeit, so um den 5. oder 6. Dezember, wird Geld zu euch kommen und davon nehmt einstweilen so viel, daß Anni kommen kann, und das andere, mit der Rückfahrt, werden wir dann noch machen. Ich denke, es werden so an die 200 RM. sein; ich weiß es nicht genau, das ist natürlich mein Gehalt, und den lasse ich gleich nach Hause schicken, weil ich ihn ja doch nicht brauche. Nun, und dann muß ich euch auch gleich noch etwas anderes fragen, ich wollte euch zwar überraschen, aber wenn Geld kommt, hättet ihr es auch gemerkt. Ich bin nun schon seit 1.10. Unteroffizier und nicht nur das, es war unser Feldw.[ebel] auf Urlaub, und da hatte ich die ganze Staffel[145] zu führen. Eigentlich war es mir nicht ganz angenehm, weil wir Unteroffiziere mit 6 und 12 Dienstjahren haben.

Anni schrieb, daß ihr schon so lange nicht geschrieben hättet und sie immer so lange warten läßt. Nach ihrem Brief will auch sie denselben Beruf wählen wie Grete. [...]

Nun, meine Lieben, lebtwohl, und hoffentlich sehen wir uns nun doch bald.
Viele Busserlln von eurem Karli

Unteroffizier Wintereder mit EK II   Karls Quartiere waren einmal besser, einmal schlechter.

An die Familie   o.O., o.D. [Feldoststempel: 29. November 1939]
Meine Lieben!
Vielen Dank für euer liebes Brieflein; ich glaube, ihr habt ja von Deutschland auch schon Post bekommen, und ich glaube, ihr seid damit ebenso zufrieden wie ich und teilt die Freude mit mir. [...]
Bei uns sind nun schon mehr als die Hälfte auf Urlaub gewesen, da kann ich natürlich auch rechnen, daß es nichtmehr zu lange dauert, aber leider bekomme ich nur wenig, weil ich nicht verheiratet bin. Die Anderen fahren alle auf 2 Wochen und ich bloß auf eine.
Nun, wir wollen damit zufrieden sein. Die Fahrt dauert leider etwas lange, weil es so gegen 1200 km sind und nur wenige Züge fahren. Eines ist gut, ich steige hier in den D[-]Zug und fahre bis Wien, ohne umzusteigen. Ich glaube, meine Briefe enthalten jetzt bloß Urlaubsgedanken, und bei euch dürfte es auch [so] sein, täglich wartet ihr, und der Schlingel kommt nicht. Wenn ich ganz besonderes Pech habe, dann dauerts sicher noch bis Neujahr. „Brrrt", Wenn nicht, dann bin ich Weihnachten zu Hause.
Ihr schreibt mir, daß ihr viel Arbeit und kein Geld hättet; wie verträgt sich denn das, überhaupt jetzt, wo ihr nicht kaufen könnt, wie ihr wollt? Die Überstunden, die Vater macht, werden ja nicht bezahlt, und Steuern sind ja auch jetzt sehr hoch? Bitte nehmt das nicht ernst, wenn Geld heim kommt und ihr braucht welches, dann nehmt nur.
Ich würde mir gerne einen Anzug kaufen, aber nach diesen Karten gehen ja schon 90 Punkte zum Teufel, und 100 gibt es bloß für 1 Jahr.[146] So muß ich diesen Gedanken leider aufgeben, und lasse es mir anderswie gut gehen. Wenn es möglich ist, würde ich mir wenigstens eine eigene Hose zum Militäranzug kaufen.
Ich rechne hier schon groß damit, daß schon Geld daheim ist, wenn ich komme; wenn aber unser Rechnungsführer[147] die Erklärung nicht abgeschickt hat, dann habe ich einen ganzen Schmarrn. Nun, hoffen wir das Beste.
Also, meine Lieben, auf Wiedersehen hoffentlich recht bald
euer Karli

2. Urlaub vom Krieg[148]

Den Winter 1939/40 brachte die 44. Infanterie-Division, der auch Karls Regiment angehörte, als Heeresreserve in der deutschen Stadt Einbeck, zwischen Harz und Weser gelegen, zu. Die Soldaten waren in den Ortsteilen Kreiensen und Greene in bequemen Privatquartieren untergebracht und verlebten hier ihre „schönste Zeit". Dies geht auch aus Karls Briefen hervor. So schwärmte der frisch gebackene Unteroffizier von der „lustigen" Gesellschaft, der für seine Verhältnisse guten Entlohnung und reichlichen Freizeit, die es ihm unter anderem gestattete, Bücher zu lesen, Ausflüge nach Hamburg zu unternehmen oder auch Frauen kennen zu lernen. Zudem erhielt er im Jänner 1940 das erste Mal nach vier Monaten Heimaturlaub, den er zum Bergsteigen und Skifahren nutzte. (Weihnachten 1939 und Ostern 1940 verbrachte er bei seinem Regiment.)

Während Karl Wintereder den „Urlaub vom Krieg" in Deutschland genoss, liefen in der Wehrmacht die Vorbereitungen für den Westfeldzug gegen Frankreich weiter. Seit Kriegsausbruch befanden sich die deutschen und französischen Streitkräfte hier im „Sitzkrieg" und hatten – bis auf kleinere Vorstöße – kaum militärische Aktivitäten gesetzt. Dies sollte sich, nachdem die Alliierten aufgrund des Angriffskrieges gegen Polen keine Bereitschaft für Friedensverhandlungen erkennen ließen, im Mai 1940 ändern. Bereits im April hatte Hitler den Angriff auf Dänemark und Norwegen befohlen, einerseits um die offene „Flanke" in Skandinavien vor Feindeinflüssen zu schützen, andererseits, um sich die reichen Öl- und Erzvorkommen in der Region zu sichern. Auf die deutsche Bevölkerung und das Militär machten die Erfolge im hohen Norden großen Eindruck, sodass es Karl kaum erwarten konnte, „in ein richtiges Kampfgetümmel gesteckt werden."

Die Anzeichen für einen bevorstehenden Einsatz im Westen wurden in Einbeck bereits im Jänner 1940 spürbar, denn es kam zu Umorganisationen und Truppenübungen wurden abgehalten. Zudem wurden in den Infanterie-Regimentern der 44. Infanterie-Division Pionierzüge aufgestellt und ausgebildet. Auch dies geschah nicht zufällig: Die Soldaten mussten sich auf schwierige Flussüberquerungen und Kämpfe einstellen.

Im Gastgarten von „Burg Greene"

An die Familie   o.O., o.D. [Feldpoststempel: 11. Dezember 1939]
Meine Lieben!
Recht vielen und schönen Dank für euer Brieflein. Es freute mich, daß du, lieber Vater, trotz deiner verlängerten Arbeitszeit auch einmal geschrieben hast. Nach diesem Brief seid ihr ja stolzer als ich mit meiner Beförderung und findet dazu gleich Anlaß zu einer kleinen Feier, wie ich daraus gelesen habe. Nun, so gefährlich ist das nun wieder nicht, und ich bleibe deswegen auch der Gleiche wie bisher, wenn ich überhaupt so recht war.
Ist das Geld schon eingetroffen, oder haben wir Pech damit? Wenn es erst später kommen sollte, dann schickt es Anni mit Eilpost, damit sie ja ganz bestimmt kommen könnte. Heute hab ich von ihr Post bekommen, und da schreibt sie, sie hätte sich keinen Mantel, sonder[n] Stoff auf ein Kleid gekauft. Ich glaube, ein Mantel wäre besser gewesen, denn mit einem Kleid kann sie sich nicht wärmen und damit rausgehen, aber mit einem Mantel doch.
Nun sind es schon ganze 3 Wochen, daß ich hier bin, und ich fühle mich wirklich ganz so, wie es sein soll. Aber wenn ich nach Hause komme, dann fühle ich mich auf jeden Fall noch besser, sind es doch schon 4 Monate, daß wir uns nicht gesehen haben. Wenn ich aber ganz großes Pech habe, dann wird aus einem Weihnachtsurlaub nichts, und ihr müßt die Feiertage dann alleine feiern. Läßt euch aber dadurch die Freuden nicht trüben und seid so, als ob ich bei euch wäre. Wißt ihr, was ich mir hier angewöhne? Diese Leute verstehen natürlich, wenn ich wienerisch spreche, kein Wort, so muß ich notgedrungen nach der Schreibe reden, und es fällt mir wirklich nicht schwer. [...]
Nun, wenn ich komme, dann weiß ich nicht, wo ich zuerst beginnen sollte, alle werden mich mit Beschlag belegen wollen, und ich möchte ganz sicher am liebsten gar nirgend hin. So wirds sein. Nur Steffi wird meine schwache Seite sein. Glaubt mir, wenn Steffi einen richtigen Kerl finden würde, wäre es für mich am besten, denn ich kanns nicht leugnen, daß ich sie ja noch immer lieb habe, wo aber nichts rauskommen wird. Wißt ihr, man hat doch soviel Gelegenheit, gute Mädchen kennenzulernen, aber ich kann leider nicht, weil ich immer glaube, etwas unerlaubtes zu tun. Und ich will und kann Steffi nicht alleine lassen, weil ich genau weiß, wie es ihr sein muß, wenn sie nun wieder niemanden hat, wo sie ihre Seele ausschütten kann.
Ich kenn nun hier auch schon wieder 2 Mädels, eine vom Harz[149] direkt und eine von hier, aber ich will nicht recht. Glaubt mir, ich bin es satt, einmal die und einmal die. Es muß doch schön sein, einen Menschen in der Heimat zu haben, so wie viele von uns.
Nun, meine Lieben, lebt wohl, und zu Weihnachten auf Wiedersehen. Daumenhalten.
Euer Karli

An die Familie　　　　　　o.O., o.D. [Feldpoststempel: 26. Dezember 1939]
Meine Lieben!

Nun seid ihr alle beisammen und feiert recht frohe Weihnacht, leider ohne mir, aber es geht auch so, und wenn alles gut geht, dann komme ich noch zur rechten Zeit, um Anni zu sehen, denn daß ich da ganz schrecklich neugierig bin, könnt ihr euch wohl denken. Anni wird sicher schon auf heißen Kohlen gesessen sein, und nicht wollte das versprochene Geld kommen. Nun ist es doppelt, ich glaube, Anni wirds wohl selbst mit nach Hause genommen haben, denn wenn es die Post zurücksenden sollte, dann dauerts etwas länger. Ich hoffe, daß mein Gehalt, wenn ich heim komme, schon dort ist, denn Geld ist bei mir Augenblicklich ein Begriff, im Gegenteil, Schulden hab' ich wie ein „eh schon wissen", aber das bringe ich dann mit einem Schwung wieder in Ordnung. Es ist ja auch klar: Die Geschenke gingen ja noch von meinem Geld, aber solche Fahrten, wie Hannover, Hamburg u.s.w., das kostet eine Menge. Aber ich bereue es auf keinen Fall, denn wer weiß, sehe ich das noch einmal.

Wißt ihr, was mich freut, daß Väterchen immer einige Zeilen mitschreibt, wenn es auch nur wenig ist, so freue ich mich doch immer. Das ging mir schon lange ab, aber ich wußte doch, daß Vater ja viel zu tun hat und immer müde nach Hause kommt. Wie ist denn der Dienst zu den Festtagen eingeteilt, hast du einige Tage frei?

Bei mir geht es mit Dienst recht lustig zu, und ich kann mich über zu wenig nicht beklagen. Aber ihr wißt doch, mein „Hamur"[150] ist nicht so leicht unterzukriegen, trotzdem es mitunter ganz dick kommt, daß man meint, mit der Faust dreinhauen zu müssen. Natürlich gibt es auch schöne Stunden, und diese behält man, ohne daß man's weiß, und die Anderen vergißt man wieder. So geht es auch euch, und so ist's euch ergangen und wie vielen noch; das bleibt ja doch immer das

Ein Kartengruß aus Hamburg

Gleiche, und doch glaubt jeder, seines wäre das Schwerste, keinem könnte sonst etwas schwerer fallen. Dazu hab ich ein Beispiel, ganz wie es jeder meint.
Wo ich wohne, ist nun auch der Schwiegersohn zur „Übung" einberufen worden, wohlgemerkt nicht zu Front, und dessen Mutter kam gestern zum Hl. Abend.[151] Ihr könnt euch nicht vorstellen, was diese raunzte, ich wurde richtig wild und sagte ihr, was es denn wäre, daß ich schon über 4 Monate nicht daheim war. Noch dazu ist er nur wenige km weg und konnte, trotzdem er erst 1 Woche fort ist, heimfahren, und einen Sohn hat sie noch bei ihr, was will diese Frau mehr? Es ist klar, daß eine Mutter mehr fühlt als alle andern, aber wie viele haben ihre Söhne verloren. Nun, meine Lieben, jetzt will ich ein wenig „gach"[152] Schluß machen und hoffe, daß wir uns jetzt bald sehen werden.
Viele Grüße und Bußerln euer Karli

An die Familie   o.O., o.D. [Feldpoststempel: 20. Jänner 1940]
Meine Lieben!
Schön war die Zeit, aber leider bloß so kurz. Wenn man in der Bahn sitzt, um heim zu fahren, da denkt man, wie lange doch der Urlaub dauert und was alles begonnen werden könnte, und doch, kaum begonnen, ist auch die Abreise schon wieder da. So gehts eben immer, aber das kann man nicht ändern, und das Schlimmste ists auch nicht. Jetzt muß ich mich noch wegen der Überstürzung entschuldigen, aber es war bestimmt besser so, denn ein langer Abschied macht alles noch schwerer. [...]
Im Großen und Ganzen bin ich ja hier schon wieder eingewöhnt, denn so gut, wies mir da geht, ist's zum aushalten; nur ist es leider ganz verflixt kalt, und bei dieser Kälte und viel Schnee machten wir eine Übung, bei der alle Glieder steif gefroren waren. Nun, da könnt Ihr euch vorstellen, welch ein herrliches Vergnügen das war. Es ist vorbei und damit schluß. [...] Es war wirklich eine schlaue Idee, mit dem Schnellzug zu fahren, denn der Urlauberzug brauchte nicht weniger als 28 Stunden und wir kaum 17. Die kamen vollständig durchfroren und ich, wenn auch nicht ausgeruht und ausgeschlafen, so doch durchwärmt daheim an. Dann hatte ich doch einen ganzen Sonntag zum Schlafen vor mir, aber ich zog Bobfahren dem Ausruhen vor und wedelte bis spät abends, so fand der Urlaub noch ein ganz nettes Ende, und langsam glitt ich wieder in den Alltag mit Arbeit und unbestimmten Ziel und Ende. [...]
Nun, meine Lieben, lebt wohl, und recht viele herzliche Grüße euer
Karli

An die Familie   o.O., 6. Februar 1940 [Poststempel: Kreiensen,[153]
Meine Lieben!   6. Februar 1940]
Nun bin ich schon 3 Wochen hier und habe von euch leider noch nichts bekommen. Ich würde gerne wissen, wie es daheim ist und ob alles noch so läuft, wie ich von euch, meine Lieben, wegging.
Die Schuhe und Bretteln[154] hab ich ja schon eine ganze Weile, aber ein Brief, oder bloß eine Karte, würde mich doch freuen.
Mit dem Brettelfahren ist es nun endgültig vorbei, denn bei uns regnet es seit gestern, und wenn es so weiter geht, dann gibt es wieder eine Überschwemmung. Ich hab es aber noch ganz gut ausgenützt und bin wirklich zufrieden.
Der Alltag läuft nun wieder ganz planmäßig ab und vergeht fast so schnell wie die wenigen Urlaubstage. Ich würde gerne aber noch ein wenig anschieben, damit wir endlich aus dieser Ungewißheit herauskommen. Sollte bis zur Ernte alles vorbei sein und ich noch alle Glieder haben und auch gesund sein, dann kann ich auch anfangen, ein wenig aufzubauen. Ich denke, daß doch die materielle Grundlage auch bald kommen muß, und wenn ich weiter so sparsam bin, dann gehts bestimmt ganz leicht. Ich habe nach dem Urlaub Verpflegungsgeld und zweimal Löhnung[155] bekommen und fast nichts davon gebraucht. So konnte ich für Steffi zum Geburtstag ein wirklich schönes Geschenk kaufen, und davon blieb mir noch etwas über. So drücken mich nunmehr die Schulden, und diese werden doch nun auch bald erledigt sein. Wenn also das Geld kommt, dann braucht ihr mir bloß 90–100 Rm schicken, damit komme [ich] mehr als gut aus. Für Grete und Anni will ich keine feste Summe nennen, sie sollen haben, was sie brauchen, und das Fahrgeld nehmt ihr natürlich auch. Ich hab leider keine Ahnung, wieviel es sein wird, aber wenn nichts überbleibt, ists auch gut. Ich rechne aber doch mit etwa 4–500 RM.
Beim Brettelfahren stürzte ich leider ein wenig unglücklich und verstauchte beide Handgelenke ein bisschen, so daß ich aussah wie ein Boxer ohne Handschuhe. Daß hinderte mich aber nicht, weiter zu fahren. Durch diese Bewegungen konnte ich den Verband schon nach 2 Tagen wieder abnehmen, und nur das rechte Gelenk und der Daumen schmerzen noch ganz wenig.
Nun, meine Lieben, lebtwohl und läßt bald etwas von euch hören.
Viele herzliche Grüße euer
Karli

An die Familie   o.O., 12. Februar 1940 [Poststempel: Kreiensen,
Meine Lieben!   12. Februar 1940]
Endlich hab ich auch von euch eine Nachricht, und es freut mich, daß noch alles in Ordnung ist. Ich weiß nicht, aber ich glaube, daß Anni mit dem Landdienst[156] eine Menge verloren hat und nun schon schwer irgendwo als Lehrmädchen unterkommt, denn das Beste ist auf jeden Fall, irgendetwas gelernt zu haben. Und das

Eine, bloß aufs verdienen denken, ist bestimmt nicht klug, denn man soll sich nie von der Materie verleiten lassen, sondern frei nach dem Herzen handeln. Aber wenn sie dann bei den NS Schwestern[157] nichtmehr angenommen wird, ist das auch nicht recht, wenn sie unbedingt glaubt, es schaffen zu können. Das muß ganz verdammt gut überlegt werden, denn dann ists zu spät. Lasse Dir von Grete vieles sagen und lasse Dich beraten, denn da kann ich nichts sagen. [...]
Nun, lieber Vater, es ist mir lieb, daß ich Dir mit der Hose eine kleine Freude machte.
Ich glaube auch gerne, daß ihr ein wenig friert, bei uns ist nähmlich auch wenig Kohle, aber dafür gibt es genug Holz, und das genügt.
Und nun wegen des Gehalts. Ich glaube auch, daß es am Besten ist, auf ein Postscheckkonto einzahlen zu lassen. Ich unterschreibe es bloß, und ihr macht das dann auf der Post weiter.
Das mit der Buchgemeinschaft[158] macht ihr, wie ihr glaubt, und sucht die Bücher nach eurem Gutdünken.
Aber einige Schriftsteller will ich euch sagen. Isabell Kaiser,[159] Voß,[160] Hermann Sudermann,[161] Herbert Volk (Aufbau Deutschlands na[ch] d[em] Krieg).[162] Vieleicht könnt ihr die Bücher Ewig singen die Wälder und das Anschlußbuch das Erbe von Björndal[163] kriegen. Dies sind ganz herforragende Bücher, die ich in letzter Zeit alle gelesen habe. In diesen 4 Wochen hab ich nichtweniger als 7 lauter der besten Schriftsteller gelesen.

Bei der Lektüre – sofern der Dienst es zuließ.

Wenn ihr für Anni etwas kaufen wollt, so nehmt doch von mir etwas, ich brauche es ja doch augenblicklich nicht, und wenn ich was brauchen werde, ist ja schon wieder etwas da. [...]
Also, meine Lieben, lebt wohl, und viele herzliche Grüße von eurem Karli
Verzeiht die Schrift, aber ich hab nur kurz Mittagsrast.

An die Familie   o.O., o.D. [Feldpoststempel: 12. März 1940]
Meine Lieben!
Seid ihr nun bös auf mich, weil ich so lange nichts von mir hören ließ? Nun, Neues gibt es nicht viel, und Altes reizt doch nichtmehr. [...]
Bei uns ist nun das schöne sorglose Leben auch vorbei, schon vor einigen Tagen mußten wir schweren Herzens von Greene[164] abschied nehmen. Meine Leute konnten mir beim Abschied nicht in die Augen sehen, so gerührt waren sie. Mir viel es auch sehr schwer, denn ein 1/4 Jahr ist eine lange Zeit, und da lernt man seine Leute gut kennen. Aber eines Teils ist es so wieder besser, denn nun kommt die Entscheidung etwas näher.
Bitte seid so lieb und laßt meine weiße Bluse reinigen und bügeln. Ein feines Stück, was?
Nun, meine Lieben, recht viele herzliche Grüße
euer Karli

An die Familie   o.O., 21. März 1940 [Poststempel: Kreiensen, 21. März 1940]
Meine Lieben!
Es ist schon wieder lange her, daß ich von euch irgendeine Post bekam; es ist aber möglich, daß schon etwas hier ist, doch ich kann jetzt 4 Tage keine kriegen, weil ich so lange von der Truppe weg bin. Wir haben nun 14 sehr schwere Tage verlebt und kommen wieder in unser liebes Greene zurück. Kein Mensch hätte das gedacht, daß wir wieder so schöne Zeiten wie die vergangenen haben sollten. Wir sind natürlich nicht abgeneigt, wieder von forn zu beginnen, wenn es aber losgeht, dann wollen wir aber nicht fehlen, dem Gegner eins auszuwischen.
Nach den täglichen Meldungen dürften es ja nichtmehr allzulange dauern, und die Herren kapitulieren, und für uns kommt dann eine bessere, vor allem dingen ruhigere Zeit. Ich hoffe, daß es dann einen tüchtigen und langen Urlaub gibt, den ich zum Großteil in meinen Bergen verbringen werde.
Ich wäre ja sehr gerne zu Ostern daheim, aber das kann ich leider nichtmal träumen, da muß ich schon anderen den Vortritt lassen und auf günstigere Zeiten warten. Wenn ich sicher wäre, daß der Krieg bis zum Frühherbst beendet ist, so würde ich gerne bis dahin warten.
In den nächsten Tagen schicke ich ein Paket mit einigen Kleidern weg; diese bitte ich in die Veitsch[165] zu schicken, da sie Vater nicht passen werden. Es ist ein sehr schöner Bauernjanker und eine Knikerboker,[166] beides noch gut erhalten. Diese Kleider hat ein Deutscher aus Polen uns übergeben und hat dafür eine Uniform bekommen, weil er uns eine Strecke weit führen sollte. Bei einem polnischen Gasangriff mußte er leider umkehren, weil er keine Maske hatte; nun, und seither nehme ich diese Sachen in der Bekleidungskiste mit. Unser Spieß[167] wollte sie schon wegwerfen, da dachte ich natürlich gleich an meine Kandlbauer.[168] Da möchte ich

euch bitten, daß ihr da noch einiges Geschirr kauft und mitschickt. Bitte seid so lieb und schreibt mir, wieviel Geld ich überhaupt habe, denn sonst möchte ich immer wieder davon kaufen, und es ist nichts da. [...]
Nun, meine Lieben, ich hoffe, daß ich nun doch bald Post von euch bekomme; viele herzliche Grüße
euer Karli

An die Familie　　　　　　　　　　　　o.O., o.D. [Feldpoststempel: 4. April 1940]
Meine Lieben!
Endlich, nach langer Zeit ein Lebenszeichen; ich wußte schon nichtmehr, was geschehen sein sollte. Wie habt ihr die Osterfeiertage verbracht? Ich konnte mich nicht beklagen, besonders am Sonntagnachmittag war es sehr schön. Ganz allein bei schöner Musik konnte ich mich ganz meinen Gedanken hingeben, die dauernd in die Heimat schweiften und Vergangenes heraufholten aus des Herzens tiefster und dunkelster Ecke. Man müßte meinen, daß ich dabei traurig gewesen bin, nein, es war so eine stille und große Feierlichkeit in mir, daß ich es störend empfunden hätte, wenn ich weggehen hätte sollen.
Sag einmal Mutti, ist es denn wirklich nötig, daß Du auch noch so viel arbeitest, wo doch Vater wirklich nicht so wenig verdient? Ich glaube, ein wenig leichter machen könntest Du Dirs sicherlich. Aber ich weiß es ja, wenn jemand kommt, kannst Du nicht nein sagen und arbeitest so lange, bis Dir alles so weh tut, daß Du Dich kaum rühren kannst.
Wir sind nun wieder in unserem Nestchen und lassens uns gut gehen.
Bin nur neugierig, wie lange das noch so weiter geht. Mir gefällt es ja ganz gut, aber zu einem Ende kommen wir so auf keinen Fall. Aber ich glaube, wir können das ruhig anderen überlassen. [...]
Von Beate hab ich Post bekommen, daß sie schon wieder auf ihrer alten Stelle ist, von wo sie ausging. Die hält es auch nirgend lange aus, ihr fehlt die Ausdauer, obwohl sie immer von Kampf für Volk und Heimat spricht und schreibt.
Jetzt möchte ich euch gerne um etwas bitten, es ist nämlich noch keine Spur, daß wir hier wegkommen; so hätte ich ganz gerne, wenn ihr mir meine Hose, die Schuhe und ein Hemd, womöglich ein weißes, schicken wollt, die Mütze aber nicht, zu den Schuhen vieleicht noch ein oder 2 Paar Strümpfe.
Nun hab ich meine Papperlatur[169] auch wieder in Ordnung und alle Zähne gerichtet.
Also, meine Lieben, bitte laßt mich nun nicht so lange auf Antwort warten und schickt mir das recht schnelle. Die weiße Bluse kann auch dabei sein, ob rein oder nicht.
Auf Wiedersehen und viele herzliche Grüße euer Karli

An die Familie   o.O., o.D. [Feldpoststempel: 14. April 1940]
Meine Lieben!

Es ist gut, daß alles in der alten Bahn weiter geht, aber ihr habt mich scheinbar nicht ganz verstanden, denn wenn Anni etwas braucht, so nehmt doch noch die restlichen 30 RM und kauft darum, was sie notwendig braucht. Das Andere greift nur im notfall an, denn eine Reserve zu haben, ist für euch ganz bestimmt ein sicheres Gefühl.

Das für Kandlbauer habe ich bereits von hier weggeschickt, und ihr braucht nichts Großes zu kaufen, denn einige Teller und Tassen würden sie ganz außer rand und band bringen vor Freude. Es ist ja doch klar, daß bei solchen Jungen viel zu Grunde geht, und neu Anschaffungen sind natürlich sehr schwer. Ich schickte von hier einen sehr guten und wirklich schönen Bauernjanker und eine sehr gute Hose, die sicher einem der Jungen passen wird. Diese Sachen sind aus Polen von einem Volksdeutschen,[170] der uns ein Stück führte, aber dann wegen Gas nicht mit konnte, weil er keine Maske hatte. So hat er unsere Soldatenkleidung und wir das ziviele. Unser Spieß wollte das Ganze schon wegwerfen, aber da dachte ich gleich an meine lieben Buben. [...]

Von Beate und Grete habe ich auch Post bekommen und von jeder ein Bild in der Dienstkleidung. Grete sieht genau so auch wie Du in jungen Jahren auf den Bildern. Beate ist auch hübsch, aber es gefällt ihr scheinbar nicht recht, aber sie hält durch.

Nun, meine Lieben, viele herzliche Grüße an euch alle euer Karli
[...]

An die Familie   o.O., o.D. [Feldpoststempel: 20. April 1940]
Meine Lieben!

Wir sind leider noch nicht von unserem Nest[171] abgedampft, so wie ihr angenommen habt. Mich betrübt es sehr, möchte ich doch so gerne auch mit dabei sein, wenn es heißt, fest und stark für Deutschland zu kämpfen. Es steht ja keinen Augenblick außer Frage, nicht zu siegen, aber für mich ist es eine Qual, nicht auch mithelfen zu können, zu zeigen, was wir leisten können. Aber auch für uns kommt diese Zeit, nur etwas Geduld müssen wir haben.

Nun muß ich mich für das schöne große Paket bedanken, von dem ich nicht träumte, daß es so reichhaltig sein wird. Leider ist es nun verboten worden, eigene Kleider zu tragen, so daß ich alles fein säuberlich zum ansehen aufgehängt habe. Da kannst nix machen, ärgern tu ich mich aber nicht, es wäre doch unsinn.

Von Kandlbauer hab ich vor einigen Tagen einen hübschen Brief bekommen, wo sie sich ganz mächtig über die Kleider, die dem großen, dem Hansi, paßen, freuten. Sie meinten, so schöne Sachen hätten sie ihm nie kaufen können, und er ist wie närrisch gesprungen vor Freude und Dankbarkeit. Diese Leute müßt ihr auch einmal kennenlernen, und ihr werdet genau so begeistert sein wie ich. Ehrlich und gerade Menschen findet man eben bei der kleinen, meißt armen Bevölkerung, die so auf harte Weise ihr Leben fristen müssen.

Gestern Abend hatte die H.J. [Hitlerjungend] für uns Soldaten eine kleine Unterhaltung aus ihrem Arbeitsprogramm zusammengestellt, das ganz wunderbar ausviel und den Großteil der Besucher zufrieden stellte. Unsere heranwachsende Jugend ist tatsächlich ganz, wie sie sein soll, um einmal das große Erbe anzutreten und zu halten, wie es für die Zukunft Deutschlands notwendig ist.

Nun noch von meinen Gedanken, die meine Freizeit ausfüllen, wenn ich nicht ein schönes Buch gerade lese, von denen ich eine ganze Menge habe, denn ich schrieb doch, daß ich mir von dem übrigen Gelde etwas kaufen wollte, nun, da kaufte ich eben Bücher. Wenn ich abends so im Bette liege, da überkommt mich oft eine ganz unbändige Sehnsucht nach meinen lieben Bergen, daß das Herz springen könnte, denn dort kann ich wieder Erholung für Geist und Körper finden. Nun, meine Lieben, noch einmal recht schönen Dank für euer liebes Paket und viele herzliche Grüße von eurem
Karli

An die Familie　　　　　　　　　　　o.O., o.D. [Feldpoststempel: 7. Mai 1940]
Meine Lieben!

Ich habe nun schon wieder lange keine Nachricht von euch und wäre doch neugierig, wie es daheim ist. Bei uns ist ja einstweilen noch das alte Lied, und es rührt sich kaum etwas, das nennenswert ist.

Vor einer Woche war ich wieder in Hamburg auf kurzen Urlaub, um etwas zu sehen, um das mich viele beneiden. Ich hatte das große Glück, die Bremen und Europa zu sehen,[172] aber leider ist es verboten, auf Bord zu gehen, aber wie ihr mich kennt, mußte es gelingen, doch hinauf zu kommen. Ich stand auf der Qaimauer und sah hinüber auf die beiden Kolosse in etwa 100 m Entfernung. Ja, aber wie jetzt hinüber? Da kam eine kleine Gesellschaft über die Mauer, ein Ingenieur mit einigen Verwandten (denn nur solche dürfen die Schiffe betreten). Nun, ich dachte gleich, daß muß jetzt dein Augenblick sein. Während das Boot drüben abstieß, begann ich mich ganz vorsichtig vorzupirschen, und es gelang: Kurzum in 5 Minuten war ich ein Neffe dieses Ingenieurs und sah in den nächsten Stunden ein Werk, wie wir uns das nicht vorstellen können. 5 1/2 Stunden dauerte die Besichtigung [...]. Schreiben kann man das nicht, das muß erlebt werden, um es ganz zu fassen. Ihr könnt euch ja vorstellen, welchen Eindruck es auf mich machte, wo ich doch dies nur von Bildern kannte.

Wenn ihr mich sehen würdet, welche Art von Arbeit ich mache, müßtet ihr sagen, der wird noch Landwirt und bebaut seine eigene Scholle. Nun, das kommt aber nicht in frage, obwohl mir das Ganze wirklich Spaß macht. Für das, was ich hier bekomme, ist es noch lange keine Quittung, und ich bin schwer in Schuld. Jetzt ist es hier ganz wunderschön, alles im zarten Grün und inmitten die Ruine;[173] mit einem Wort, man fühlt sich um viele, viele Jahre zurückversetzt und träumt mit wachen Augen. Aber durch all diesen Zauber kommt oft ganz überraschend die Sehnsucht nach der Heimat, den Bergen. Aber auch sie wird bezwungen und mit ein wenig Geduld auch erfüllt.

In den nächsten Tagen wird vieleicht ein Paket mit Hirschhäuten kommen; diese tragt bitte so schnell wie möglich zu einem Weißgerber und laßt sie fein gerben. Das Geld nehmt dazu von der Bank. Habt ihr irgend eine Verständigung, daß das Geld einlauft, denn ich habe bis jetzt nichts bekommen.

Soeben bekam ich euren Brief, diesen beantworte ich nächstens.

Nun, lebt wohl, und viele herzliche Grüße von eurem Karli

Grüße auch an alle Bekannten.

An die Familie   o.O., o.D. [Feldpoststempel: 8. Mai 1940]
Meine Lieben!

Der letzte Brief war sehr Neuigkeitsreich und machte mir Freude; nur daß Mama krank war, trübt das Ganze ein wenig, aber wenn alles wieder vorbei ist, ists halb so schlimm. Wegen Anni ihrer Sachen solltet ihr auf der Post Erkundigungen einziehen und nicht locker lassen, ehe ihr nicht genauen Bescheid wißt, denn sie braucht doch dies alles. Und was den Landdienst in der Heimat betrifft, ist es doch nicht schlimm, diese paar Monate sind ja doch bald vorbei.

Daß unsere Wohnung nun wieder in Ordnung kommt, ist wirklich nötig, denn so etwas hält sich auf die Dauer nicht. Wenn ich so in etwa 14 Tagen auf Urlaub komme, dann wäre es hübsch, wenn schon alles vorbei wäre, denn so etwas ist ganz schrecklich, dabei zu sein. Ihr werdet nun denken, so ein Hallodri,[174] der macht sich schon im vorhinein aus dem Staub.

Von Grete hab ich schon länger nichts bekommen und weiß von nichts, daß sie nicht im Krankenhause sein dürfte.

Und Dein Urlaub, Väterchen, der soll mit allen schön in der Veitsch, wenn es möglich ist, verbracht werden.

Ich hatte ja schon im vorigen Jahr einen Plan für euch, der sich aber für 1 Woche nicht lohnt, weil es zu weit ist. Ich wollte, daß ihr in einem Berghof wohnen solltet in der Nähe des Glockners.[175] Nun, darüber können wir sprechen, wenn ich heim komme, es werden leider nur 6–8 Tage daraus werden.

Hier, genau so wie bei euch, kann man sich über ein Mailüfterl nicht viel freuen, aber herrlich grün ist doch alles, und ich hab' schon ganz nette Ausflüge gemacht, die mich leider immer wieder sehnsüchtig nach der Heimat denken lassen. Ich brauchte eben, daß wir von hier wegkommen und in ein richtiges Kampfgetümmel gesteckt werden, um alles andere zu vergessen.

Nun, meine Lieben, es [ist] nicht viel, was ich wußte, und meine Mittagspause ist auch zu Ende; so lebt alle wohl und viele herzliche Grüße von eurem
Karli

3. Westfeldzug und Verwundung[176]

Bei dem am 10. Mai 1940 begonnenen, häufig als „Blitzkrieg" bezeichneten Westfeldzug der Deutschen Wehrmacht handelte es sich um einen sechswöchigen Bewegungskrieg, bei dem der operative Erfolg vor allem durch die Panzer- bzw. Luftwaffe in den Ardennen erreicht wurde. Durchgeführt wurde der rasche Vorstoß über Belgien und Luxemburg nach Nordfrankreich durch eine sichelschnittartige Umfassung der eher trägen gegnerischen französischen und britischen Hauptkräfte, die schließlich am 4. Juni – mit dem Rücken zum Ärmelkanal stehend – vor Dünkirchen/Dunerque nach Großbritannien evakuiert werden mussten. Zehn Tage später marschierten die ersten deutschen Truppen in Paris ein.

Karl Wintereder nahm an der Besetzung der französischen Hauptstadt nicht teil. Er wurde am 5. Juni 1940 in Péronne an der Somme durch einen Granatsplitter schwer verwundet. Am 13. Mai war er mit seinem Regiment in langen Straßenmärschen, vom Ausladeraum Mayen-Andernach der „Panzergruppe Kleist" (Heeresgruppe A) folgend, durch die Ardennen bis an den Somme-Abschnitt zwischen Amiens und Péronne vorgestoßen. Nach Bildung mehrerer Brückenköpfe ging hier die 44. Infanterie-Division Anfang Juni zum Angriff auf die französische Auffangstellung („Weygand-Linie") über und erlitt bei den nachfolgenden zweitägigen Kämpfen hohe Verluste.

Während Karl in das Feldlazarett von Péruwelz in Belgien eingeliefert wurde, befand sich die französische Armee in Auflösung, und den Deutschen gelang es, weite Teile des Landes – unter anderem die gesamte Atlantikküste – zu besetzen. Am 22. Juni wurde bei Compiègne im Norden von Paris der Waffenstillstandsvertrag unterzeichnet und das Land in eine besetzte Nordzone sowie den mit

Einmarsch in Frankreich

dem Deutschen Reich kollaborierenden État français unter Philippe Pétain („Vichy-Frankreich") geteilt. Zu einer Invasion Großbritanniens sollte es nicht mehr kommen.

Karl wurde indes Mitte Juni 1940 mit einem Lazarettzug ins Reservelazarett nach Gotha (Thüringen) verlegt und erfolgreich operiert. Nach fünfwöchiger Behandlung wurde er auf eigenen Wunsch entlassen und der Genesungskompanie zugeteilt. Nach längerem Urlaub trat er im Herbst wieder seinen Dienst bei der Ersatzeinheit des Infanterie-Regiments 132 (I. Ersatzbataillon, 4. Kompanie) im slowakischen Senitz an.

Über die Furt nach Westen

An die Familie　　　　　　　　　　　o.O., o.D. [Feldpoststempel: 9. Juni 1940]
Meine Lieben!
Länder, Städte, vieles habe ich in letzter Zeit gesehen, aber alles hat einmal ein Ende. Für mich ist es so gekommen, denn euer Unkraut wäre nun doch bald verdorben, nun, ein wenig Glück muß man ja doch haben. Wir sollten ein[en] mit Schwarzen uns überlegen[en] Punkt angreifen. Erst ging ja alles ganz gut, aber wir hatten den Naturtrieb, sich in den Bäumen gut zu decken und von dort den Gegner von rückwärts bei zu kommen, wenig beachtet. Mir war bei dem Getümmel nichts geschehen, erst beim zurückgehen erwischte es mich. Ein ganz verdammtes Trommelfeuer verfolgte mich. Die Anderen waren schon in Deckung, nur ich hielt Verbindung nach rückwärts.

Vor der Schlacht

Trotz meinem schweren Funkgerät hob es mich auf, schleuderte mich in einer Entfernung zu Boden. Da erhielt ich einen Splitter, wenn ich deutsch sprechen will, in den Arsch. Aber leider ein wenig zu hoch, so fuhr dieser direkt in den Knochen und durchschlug Ihn. Gottseidank sind die Weichteile fast nicht verletzt, so daß ich normale Verpflegung erhalte. Ihr glaubt es kaum, aber der Abschied von meinen Kameraden fiel mir so schwer, daß ich heulte. Nun liege ich in einem Feldlazaret tief in Frankreich.[177] Es ist ein ganz wunderfolles Schloß, so schön, daß ich es nicht schildern kann. Auf jeden Fall eine kleine Abwechslung, dies alles zu betrachten, wenn man eine so geisttötende Beschäftigung hat wie ich, halb am Bauch und halb am Rücken zu liegen. Nun, jetzt gehts ja schon wieder ein wenig, sogar auf die Schüssel konnte ich schon gehen. Halb sitzen und halb lehnen geht auch schon. Am 5. Juni um 1/2 4 nachmittag wurde ich verwundet.

Nun habe ich aber genug davon geschrieben und gar nicht nach euch gefragt. Post hab ich auch von euch und Grete bekommen. Jetzt wird es natürlich mit der Post schlecht sein, weil alles an die Feldpn.[postummer] weiter geht, und von dort wird es immer nachgeschickt. Von Kandlbauer hab ich die erste Post an der schweren Front bekommen.

Nun, meine Lieben, lebtwohl und auf Wiedersehen, euer Karli. Herzliche Grüße auch an alle Andern.

Am Funkgerät

An die Familie o.O., o.D. [Feldpoststempel: 21. Juni 1940]
Meine Lieben!
Leider liege ich noch immer fest und kann mich nicht besonders viel rühren. Vor einigen Tagen gings so gut, daß ich bloß mit 1 Stock schon den ganzen Tag umgehen konnte. Nun kam ein Rückschlag, und ich kann kaum zum waschen aufstehen. Ich kann es aber nicht verstehen, weil ich keinerlei Wundschmerzen habe, und dennoch wird mir schon beim sitzen übel, so daß ich immer schleunigst ins Bett krieche. Aber ich hoffe, daß dies ja auch bald vorbei geht und [ich] die Heimat sehen werde.

Wenn dann alles so weit in Ordnung ist, dann fahren wir alle zusammen zu meinem Kandlbauer auf etwa 10 Tage und erleben dort einen verdienten Urlaub. Bei Frankreich komme ich ohnehin schon zu spät, und wenns nach England geht, bin ich natürlich wieder dabei. Mir graut, wenn ich an die Ettappe denke, weil ich genau weiß, wie es da ist.

Wenn es auch daheim schön ist, aber ich fühle, daß ich, so lange man uns braucht, zu meiner Staffel gehöre. Denn das ist Gemeinschaft, und wenn da einer fehlt, so ist es schon sehr schwer, die Aufgaben zu erfüllen. Ich weiß ja nicht, ob nicht mehr ausgefallen sind, auf jeden fall sehne ich mich wirklich nach meinen Kameraden. Die Heilung geht ja anscheinend ganz gut vorwärts, nur kommt sehr viel Eiter, und es muß täglich verbunden werden. Nun, ich habe aber starke Hoffnung, daß es in 3 Wochen mit meiner scheußlichen Liegerei zu Ende ist und ich wieder froh und leicht in meine Berge gehen kann, denn das ist doch schöner, als die Welt vom Zimmer aus zu betrachten.

Nun, meine Lieben, was ist denn bei euch los, es lauft doch sicher alles in einem Gleichmaß ab? Arbeiten, schlafen und wieder arbeiten, so geht es sicher Zug und Zug. Was schreibt denn Anni, wie geht es ihr? Jetzt ist es sicher wieder ein wenig einsam bei euch, aber das ist immer so, wenn die Vögel groß sind, fliegen sie aus dem Nest.

Nun, auf Wiedersehen, und viele herzliche Grüße von eurem Karli [...]

An die Familie   o.O., 3. Juli 1940 [ohne (Feld)poststempel]
Meine Lieben!

Endlich, nach fast 4 Wochen, eine Nachricht. Es war schon zum verrückt werden, alle bekamen, und ich blieb ohne. Wenn man noch dazu ein wenig blöde vom Fieber ist, da könnt ihr euch vorstellen, welch ein Zustand das ist. Ihr seid natürlich schuldlos, denn die Post dauert leider etwas lange. Nun bin ich ja zufrieden, heute erhielt ich 3 mal etwas: von euch, von Luise und Grete – Beate.

Ich bin so weit ganz gut beisammen, nur das verdammte Fieber. Gestern hatte ich über 39 und heute sinds wieder nur 37,5. Wenn die Operation vorbei ist, dann wird dies auch aufhören.

Die Verwundung fühlte ich nicht wie einen Hieb, sondern wie einen kräftigen Stoß in den Arsch. Ich wußte ja, daß ich aus diesem Feuer kaum gut rauskommen werde, so war ich vorbereitet. Nachher legte ich ganz ruhig meinen Kasten ab, und, obwohl die Seite gleich kraftlos war, ging ich, oder besser gesagt, taumelte ich durch den Dreck noch 100–150 m. So klar wie bei der Verw.[undung] hab ich noch selten gesehen, jede kleine Bewegung, alles überlegte ich genau. Schmerzen hatte ich im Augenblick fast keine, erst dann, als ich ruhig im Stroh lag. Nun, mit dem Besuch, das geht nicht, denn in Feindesland könnt ihr nicht rein. Und wenn ich in die Heimat komme, dann machen wir gemeinsam eine Urlaubsfahrt zu Kandlbauer. Vater soll sich den Urlaub bis dahin aufheben, wenns geht. [...]

Wenn ihr könnt, so versucht, etwas über die Pakete zu erfahren, denn in einem sind meine Kleider und Schuhe, und in dem Anderen sind Bücher im Werte von etwa 50 RM. Ich kann es nicht glauben, daß etwas verloren ging.

Nun viele herzliche Grüße
von eurem Karli
[...]

An die Familie					o.O., o.D. [Feldpoststempel: 7. Juli 1940]
Meine Lieben!
Es ist wirklich ganz wunderbar, wenn es Post gibt, und es freut mich ganz damisch, daß ich schon wieder welche bekommen habe. Nun, mit mir geht's langsam bergan, und die Einschußwunde ist ganz wunderbar am verheilen, nur hab ich keinen Ausschuß, so daß der Splitter eben von irgendwo herausgenommen wird. Der Einschuß befindet sich in der linken oberen Gesäßhälfte, wo der Hüftknochen fast zu Ende geht. Die Wunde war nicht groß, etwa wie eine schöne Walnuß. Jetzt wußten die Ärzte nicht, ist der Knochen gut oder hin. Nun, nach 2 Wochen, war es klar ohne röntgen. Die Wunde gab täglich so 1/8 lt. Eiter und da kam auch einmal ein Stückchen Knochen mit, gar nicht groß, aber der Arzt war ganz erstaunt über die Größe. Jetzt sind es schon fast 5 Wochen seit der Verwundung, und noch nicht durchleuchtet oder operiert. Allerdings habe ich fast keine Schmerzen, oder man gewöhnt sie, und das Fieber ist auch verschwunden, also im Großen und Ganzen nicht sehr schlecht. Am liebsten würde ich ja aufstehen, aber da werde ich so komisch im Kopf, und im nächsten Augenblick sitze ich auch schon am Boden. Aber keine Angst, wir fahren zusammen zu Kandlbauer, Vater soll den Urlaub bis dahin sparen. Nun wollt ihr ja auch ganz gerne wissen, wo ich verwundet wurde. Von Armiens [sic!][178] nach Perronne [sic!][179] zieht sich die Somme,[180] und links von Perronne im 1. Drittel war unsere Div.[ision] eingesetzt, dort hats mich und viele andere erwischt. Unsere Div. war beim Einmarsch in Paris dabei, und ich mußte hier tatenlos liegen. Jetzt bin ich im Kriegslazareth Peruwelz[181] bei Monns [sic!].[182] [...]
Wir bekommen hier unser Geld weiter, aber bleiben tut kein Pfennig, denn man kriegt hier alles. Schoko werde ich versuchen, mitzubringen. 1/2kg Kaffee und 4 Hemden kaufte ich auch bereits. Der Kaffee kostet bloß 1.50 RM. [...]
Ich habe von der Front 30 RM heimgeschickt, sind die noch nicht eingetroffen? Wenn Grete Geld braucht, dann gebt ihr das Geld, denn mein Konto reicht schon für einen schönen Urlaub, zum Anziehen krieg ich ja doch nichts. Bei uns gibts nur Eintopf, der an der Front war aber um vieles besser. Wir entschädigen uns eben, weil wir vieles kaufen.
Was glaubt ihr, wie ich hier ankam, wie Adam; nur meinen Photo[apparat] hab ich mit harter Mühe retten können, obwohl ich alles mitnahm.
Nun, lebt wohl, und auf Wiedersehen daheim
herzliche Grüße euer Karli
[...]

An die Familie   Gotha, 9. Juli 1940 [Feldpoststempel: 20. Juli 1940]
Meine Lieben!
Mit einem gewaltigen Rutsch gings heim ins Reich, wo ich zwar sehr kaputt, aber mit gutem echtem Wiener „Hamur" ankam. Am 17. nachts fuhren wir los, und am 19. 2^h nachm. schon lag [ich] im Bett und streckte meine Glieder. Die Bahnfahrt hat mich natürlich ein wenig mitgenommen, aber die Wagen sind ja sehr gut gefedert und nochdazu im Bett, da ists schon zum aushalten. So ein Wagen ist gut eingerichtet. Es sind Schnellzugswag.[ons] mit 22 Betten, alle fein weiß überzogen und mit vielen anderen Einrichtungen. Nur diese Autofahrten von und zur Bahn, die sind sehr qualvoll, aber nun sind die überwunden, denn bevor ich nicht gesund bin, steh ich nicht auf.
Meine Wunde war ja gute 12 cm lang und davon 7 cm zugenäht, bei dem Loch sah ein kleines Stückchen Gase[183] raus; na, ich wußte schon, was da los war. Am Dienstag holte es eine Schwester heraus; ich dachte schon es wäre Gummi, es wurde immer länger und nahm kein Ende. Danach gab es schönes Fieber, und nun steckt an statt diesem ein Schläuchlein drin, daß das Eiter so gut fördert, daß es damit in etwa 5–6 Tagen fertig ist. In weiteren 10 Tagen ist die Wunde so weit, daß ich dann sicher schon gehen kann. In den nächsten Tagen schicke ich einige Kleinigkeiten weg, die ich in Belgien kaufte, wie Kaffee, Seife und für mich einige Hemden. Jetzt bin ich leider vollständig stier,[184] aber morgen gibts schon wieder welches, und hier gibts nichts zu kaufen.
Dieses Spital entpuppte sich gleich in den 1. 7 Stunden als kleines Paradies, hier merkt man, daß wir gepflegt werden. Mich wundert, daß der Magen diese Veränderung vertragen kann. Jetzt sind wir erst einige Stunden [hier], und alles hinter uns ist fast vergessen. Ich bin augenblicklich sehr zufrieden, fast glücklich, so gut gehts. Ihr werdet euch sicher auch über den ersten vernünftigen Brief freuen.
Besuchen braucht mich niemand, denn mit dem, und noch etwas dazu, fahren wir alle zusammen weg.
Gotha liegt bei Erfurt, etwa 600 km von Wien.
Nun, meine Lieben, recht viele herzliche Grüße von
eurem
Karli
[...]

An die Familie   o.O. [Gotha], o.D. [Feldpoststempel: 23. Juli 1940]
Meine Lieben!
Es ist zwar komisch, daß ich schon wieder schreibe, aber was soll man tun vor Langeweile?
Heute schicke ich die Pakete weg, und zwar 3. Ihr werdet mit dem Inhalt ganz zufrieden sein. Die Hemden hebt mir bitte einstweilen auf, denn es wird doch noch

eine Weile dauern, ehe ich komme. Ich wollte in etwa 12 Tagen aufstehen, aber der Arzt sagt, davon sei keine Rede. Nun, wir werden ja sehen. Gestern wurde ich nur zum bettmachen herausgesetzt, und in den nächsten Sekunden war ich schon auf einige Zeit drüben.
Hier hab ich vom Kaffee etwas verteilt, was glaubt ihr, welche Augen die Schwestern bekamen, ganz große.
Ich wollte Strondl[185] und Luise auch welchen schicken, aber ich hab nichts zum verpacken; wenn ihr wollt, könnt ihr das besorgen. (Strondl, 16, Nödlgasse 10/5; Luise Glaser 9, Allgem. Krankenhaus Schwesternheim Sensengasse.)

Reserve-Lazarett in Gotha (Thüringen)

Leider bin ich so blank, daß ich die Pakete auf Schulden wegschicken muß, seid so lieb und schickt mir 10 R.M., aber nicht mehr, denn das genügt. Ist das Geld, daß ich von der Front heimsandte, schon eingetroffen?
Ich bin schon sehr neugierig, wies Grete geht, denn von ihr hab ich schon so lange nichts bekommen, ich glaube, schon mehr als 8 Wochen. Von Vater die Karte aus Hainburg[186] hab ich im letzten Augenblick noch erhalten. Wie gehts denn Anni, da weiß ich auch gar nichts?
Nun, viele herzliche Grüße
von eurem
Karli

An die Familie   Gotha, 25. Juli 1940 [Feldpoststempel: 26. Juli 1940]
Meine Lieben!
Recht schönen Dank für euer Brieflein, daß mich schon in ganz prima Stimmung antraf. Meine Wunde ist binnen 2 Tagen fast zugeheilt. Ich hatte doch einen Gummischlauch im Bäuchlein und dieser ist gestern einfach rausgerutscht, und heute, beim Verbinden, war die Wunde geschlossen. Hoffentlich eitert das Zeug innen nicht weiter, denn dann wirds doppelt schlimm, allerdings ist die Wunde und der Einschuß im Kanal, so daß das Eiter auch dort hinaus kann. Es ist doch komisch, aber Tatsache ist, wenn man hinten hineinbläst, so kommt forne die Luft raus. Einigen ging es schon so, daß es von forne los ging und das Zeug noch einmal geöffnet werden mußte. Nun, bei mir wird es sicher ganz gut und zwar, sehr bald, gut werden.
Daß ich Angst habe, mich zu zeigen, das ist natürlich nicht so schlimm. So wie ich aussah, als ich von daheim abgedampfte, so ists ja nicht, aber ich sehe nicht sehr

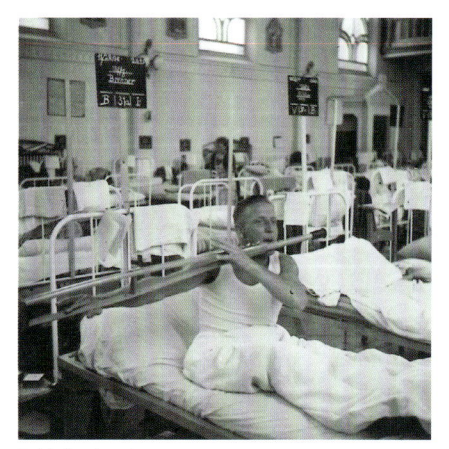

Schlafsaal im Lazarett 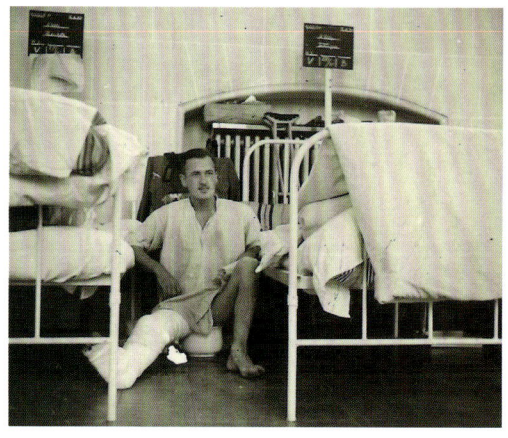   Lazarettszene

schlecht aus, 60 kl [Kilogramm] wiege ich noch immer. Ich meine eben, daß wir dann zusammen einen schönen Urlaub verbringen und dann das Geld brauchen werden, denn die Fahrt kostet trotz ermäßigung etwa 25 RM. Ich bin wirklich zufrieden, wenn ich Post kriege, und diese paar Wochen gehts schon noch so.
Wie ist es denn mit Anni, hat sie wirklich etwas aus dem Lager mitgebracht? Das wäre ja ganz entsetzlich und da müßte man ganz kräftig durchgreifen, denn gerade jetzt werden solche Schlampereien ganz gehörig bestraft.
Mich freut ganz außergewöhnlich, daß die Wohnung nun in Ordnung kommt, daß man endlich sich auch so richtig wohl fühlen kann in diesem Bau.
Habt ihr die Pakete schon bekommen? Die sind gar nicht so schlecht, aber seid nicht zu freigebig, besonders Seife gebt keine ab, vom Kaffee ist ja genug da. [...]
Um euren Ausreißer nach Preßbaum beneide ich euch, ich kann mir sehr lebhaft vorstellen, wie ihr euch gefühlt habt. Nun, in gar nicht so langer Zeit bin ich unter euch und freue mich auch mit euch.
Post hab ich nur 2 Briefe vor etwa 4 Wochen und die Karte von Vater aus Hainburg und von Luise einen Brief, das war alles. [...]
Nun, auf Wiedersehen, und viele herzliche Grüße euer Karli

An die Familie   o.O. [Gotha], o.D. [Feldpoststempel: 30. Juli 1940]
Meine Lieben!
Soeben erhielt ich euren lieben umfangreichen Brief und von Grete nach langer Zeit wieder eine Karte.
Ihr habt noch immer Sorge, daß ich schlecht aussehe; nun, ihr würdet staunen, wie ich mich in diesen 11 Tagen erholt hab. Die Operationswunde ist nun fast verheilt und eitert nur mehr wenig. Nur die Einschußwunde will nicht ganz verheilen. Ich war ja etwas gewagt, denn ich ging mit dem Gummischlauch im Bauch schon

ein wenig herum, und wie am nächsten Tag verbunden wurde, war der Schlauch herausgerutscht und die Wunde fast verheilt. Natürlich ist das Fleisch noch schön zu sehen, aber mich freut es trotzdem, denn nun humple ich schon im Garten herum, leider noch etwas krum, und müde werde ich auch sehr rasch.

Das mit dem Alpenverein war eine ganz fabelhafte Idee, denn ich machte mir schon Sorgen, ob ich nicht ausgeschlossen werde.

Eines kann ich nicht recht verstehen, daß es erst 391 RM sind, denn ich denke, es sind doch schon 4 Gehälter außer August, und 100 RM waren doch Grundlage. Ich glaube, da ist ein Fehler, denn ein Gehalt sind doch fast 90 RM.[187] Nun, ich werde da schon nachschauen. Ihr habt doch die Abrechnungen von jedem Monat, nicht? Bei unseren Leuten war nämlich der gleiche Fall, da wurde der Wehrsold vom Gehalt abgezogen.

Nun, meine Lieben, viele herzliche Grüße von eurem
Karli

An die Familie   Gotha, 14. August 1940 [Feldpoststempel: 14. August 1940]
Meine Lieben!

Nun ist es endlich so weit, daß ich bald entlassen werden und nach Hause kommen kann. Gestern versuchte ich, einmal tüchtig zu laufen, und sogar springen konnte ich schon; also, mit einem Wort, reif, um hinausgeworfen zu werden. Aber der Arzt will nicht, obwohl ich ihm sagte, es ginge doch schon. Er sagt, der Knochen ist noch nicht ganz verheilt, und er kann die Verantwortung nicht auf sich nehmen. Verband trage ich keinen mehr, beide Wunden sind schön verheilt. Jetzt mache ich täglich Übungen an verschiedenen Folterwerkzeugen, um das Ganze wieder richtig einzurenken.

Jetzt gehe ich schon in die Stadt und leiste mir so verschiedenes, und da brauche ich auch viel Geld. Gestern kaufte ich mir ein Paar schöne Lederhandschuhe und Obst esse ich täglich. Natürlich bin ich schon wieder stier!!! Eh schon wissen!

Nun, recht viele herzliche Grüße
von eurem fast gesunden
Karli

An die Familie   Senica,[188] 2. Oktober 1940 [Poststempel: Lundenburg,[189]
Meine Lieben!   3. Oktober 1940]

Bitte seid nicht böse, wenn ich nur einige Zeilen schreibe und diese nichts besonderes enthalten, denn ich komme Sonntag wahrscheinlich ohnehin nach Hause. Ich möchte euch nur bitten, einen kleinen Volksempfänger[190] zu kaufen, den ich mir am Sonntag mit hierher nehmen will. Ich habe jetzt eine ganz nette Bude, und da will ich für ein wenig Kurzweil sorgen. Also bitte holt diese paar Mark von der

Kasse und kauft einstweilen, denn ich krieg ja keinen mehr, weils zu spät wird. Von Rosi Haftner[191] hab ich [einen] Brief bekommen, der noch ans Lazarett geschickt war [...]. Rosi Haftner hat mich gebeten, doch einmal sie zu besuchen, nun, das werd ich jetzt besorgen; ich glaube, es wird ein Mädel mit etwa 16 Jahren sein. Nun, einstweilen recht schönen Gruß und Dank euer
Karli
Was denkt ihr, der Arzt wollte mich entlassen, nichts fürs Militär sagte er. Na, da kam er aber schlecht an, so schlimm ists denn doch nicht, ich fühle mich doch sauwohl. 2 Mal hat er mich schon untersucht, und 1 mal muß ich noch hin.

4. Ruhe vor dem Sturm[192]

Mit der Niederlage der Deutschen Luftwaffe im Ringen um die Lufthoheit über Großbritannien und der Aufgabe einschlägiger Invasionspläne trat der Krieg im Herbst 1940 in eine kurze Phase der Konsolidierung ein. Die noch tobenden Kämpfe beschränkten sich auf Griechenland und Ägypten, wo die italienische Armee vergeblich versuchte, einen „Blitzkrieg" gegen die alliierten Kräfte zu führen. Erst die Rückschläge des Bündnispartners zwangen Berlin im Februar 1941 zur Intervention. Während die ersten Truppen des Deutschen Afrikakorps nach Libyen übersetzten, traf die Wehrmacht Vorbereitungen für die geplante Eroberung Griechenlands und – nach seinem Ausscheiden aus dem Dreimächtepakt im März 1941 – Jugoslawiens.

Der Februar 1941 brachte auch im Soldatenleben des Karl Wintereder eine ihm willkommene Wendung. Nach einem Skiurlaub in Tirol und Oberösterreich wurde er, wie seine Feldpostnummer nahelegt, in die Intendantur im Generalkommando des LI. Armeekorps versetzt. Als Hitler am 6. April 1941 den Angriff auf Jugoslawien befahl, rückte auch Karl mit dem LI. Armeekorps, das der 2. Armee unterstellt war, von der Steiermark aus bis Agram vor und blieb hier einige Wochen stationiert. Die jugoslawischen Streitkräfte kapitulierten am 17. April, die griechischen – bis jene auf Kreta – am 23. April. Aber auch im Privatleben war Karl mit einer „Kapitulation" konfrontiert – der seiner Zweitfreundin Luise Glaser.

Als das LI. Armeekorps Mitte Juni 1941 nach Polen befohlen wurde, wurden auch Karl bald Ziel und Zweck des Balkanfeldzuges klar: die Sicherung der südeuropäischen Flanke für den geplanten Angriff auf die Sowjetunion.

An die Familie	o.O., 13. Februar 1941 [Feldpoststempel:15. Februar 1941]
Meine Lieben!

Lange ist es schon wieder her, daß ich von euch fort mußte, und habe bis jetzt noch nichts von mir hören lassen. Hoffentlich seid ihr nicht ganz bös und macht es nicht ebenso wie ich. Wie ich schon auf der Karte erwähnte, hab' ich bis am Morgen gearbeitet, um die Sonntage frei zu haben für mein schönes Laster, ohne dem ich hier in diesem idealen Gebiet sehr schwer auskommen kann.[193] Ihr könnt es euch kaum vorstellen, wie schön es ist, und wie ich über den Anblick, den ich vom frühen Morgen bis zum dunkelwerden genießen kann, glücklich bin. Wenn ich beim Arbeitszimmer hinaus sehe, dann möchte ich oft gerne die Arbeit weglegen und hinausstürmen und immer höher und höher steigen, bis ich die weit ins Land leuchtenden Gipfel erreicht habe. Aber man muß ja auch nicht unbescheiden sein, ist es denn nicht wunderbar, daß ich überhaupt hier sein kann?

Ihr wollt ja sicher auch wissen, wie ich hause; nun, ich kann sagen, herrlich. Ein nettes kleines Zimmerchen, schön eingerichtet; mit kalt und warm Wasser. Vor meinem Arbeitszimmer ist ganz nahe das Seeufer,[194] und über den See leuchten die herrlich verschneiten Berggipfel des Totengebirges[195] herüber. Links vom See steht fast majestätisch und unnahbar der Traunstein,[196] der mich fast dazu zwingt, aufzusteigen. Aber im Winter ist es ein sehr großes Wagnis, von dem erst vor drei Wochen einer nichtmehr heim kehrte; allerdings stieg dieser bei Nacht und ohne Eisen und Pickel auf. Kein Schiksal, sondern Unfug. Aber ich will es doch lieber sein lassen und mich lieber an einer pfundigen Brettlfahrt erfreuen, die auch nicht ganz ohne ist.

Montag nach Mittag war es so derart schön, daß ich tatsächlich die Arbeit weglegte und ein wenig ausspannte. Ich nahm mein Rad und fuhr den See der Promenade lang, so weit es ging; borgte mir bei einem Förster ein Boot und schaukelte langsam hinaus, legte dann an einem schönen Plätzchen an, kraxelte ein wenig herum, bis ich eine Schneerose fand. Also, mit einem Wort, sehr schön: Sonne, Wasser und teilweise noch prima Schnee zum Brettln.

Wie wars denn bei euch, ich hörte, daß es schneite, bis

Karl liebte die „ins Land leuchtenden Gipfel" der Alpen.

keine Straßenbahn mehr fahren konnte? Bei uns wars nicht anders; und dann ein Tauwetter, daß fast der ganze Schnee in 2 Tagen weg war, aber ohne Überschwemmung. Wie gehts denn Väterchen, wieder alles in Ordnung?
Denn ohne Arbeit gehts ja doch nicht, besonders bei uns. Nur so viel sollte es nicht immer sein, denn sonst verliert man die Freude daran. Hat sich sonst irgend etwas geändert? Anni wird ja sicher noch daheim sein und sich die Vorschulung noch gut überlegen. Aber läßt sie in keine Fabrik gehen, wo man Alles, nur nichts Gutes, lernen kann; es wäre bestimmt nicht gut. Gebt ihr von meinem Konto alle 4 Wochen 10 RM, damit wird ihr sicher ein wenig geholfen sein, und das tu ich gerne.
Na, und Grete, die wird sich schon tüchtig auf das Examen[197] vorbereiten und noch eine Menge Gelerntes nun auffrischen, denn können tut sie's ja ohnehin. Zum Examen möchte ich ihr gerne einen Wunsch erfüllen, aber sie muß ihn mir noch vorher schreiben, denn es soll doch etwas sein, an dem sie sich freut.
Etwas Grünes, daß ich gefunden habe, will ich euch mitschicken; es ist nicht sehr viel, aber die ersten Boten des Bergfrühling sinds, und die machen ganz besondere Freude, gehts doch wieder einen Schritt weiter dem Frieden entgegen.[198]
Nun, meine Lieben, recht herzliche Grüße und auf Wiedersehen euer
Karli

An die Familie   o.O., 21. Februar 1941 [Feldpoststempel: 22. Februar 1941]
Meine Lieben!
Erst gar nichts, dann gleich hintereinander; aber das macht nichts, Hauptsache ist, daß alles in Ordnung ist. Nun, irgendetwas muß aber doch der Grund sein, er ist auch gar nicht sehr schwer zu erraten, und Beate wird auch schon davon erzählt haben. Ich will nun doch aus meiner Hose eine schöne Schihose machen lassen, und dazu fehlen natürlich die Mittel, und eine prima Bergfahrt will ich auch machen, na, so gehts weiter. Bitte nicht erschrecken, aber ich bräuchte etwas Geld und nicht ganz wenig. Seid bitte so lieb und schickt mir ungefähr 130 RM, damit ich diese schöne Angelegenheit wirklich durchführen kann. In 10 Tagen gehts los, und zwar fahre ich in die Stubaier Alpen.[199] Das Ganze muß ich aber noch gut durchstudieren, damit nichts daneben geht, denn das soll ein Höhepunkt meiner bisherigen Bergfahrten werden.
Von der letzten Fahrt wird ja Beate schon erzählt haben. So schön war es noch selten, und dazu ein ganz wunderbarer Schnee, da kann man nur sagen, pfundig. Leider hats auch ein kleines Pech gegeben, aber wenn nicht mehr ist, kann man noch von Glück sagen, es hätte auch schlimmer sein können, denn das war ja fast ein Eislaufplatz. Heute ist's bestimmt ganz anders, denn es schneit schon seit heute Nacht ununterbrochen. Wenn alles gut geht, bin ich Sonntag schon wieder auf meinem Hausberg.

Hat Beate schon 10 R.M. verlangt? Denn wir haben eine Menge Geld gebraucht, und ich will nicht, daß sie so viel ausgibt.
Nun, meine Lieben, recht herzliche Grüße, und schickt mit bitte bald etwas.
Auf Wiedersehen
euer Karli

An die Familie　　　　　　　　　　o.O., o.D. [Feldpoststempel: 25. Februar 1941]
Meine Lieben!
Schon wieder ein Brieflein, na, das geht ja, aber ihr werdet denken, nur weil ich etwas brauche; nun, so schlimm ist es nicht. Warum bekomme aber ich nichts von daheim? Beate sagte, daß noch nichts von mir daheim gewesen sei, wie sie wegfuhr; aber da hatte ich schon vor einigen Tagen geschrieben.
Das waren zwei herrliche Tage auf meinem Hausberg, dem Feuerkogel,[200] und Beate war auch zufrieden, trotz dem kaputten Brettl. Die Abfahrt war aber auch sehr schwierig, Eis fast von Oben bis ins Tal. Man konnte fast mit Eisschuhen fahren, so hat es ausgesehen, und dazu noch sehr steil, und was auch noch sehr unangenehm ist, viele Bäume, die nicht ausweichen wollen. Nun, diesen vergangenen Samstag war es ganz anders, und es freut mich, daß ich wieder Gelegenheit hatte, hinauf zu steigen. Der Aufstieg war diesmal sehr beschwerlich, denn es gab viel Neuschnee und ganz wenig Spuren. Die Felle hatte ich auch daheim gelassen, so könnt ihr euch vorstellen, wie ich weiter kam, teilweise mit Brettln und teilweise bis zum Bauch im Schnee. Aber schön wars doch, denn die Abfahrt war daher um so pfundiger. Die nächsten Sonntage komme ich sicherlich nicht hinauf, da werden wohl andere Gipfel fallen, denn ich bleibe ungefähr 10 von den 14 Tagen in den Bergen.
Zusammengestellt hab' ich diese Fahrt schon, es fehlt nur noch die Ausführung und das Geld dazu, ohne dem es leider nicht geht. Wenn ihr das Scheckbuch

Auf Kletterpartie mit Beate　　　　　　　　　In Eis und Schnee

sucht, ich glaube, es liegt gefaltet unter der Schachtel im Kasten. Das Geld könnt ihr natürlich auf Feldpostnummer schicken, aber bitte bald. Dann möchte ich auch bitten, noch 2 Hemden, ein Weißes und ein Anderes, zu schicken, denn auf der Fahrt brauche ich's; dann den Ärmellosen Pullover von Grete. Also, meine Lieben, schickt mir bitte alles, es wird man ja das Päckchen auch als Feldpost nehmen; wenn nicht, dann schickt es an Frl. Fini Zurucker, Gmunden, Hotel Mucha.[201]

Nun, lebt wohl, und auf Wiedersehen in ungefähr 3 Wochen
euer Karli

An die Familie	o.O., 4. März 1941 [Feldpoststempel: 6 März 1941]
Meine Lieben!
Recht schönen Dank für das liebe Paket, ich hatte ganz vergessen, mich dafür zu bedanken. Ich hab' es noch vor dem Geld bekommen, aber weil ich kein Brieflein darin fand, wußte ich nicht, was los war, darum fragte ich auch so an; erst als ich Sonntag den Pullover anziehen wollte, viel das Brieflein heraus.
Vom Zinsgeld und dergleichen will ich nichts mehr hören, das ist beredet, und wenns not tut, wozu ist es denn da? [...]
Jetzt haltet bitte ein wenig die Daumen, wenn alles gut geht, fahre ich Donnerstag früh ab.
Wie lange hat Grete noch zum Examen? Doch nur mehr Tage? Wenn sie einen Wunsch hat, dann erfüllt ihn ihr bitte; ich kann selbst nichts tun. [...]
Nun, meine Lieben, auf Wiedersehen hoffentlich bald euer
Karli

An die Familie	o.O., 3. April 1941 [Feldpoststempel: 5. April 1941]
Meine Lieben!
Endlich komme ich dazu, ein Lebenszeichen von mir zu geben. Früher gings nicht, denn 2 Stunden nach meiner Ankunft in Gmunden dampften wir ab, und seither kam ich noch kaum mehr richtig zum Luftschnappen.
Ich bin natürlich wohlauf und mir fehlt nichts, aber fast hätte ich Pech gehabt: Ich machte vor 3 Tagen einen kleinen Lüftler[202] von etwa 10 m, aber wie ein Wunder, es ist nichts geschehen, nur die Knochen sind ein wenig durcheinander; ich kann es fast nicht glauben, das wird schon wieder besser werden. Die erste Nacht war scheußlich, solche Schmerzen hatte ich nicht einmal nach der Verwundung.
Wir hatten eine ganz wunderschöne Fahrt bei herrlichem Wetter und durch die schönsten Teile unserer Ostmark. [...]
Nun, wie gehts denn daheim? Da ist doch sicher alles in Ordnung, denn viel kann sich ja nicht ändern. Anni lernt recht fleißig, Mutter kann die Arbeit nicht lassen,

und Vater steckt bis über den Hals in der Arbeit, Grete sonnt sich in ihrem Glück, das große Ziel erreicht zu haben, und ich bleib euer Bua!

Meine Lieben, wenn es möglich ist, schickt mir bitte die Sachen, die ich zu Hause habe, weil ich sie wirklich brauche, aber sonst bitte nichts dazu, denn mir geht nichts ab, ich habe doch mehr als ihr.

Seid bitte nicht böse, daß es so wenig ist, aber ich muß auf Gleich kommen, dann gehts wieder besser, denn die Arbeit reißt nicht ab.

Auf Wiedersehen und recht herzliche Grüße euer
Karli

Im selben Kuvert befindet sich folgender undatierter Brief, der deutlich nachlässiger geschrieben ist.

Meine Lieben!
Recht viele herzliche Grüße von irgendwo;[203] daß es mir gut geht, ist ja doch klar, und seid nicht bange um mich. Ich hab leider verdammt wenig Zeit, darum das Geschmier. Von den Hemden soll sich Vater eines aussuchen.

Bitte schickt mir Geld aber im Brief, denn ich möchte noch mehr kaufen. Anders kommt jetzt kein Geld an; schickt nicht zuviel auf einmal, sondern nur 10 Rm, aber 3 bis 4 mal. Für Grete habe ich ein Paar Schuhe gekauft, die schicke ich aber auch heim.

Leider hab ich erst zu spät daran gedacht, daß sie blaue wollte.
Schreibt mir bitte bald.

Ich habe sehr schlechte Nachricht erhalten: Steffi hat versucht, sich zu töten, ist aber gerettet worden. Ich bin natürlich ganz weg und weiß nicht, was ich tun soll.

Auf Wiedersehen
Karli

Schnappschuss vom Ban-Jelačić-Platz in Agram

An die Familie   o.O., 7. Mai 1941 [Feldpoststempel: 8. Mai 1941]
Meine Lieben!
Lange genug wartet ihr nun schon auf ein Brieflein von mir, aber es ist bei dieser Arbeit sehr schwer, denn von früh um 6 bis abends um 7 geht es ohne Unterbrechung fort, und da ist man dann wirklich müde.
Nun, diesmal gibt es aber eine ganz dicke und große Neuigkeit, die ihr euch, aber auch ich, nicht hätte träumen lassen.
Vor einigen Tagen bekam ich von Luise einen Brief, [*liegt im Kuvert bei*], auf den ich nie gewartet habe: Steffi war bei ihr und hat sich ihr Herz leicht gemacht. Ich kann ja das Ganze nicht recht verstehen, denn daß sich alles im Handumdrehen ändert, glaube ich nicht. Ich lege euch den Brief bei, damit ihr selbst urteilen könnt.
Wie ich mich dem gegenüber hielt, wird ja nicht schwer zu erraten sein, aber nicht ganz leicht mache ich es, denn im Innern bin ich ja doch etwas empört, aber über was geht denn die Liebe nicht hinweg? Ich habe natürlich eine ganz gehörige Predigt vom Stapel gelassen; aber, wenn es so ist, wie Luise schreibt, dann kann sie das nicht aufhalten. Ich glaube, Steffi hat die Luise ein wenig moralisch gezwickt, denn so leicht gibt doch eine Frau den Mann nicht auf, besonders wenn sie kein Mädel mehr ist. Nun, ich kann ja im Augenblick nichts dafür und nichts dagegen tun. Lassen wir das Schiksal entscheiden, wie, ist ja doch schon ziemlich sicher.
Nun, jetzt etwas sehr dummes: Es gibt nichtsmehr zu kaufen, nur noch etwas Lebensmittel und die schicke ich bei nächster Gelegenheit nach Haus. Ich hab' eine kleine Kiste fertig gemacht mit verschiedenen netten Sachen, die euch bestimmt Freude machen werden. Ein Paar Strümpfe hab ich auch noch aufgetrieben, aber sonst nichtsmehr.
Es ist ja hier alles auch so sehr teuer, daß man in Deutschland billiger kauft. Einen Trainingsanzug hab' ich, aber nicht weniger als 20 RM. zahlte ich dafür; und etwas ganz Schönes kaufte ich unter der Hand von einem kroatischen Soldaten: einen Anzugstoff fast wie Gretes Kostüm, um 35 m. Also, nicht schlecht? Es ist sehr unangenehm, aber es ist wirklich nichts zu kriegen.
Nun, meine Lieben, recht herzliche Grüße und gute Nacht
euer Karli
[...]

An der Adria

Brief von Luise:
Mein lieber Karli!
Wer glaubst Du, war heute bei mir! – Die Steffi. Sie hat mir ihr großes Leid geschildert und eingestanden, daß sie nur Dich allein gerne hat und ihr das erst richtig zum Bewustsein gekommen ist, seit dem sie gewust hat, das sie uns nun Beide verloren hat. Die Liebe, die sie für mich gehabt hat, ist in ihr, da ich Dich heiraten will, total erloschen, umso mehr aber neigen nun ihre Gefühle zu Dir. Sie sagte mir, das sie, wenn Du ihre Liebe nicht erhörst, sie immer wie eine dicke Mauer zwischen uns Beiden stehen wird.
Auch sagte sie, sie wäre zu jeder Stunde bereit, ihr Leben wieder fortzuwerfen, und nur Du allein kannst sie halten.
Karli, lieber Karli, ich muß Dir das alles schreiben, denn ich habe ihrs versprochen, das ich das alles Dir schreiben werde, denn sie hat nicht den Mut, es Dir [zu] gestehen.
Die große Lüge bedauert sie tief. Du wirst es kaum für möglich halten, das [es] so etwas gibt, aber Du siehst, Steffi ist doch anders, als wir uns Beide ein Bild von Ihr machten.
Und nun, Karli, die Hauptsache: „Wenn Du fühlst, das Deine mir so wohltuende Liebe doch mehr für die Steffi sprechen, so habe ich ihr, zwar unter Tränen, das Wort gegeben, das ich Dich wieder frei gebe."
Bitte, Schatzerl, entscheide.
Schreibe ihr aber bitte, damit sie sieht, ich habe Wort gehalten.
Und nun, mein Liebes, recht gute Nacht u. ein schönes Busserl zum einschlafen
Deine Luise

Stefanie Strondl unternahm aus Liebeskummer einen Selbstmordversuch.

Luise Glaser gab daraufhin ihren „lieben Karli" frei.

An die Familie   o.O., 15. Mai 1941 [Feldpoststempel: 15. Mai 1941]
Meine Lieben!
Habt ihr von mir noch kein Brieflein und auch kein Kistchen bekommen? Ich warte täglich auf Antwort, denn es wäre sehr schade, wenn die Sachen verdorben ankommen würden, es ist ja doch Allhand drinnen.
Wie habt ihr das mit Steffi aufgenommen, sehr, sehr schwer zu handeln, nichtwahr? Ich bin neugierig, ich hab' noch keine Antwort, ich weiß nicht, wieso es so lange dauert. Wenn Mutti vieleicht ein wenig Zeit hätte, einmal hinzufahren, nur so ein bischen nachfragen, aber nicht sagen, ich hätte vieleicht Sorge.
Im Gegenteil, ich wäre sehr verstimmt, daß es so lange dauert.
Luisi hat mir geschrieben (das 2. mal), daß weder sie noch die Eltern mir einen Vorwurf machen, wenn ich mich für Steffi entscheide. Im Herzen ist ja das längst geschehen, aber wissen braucht es keiner.
Nun, auf Wiedersehen recht bald euer
Karli
Natürlich muß der Krieg erst zu Ende sein.

An die Familie   o.O., 6. Juni 1941 [ohne (Feld)poststempel]
Meine Lieben!
Schon wieder gibt es eine Gelegenheit, ein wenig auszuhelfen, die ich nicht ungenützt vorbeigehen lassen kann. Ihr werdet euch nicht denken können, wie ich dies alles schaffte. Nun, ich bin Kreditsicher, und hier gibt es einige, die das nötige Kleingeld dazu haben.
Der dunkle Stoff sollte für Vater ein schöner Anzug werden, aber bald, damit ich ihn bewundern kann, wenn ich wieder komme.
Das Andere wäre für mich auf einen ganz netten Sommeranzug. Das Kistchen mit den feinen Dingen ist ja auch nicht zu verachten, aber da hätte ich gerne, daß ihr ein wenig zu Strondl tragt, damit die auch etwas kriegen. Von den anderen Sachen haben sie, nur vom Schmalz hatte ich nichts hinein geben können. Das werdet ihr schon machen.
Heute vor einem Jahr ging es mir bedeutend schlechter, da lag ich halb tot auf einer blutdurchtränkten alten Matratze und wartete, obs weiter geht, oder ob ich die Fahrt nach Wallhalla[204] antreten werde. Nun, heute weiß ich es.
Auf Wiedersehen euer
Karli

5. Einsatz im Osten[205]

Bereits am 18. Dezember 1940 hatte Hitler dem Oberkommando der Wehrmacht mit der Weisung Nr. 21 den Befehl zur Vorbereitung eines Angriffskrieges gegen die Sowjetunion erteilt. Ziel der Operation unter dem Decknamen „Barbarossa" war die Eroberung und „Germanisierung" des europäischen Teils Russlands, die Knechtung seiner Bevölkerung sowie die Vernichtung des „jüdischen Bolschewismus". Der deutsch-sowjetische Waffengang wurde am 22. Juni 1941 eröffnet; allerdings sollte der „Blitzkrieg" bereits im Dezember 1941 mit der deutschen Niederlage in der Schlacht um Moskau/Moskwa scheitern.

Am Russlandfeldzug nahm auch das LI. Armeekorps, in welchem Karl Wintereder diente, teil. Die einzelnen Truppenteile des Korps trafen ab 20. Juni 1941 im Bereitstellungsraum bei Zamość in Polen ein und wurden als OKH-Reserve der Heeresgruppe Süd zugeführt. Am 19. Juli wurde das Korps der 6. Armee unterstellt und in der Linie Toporischtsche – Sokolow in die Front eingeschoben.

Wehrmachtsangehörige am Sammelplatz

Karl selbst dürfte an den Kampfhandlungen „in diesem traurigen Land" nicht direkt beteiligt gewesen sein; indessen träumte er von einer gemeinsamen Zukunft mit seiner Freundin Stefanie Strobl. Als er Mitte September 1941 mit seiner Einheit den Dnjepr erreichte, war die Schlacht um Kiew bereits im Gang. Dabei gelang es dem LI. Armeekorps gemeinsam mit anderen Verbänden, starke russische Kräfte in der ukrainischen Hauptstadt einzuschließen. Am 26. September wurde der Kessel von Kiew zerschlagen.

Während das LI. Armeekorps im Oktober 1941 seinen Vormarsch in den Raum nördlich von Charkow fortsetzte, erkrankte Karl an Gelbfieber („gelb wie ein Kanari") und wurde mehrere Wochen in der Kriegslazarett-Abteilung 541 behandelt. Als er im Dezember an die Front zurückkehrte, hatte seine Einheit bereits ihre Winterstellungen am Ufer des Donez bezogen. An der Ersten Schlacht um Charkow, die zwischen Dezember und März 1942 tobte, hatte der Unteroffizier aufgrund seiner sicheren Position in der Etappe offenbar nur geringen Anteil: Er fand sogar die Muße, zu fotografieren, über „Meckerer" herzuziehen oder um seine „Brettel" zu trauern.

An die Familie   o.O., 25. Juni 1941 [Feldpoststempel: 26. Juni 1941]
Meine Lieben!
Ihr werdet schon ein wenig bös sein, weil ich gar nichts hören lasse, aber ihr wisst ja, wie es ist, und Steffi wird euch ja auch die Neuigkeit erzählt haben. Augenblicklich bin ich alle die Straßen, die ich vor mehr als 1 1/2 Jahren zu Fuß ging, wieder entlang gezogen und bin nun wieder in diesem traurigen Land, wo ich nicht begraben sein möchte. Nun, allzulange wird es ja nicht dauern, und wir kommen auch hier wieder heraus, um in die Heimat zu gehen, die nun schon so nahe war und die wir leider wieder verlassen mussten. Wie geht es denn euch? Leider kann ich im Augenblick keine Post aus der Heimat kriegen, denn es ist die Post aus der Heimat gesperrt; dafür kommt dann mehr auf einmal.
Seid bitte nicht bös, wenn ich nicht viel schreibe, aber ihr wisst ja, wie es ist, Arbeit zum ersticken.
Nun, auf Wiedersehen, Euer Karli
Geld ist alles eingetroffen, aber jetzt umsonst.

An die Familie   o.O., o.D. [Feldpoststempel: 10. Juli 1941]
Meine Lieben!
Schon ziemlich lange ist es wieder her, daß ich von euch ein Brieflein bekam, und umgekehrt nicht anders. Die Post geht ja auch sehr, sehr lange, ehe sie hierher kommt, weil die Entfernung immer größer wird.
In kaum drei Tagen legten wir eine Strecke von mehr als 2000 km zurück;[206] und was für fast alle das Schlimmste war: bei Nacht durch Wien und am Südbahnhof 3/4 Stunde Aufenthalt und nicht aussteigen können.
Von Serbien bis Graz saß ich von 8^h abends bis 10^h vormittags am Steuer und fuhr wie der Teufel die ganze Nacht durch, um ein wenig mit der Heimat in Fühlung zu kommen. Steffi wird ja ohnehin schon bei euch gewesen sein und erzählt haben, daß ich angerufen habe. Über eine 1/2 Stunde haben wir gesprochen, und zwar dringend, denn sonst bekommt mann überhaupt keine Verbindung.
Wenn ich also heim komme, dann kaufen wir ein Auto und segeln durch die Welt. Nicht schlecht, was aber nicht zu machen [ist], denn dann wird es sicher ein wenig anders sein: Ich glaube, daß ich dann nichtmehr allzulange daheim sein werde, es wird wohl eine eigene Familiengründung werden. Aber vorher möchte ich nocheinmal mit Steffi in die Berge und frei über Firne und Gipfel weit hinaus sehen können. Ihr könnt euch kaum vorstellen, daß trotz aller Vorbereitungen zu einer Bindung die Sehnsucht nach meinen Bergen sehr, sehr groß ist.
Von Grete hab ich auch ein Brieflein bekommen, aber noch nicht beantwortet, es gibt leider so viel Arbeit, daß ich letztens beim schreiben einschlief.
Nun, meine Lieben, auf Wiedersehen und recht herzliche Grüße an Alle euer Karli

An die Familie o.O., 18. August 1941 [Feldpoststempel: 18. August 1941]
Meine Lieben!
Bitte nicht bös sein, daß ich so lange nichts hören ließ; aber es ist immer das Zeichen, daß ich mich sauwohl fühle und mir so weiter nichts abgeht. Wir hausen zwar wie Zigeuner im Wald, aber bei diesem Wetter ganz nett und zum aushalten. Lange dauerts ja nichtmehr, und wir kommen wieder lustig und frohgemut in die Heimat und bleiben dann auch gleich dort.
Nächstens kommt ein Brieflein, damit ihr mehr zu lesen habt.
Nun recht viele herzliche Grüße und auf Wiedersehen
Euer Karli

An die Familie o.O., 2. September 1941 [Feldpoststempel:
Meine Lieben! 5. September 1941]
Von euch kommt fast überhaupt keine Post mehr, was ist denn da eigentlich los? Die Rundpost ist gestern gekommen, von Väterchen geschrieben, aber nicht ein Gruß war zu finden; das war mir aber gar nicht recht, denn ein Gruß aus der Heimat ist nicht zu bezahlen. Von Grete war die einzige Post von daheim, und zwar ihre herrliche Bergfahrt. Steffi schreibt sehr fleißig, nur kommt die Post sehr langsam, weil sie viele hundert km zu machen hat. Von der letzten dürfte etwas kaputt gegangen sein, weil die jüngsten Briefe vom 20.8. sind, und so lange ging noch keine Post. In der letzten Zeit hab ich allerhand unangenehmes erlebt, aber überall gut heraus gekommen, ohne irgendwelchen Schaden erlitten zu haben, wenn man etwas zurückgebliebene Nervösität nicht als Schaden nennen will. Das ist nun in kurzer Zeit schon das 2. Mal, daß ich in solch einer Sch...gasse steckte; aber wenn man wieder gut heraus ist, vergißt man auch schnell wieder.
Wie gehts denn bei euch daheim? Ich hab überhaupt keine Ahnung. Vorstellen kann ich mirs schon, Arbeit, Arbeit und nocheinmal Arbeit; so gehts Tag für Tag von früh bis spät, aber einige Zeilen würden mich ja doch freuen, denn Ihr könnt euch kaum vorstellen, wie dieses Land auf mein Gemüt wirkt, daß immer Sehnsucht nach den Bergen hat.
Von Kandlbauer hab' ich eine schöne Aufnahme vom Radwirt[207] und im Hintergrund die Hohe Veitsch[208] bekommen. Ihr könnt euch denken, welchen Eindruck das wieder auf mich machte. Nun, mit etwas Geduld werden wir auch das noch erwarten, denn ewig kanns ja nichtmehr dauern. Auch von Beate hab' ich eine menge Post bekommen, aber lauter Mahnungen, daß ich nicht schreibe; das stimmt aber nicht ganz, 3 mal oder noch mehr schrieb ich schon. Auf den ersten hab ich gestern Antwort erhalten.
Also, meine Lieben, schreibt doch bitte einmal, ich hätte es wirklich gerne. Nun recht viele liebe Grüße von eurem
Karli

An die Familie   o.O., 5. September 1941 [Feldpoststempel:
Meine Lieben!   6. September 1941]

Ich weiß nicht, was das ist, daß von euch keine Post rankommt, denn daß ihr nicht schreibt, glaub' ich kaum, nur ein bischen wenig halt, aber das kann ich ja verstehen, viel Arbeit.

Heute hab' ich von Anni ihrem Urlaub eine Karte bekommen; da hat sich scheinbar alles den Bergen verschrieben; jetzt warte ich nur noch, daß ihr in die Veitsch zu Kandlbauer fährt, dann habt ihr alle einen schönen Urlaub verlebt. Aber auch ich werde noch heuer einen netten Urlaub in der Heimat erleben, wenn es auch nicht in der Pracht des Sommers ist; dann vieleicht hoch oben in Schnee und Eis mit Steffi und den Bretteln.

Sagt einmal, sind meine Sachen aus Gmunden überhaupt schon daheim? Da waren doch noch meine Bergschuhe und die Schijacke, beides sollte heimgeschickt werden, aber von euch hab ich noch keine Nachricht, ob es schon eingetroffen ist. Wenn nicht, dann seid so lieb und schreibt ihr vieleicht, denn ich habe bis jetzt noch keine Antwort, obwohl ich bereits aus Agram darum geschrieben habe. Die Anschrift ist: Fräulein Rose, Stubenmädchen im Hotel Mucha, Gmunden.

Schreibt aber bitte nicht grob, denn es ist ein altes Mädchen und sehr feinfühlend. Es ist alles im Rucksack verpackt.

Nun, meine Lieben, recht viele liebe Grüße euer
Karli
Heute hab ich von Steffi diesen Füllhalter bekommen.

An die Familie   o.O., 11. September 1941 [Feldpoststempel:
Meine Lieben!   14. September 1941]

Daß von euch gar nichts kommt, kann ich mir nichtmehr recht vorstellen, denn die letzte Post liegt schon einige Wochen zurück: Ich weiß gar nicht, wie lange. Heute kam wieder die Rundpost, von Vater geschrieben, und abermals kein Gruß und nichts. Langsam werde ich nun schon unruhig, weil ich nichts von daheim weiß. Ein kurzer Gruß nur in der Zeitung, und ich bin schon zufrieden; ich weiß wenigstens etwas. Hat Anni nicht einmal ein wenig Zeit für mich, ihr könnt euch doch sicher denken, daß man so weit von der Heimat gerne einige Zeilen liest, die wenigstens etwas die Verbindung mit ihr herstellen. Was glaubt ihr, wie dieses Land auf ein Gemüt wie meines wirkt: Kein Hügel, kein Berg, nur ewige Ebene, Sumpf und Sand und teilweise tiefe, dunkle Wälder, die mich allerdings wieder etwas versöhnen.

Wie gehts denn nun eigentlich daheim, hier bin ich ja vollkommen abgeschnitten und hab' tatsächlich keine Ahnung, wie es dort aussieht. Bin neugierig, wie lange es noch dauert, daß ich einmal Post bekomme. Steffi hat mir einen guten Füllhalter geschickt, damit ich wieder mit Tinte schreiben kann.

Ich habe zwar auch um Filme geschrieben, die aber fast nicht zu bekommen sind. Nun, ich konnte durch Zufall 6 Stk bekommen und möchte noch einige für „eventuellen" Urlaub aufheben.

Auch Beate hat wieder geschrieben, daß sie weiter nach Lemberg[209] geht. Sie beklagt sich, daß es statt Urlaub weiter nach Osten geht. Was würde sie erst sagen, wenn sie so weit im Osten wäre wie ich und die selben Aussichten auf Urlaub hätte wie ich? Nun, alles hat einmal ein End, und ich hoffe, daß ich noch eine schöne Zukunft vor mir habe. Steffi und ich wollen ja gemeinsam unsere Zukunft aufbauen, und wir werden es auch schaffen.

Nun, meine Lieben, ich will nicht schimpfen, aber ein wenig unzufrieden bin ich doch.

Auf Wiedersehen und recht viele liebe Grüße euer
Karli

An die Familie o.O., 19. September 1941 [Feldpoststempel:
Meine Lieben! 22. September 1941]

Vor 2 Tagen hab' ich endlich auch von euch Post bekommen und bin wieder beruhigt: Es ist nämlich sehr unangenehm, wenn man nichts von daheim hört.

Nun, ich sehe daraus, daß alles schwer in Ordnung ist und ihr vor lauter Arbeit nicht wißt, wo ihr zuerst angreifen sollt. Wenn man etwas davon hat, tut mans ja um Vieles lieber, wenns auch hin und wieder ein wenig schwer wird.

Mit der Post wirds auch immer schwerer, weil die Entfernung dauernd größer wird und die Straßen nicht besonders sind. Allerdings sind sie seit dem Überschreiten des Dnjepr, den wir schon sehr lange hinter uns haben, etwas besser geworden; sie sind wenigstens hart und teilweise gepflastert. Wenn wir von Anfang an solche Straßen gehabt hätten, wäre der Krieg hier im Osten bereits siegreich beendet. Aber es dauert auch so nichtmehr allzulange, denn heute Vormittag ist bereits Kiew,[210] die stärkste Festung Rußlands, gefallen und mit ihr die wichtigste Nachschubzentrale in unsere Hände gekommen.

Wie ihr bereits heute durch Sondermeldung gehört habt, sind vier Armeen eingeschlossen, bei deren Vernichtung wir sehr großen Anteil hatten.[211] Wieviel das sind, kann man in Worten gar nicht darstellen, das kann man nur ungefähr fühlen. Menschen hätte ja Rußland noch genug, aber sein Material ist zu Ende. Flieger hat er scheinbar überhaupt keine mehr, weil wir seit geraumer Zeit ganz unbehelligt bleiben. Es gab nämlich Tage, wo es ganz verflixt heiß wurde, aber wir hatten immer Glück, es ist noch nichts größeres passiert.

Bitte über das Geschmier nicht bös sein, lesen werdet ihrs schon können. Die Bilder sind ganz wunderbar: Vater so lebendig, als ob er jeden Augenblick die Gabel zum Munde führen wollte.

Nun, auf Wiedersehen, Euer Karli

„Der Führer spricht" (Beschriftung auf der Bildrückseite) – am Volksempfänger

Verlassener sowjetischer KW-1-Kampfpanzer

An die Familie   o.O., 23. September 1941 [Feldpoststempel:
Meine Lieben!   23. September 1941]

Heute hat sich der Postbote schön eingestellt, gleich 3 Briefe und 2 Zeitungen, aber nicht Alles ist schön. Man hat eben mit der Heimat viel zuwenig Verbindung, und da wird man von verschiedenem sehr überrascht, weil es ganz unverhofft kommt. [...]

Dann hab' ich von Bauer Deli[212] Post bekommen, die mich auch überrascht hat: Sie hat am 5. Juli geheiratet, einen Preßbaumer, ich glaube, daß ich ihn kenne, daß war auch komisch: Ich glaube, sie hatte ein wenig Angst, keinen Mann zu bekommen, weil so viele hier draußen bleiben [fallen]. Vor nicht zu langer Zeit meinte sie noch, sie müßte verrückt sein; nun, hoffentlich hat sies Gut getroffen: Ich wünsche es ihr. Und nun euer Brieflein, da habt ihr einmal alle zusammen geholfen, damit ich mich nichtmehr beklagen kann. Vor 3 Tagen hab' ich einen bekommen und heute den vom 8.9. Die Post geht eben sehr langsam, aber doch mit einer gewissen Sicherheit, wenn eben hin und wieder etwas schief geht, kann man nichts machen, aber im Großen und Ganzen können wir wirklich zufrieden sein.

Wißt ihr, ich bin seit neuestem Materialist geworden und bin bestrebt, möglichst viel bis zum großen Augenblick zu schaffen. Mir kommt es ein bischen wenig vor, daß ich habe, denn ich hab von hier allein schon 900 R.M. weggeschickt, und das ganze Guthaben beträgt nur 1040 R.M. Ich schreibe die genauen Daten, damit ihr prüfen könnt, ob alles angekommen ist. Am 23.7. 300 R.M., am 4.8. 200 R.M., am 12.8. 340 R.M. und 13.9. 100 R.M. Das sind zusammen 940, davon für Anni und Grete 40, bleiben 900, dazu kommen die Monatsgehälter ab Juli, sind auch ungefähr 300. Ich behalte mir die Einzahlungsscheine auf jeden Fall, denn sollte wirklich auf der Fahrt etwas verloren gegangen sein, dann bekomme ich damit alles.

Nun, was ist mit Väterchens Anzug, hat der Schneider schon angefangen, oder gibt es noch immer so viel Arbeit? Wenn ich heim komme, möchte ich gerne Vater im tadellos sitzenden Anzug sehen, denn das ist ja kaum wahr, daß er einmal in Straßenanzug stolzieren konnte. Ja, liebes Väterchen, ich möchte, wenn ich könnte, sogar den dienstlichen Befehl geben, aber in der Heimat bist Du mehr als ich, denn als pol.[itischem] Leiter[213] kann ich Dir kaum so etwas sagen. Aber gelt ja, wenn ich Dich bitte, tust Du es schon, ich habe wirklich viel Anteil daran. Stelle Dir vor, alle Deine Weiblein in tadellosen Kostümen und Du noch dazu in einem neuen Anzug, wäre das nicht prima? Dann hätte ich noch einen Wunsch, und gleichzeitig ist es ein Befehl, denn sonst tust Dus ja doch nicht. Wir haben alle gute Wintermäntel, du nicht. Nimm 100 RM und kaufe Dir selbst einen, aber ganz bestimmt, sonst bin ich nichtmehr auszustehen. Ich komme in absehbarer Zeit ja doch wieder heim, und da soll alles fein in Ordnung und fertig sein. Ich lasse mir dann auch gleich ganz express einen Anzug schneidern, damit ich zu euch passe, denn mein Anzug ist bestimmt schon lange genug auf der Welt, und ein neuer hat höchste Eisenbahn, anzurollen.

Wer weiß, wann es wieder Gelegenheit gibt, so etwas anzuschaffen. Ein Paar erstklassige Winterhandschuhe von einem russ.[ischen] Flieger hab' ich auch, nun, was brauch [ich] noch, ja, mit Schuhen, da bin ich nicht ganz so fest beschlagen; auch das wird noch irgendwie geregelt werden.

Wie es daheim geht, weiß ich nun ziemlich genau und bin ganz beruhigt. Auch ihr könnt meinetwegen ganz beruhigt sein, denn die alte Parole, „Unkraut verdirbt nicht", gilt wieder. Wenns auch ab und zu ein wenig knapp ran geht, ich komme schon wieder heil nachhause. Ein wenig lange dauerts halt jetzt schon, und jeder ginge gern heim; sind doch so und so viele Familienväter darunter. Wenn es von hier aus Urlaub geben sollte, dann muß ich wohl ein wenig warten, denn die Älteren sollen [zu]erst fahren. Allerdings hätte ich auch einen Grundstein zu legen, und dazu gehört auch Urlaub. Es wird schon irgendwie gehen, denn Pläne schmieden, ist im Augenblick zwecklos.

Recht viele liebe Grüße Euer
Karli
Recht schönen Dank für den Glückwunsch.

An die Familie   o.O., 10. Oktober 1941 [Feldpoststempel: 12. Oktober 1941]
Meine Lieben!
Zur Abwechslung bin ich wieder im Lazarett gelandet,[214] aber nicht verwundet, Gott sei Dank, sondern gelb wie ein Kanari.[215] Ich muß wohl einige Wochen hier bleiben, um kein längeres Leiden davonzutragen. Ihr könnt aber ruhig auf die alte Nummer weiterschrieben, weil ich wahrscheinlich dann schon wieder bei der Truppe bin.

Von Anni hab' ich im letzten Augenblick noch ein Brieflein bekommen, mit den beiden tadellosen Aufnahmen; wirklich prima. Väterchen hat sehr viel Arbeit, wie ich höre, und kommt erst spät vom Parteidienst. Wenn ich einmal heimkomme, dann wollen wir einmal ohne Politik und Partei, ganz für uns alleine, leben, denn ich glaube, es gibt dann eine Menge vorzubereiten, wenn Alles klappen soll.

Nun, meine Lieben, recht viele liebe Grüße von
eurem Karli, dem das Schreiben ein wenig schwer fällt.
Auf Wiedersehen
Karli

An die Familie   o.O., 11. Oktober 1941 [Feldpoststempel: 13. Oktober 1941]
Meine Lieben!
Heut fühl ich mich ein wenig wohler und kann sogar beim Tisch schreiben, wie euch ja ohnehin gleich auffallen wird.
Ich will euch die Umgebung ein wenig schildern, damit ihr beruhigt seid. Wir sind

hier eine ganze Menge beisammen, teils ein wenig mehr krank und teils bald zum entlassen. Was es da zum plaudern gibt, ist ja auch ziemlich klar, denn jeder hat nur die eine Sehnsucht, möglichst bald, so oder so, in die Heimat zu kommen. Meißt sinds Diätköstler, also wieder ein reichhaltiger Gesprächsstoff, das Essen. Mir gings ja bis jetzt mit den essbaren Genüssen nicht schlecht, aber wenn ich, besonders jetzt, an einen hausgemachten prima Hasenbraten denke, dann läuft mir doch das Wasser im Munde zusammen. Vor allen Dingen dürfen ein paar herrliche Ködl [sic!] nicht dabei fehlen, denn solche Speisen gehen uns hier ganz gewaltig ab. Dann sagt einmal, gibt es daheim noch ein richtiges „Gsöchts"[216] zu haben? Ich habe für alle Fälle noch 3 X 3 volle Tages=Karten, die ich dann gerne für diesen Zweck investieren möchte, denn Fleisch wird man kaum so weit transportieren können, außer man läßt es außerhalb des Wagens. Ich zähle euch in groben Umrissen auf, was ich an Urlaubsmarken[217] besitze: 500 g Fett, 750 g Fleisch, ungefähr 3 kg Brot, wofür es doch Mehl gibt? Dann noch etwas Nährmittel, Zucker, Marmelade und Kaffeersatz. Ja, und was ich nun wollte, „Gsöchts, Sauerkraut und Knedl", verflixt, da geht mir der Hut hoch. Nun, es wird schon werden, nur Geduld. Aber tatsächlich, jetzt hab' ich die Nase schon tüchtig voll, denn fast 3 Jahre am Feind stehen, das will etwas heißen.
Nun, meine Lieben, recht herzliche Grüße von eurem
Karli
[...]

An die Familie　　　　　　　o.O., 17. September 1941 [von Wintereder falsch datiert]
Meine Lieben!　　　　　　　　　　　　[Feldpoststempel: 18. Oktober 1941]
So ekelhaft langsam verging mir noch selten ein Tag wie hier im Lazarett. Wenn man so herumsitzt und nichts rechtes zu tun weiß und auch nichts zu lesen hat, dann ists zum Auswachsen. Obwohl ich mich schon wieder recht wohl fühle und die Krankheit nurmehr in den Augen zu sehen ist, will mich der Arzt doch nicht weglassen: Er fürchtet, daß ich ein Leid fürs ganze Leben mitnehmen könnte, und das möchte ich natürlich auch vermeiden, denn schließlich gibt es auch noch anderes, als krank zu sein. Wenn ich nur einmal den Soldatenrock ausziehen kann, dann komme ich schon vorwärts, da hab ich keine Angst. Allerdings heißt es fast von forne beginnen und langsam hinaufarbeiten. Auf jeden Fall mache ich dies, wo ich schon einmal begonnen habe, und zwar in einer größeren Fabrik als Arbeiter im Maschinenbetrieb und besuche nebenbei Kurse, und in einigen Jahren hoffe ich, so weit zu sein, daß ich Werkmeister bin.[218] Ich hab' mir nun eine menge Kenntnisse in Benzin- und Dieselmotoren angeeignet, so daß es mir nicht schwer fällt, in diesen Betrieben mich zurechtzufinden.
Jetzt kommt natürlich ein wichtiger Faktor, wie sich Steffi dazu stellt, daß ich da im Anfang keine 100 RM. die Woche verdiene, ist klar, da muß man schon mit

50 zufrieden sein. Wenn sie nun einverstanden ist, daß wir heiraten, dann will sie durchhalten durch dick und dünn, denn nur so ist eine haltbare Ehe gewährleistet. Ich zweifle natürlich nicht an ihrem guten Willen, aber man muß immerhin bedenken, daß sie eine reife Frau ist und nicht so leicht vom Leben denkt wie vieleicht ich. Diesen Plan hab' ich einstweilen noch nicht ausgeplaudert, und ich bitte euch auch, davon zu schweigen, denn das machen wir unter uns.
Nun hab' ich noch eine Bitte, und das ist, meine Wintersportsachen in Ordnung zu bringen. Das sind vor allem die Schuhe: Bitte laßt sie, wenn etwas fehlt, richten und spannt sie dann über den Leisten. Die Stöcke dürften ja in Ordnung sein und ebenso die Bretteln.
Also, auf Wiedersehen, und recht herzliche Grüße
euer Karli
Ist der Anzug schon fertig, Vater?

An die Familie   o.O., 22. Oktober 1941 [Feldpoststempel: 25. Oktober 1941]
Meine Lieben!
Ihr werdet über so viel Post erstaunt sein, aber wenn man nichts zu tun hat, dann schreibt man so oft wie möglich. Im Allgemeinen fühl ich mich ja schon recht wohl, aber es ist Vorsicht geboten, damit nicht etwas fürs ganze Leben hängen bleibt. Essen könnte ich jetzt ganz ungeheure Mengen, denn ich hatte vorher 6 Tage keinen Bissen genießen können, und das verlangt der Körper jetzt nach. Aber das wird nach der Heilung schon wieder abflauen. Gestern sagte der Arzt, daß es noch eine Woche dauert, ehe ich zur Einheit zurück kann.
Nun, ich hoffe, daß ich dann eine Menge Post dort vorfinden werde.
Also auf Wiedersehen
euer Karli

An die Familie   o.O., 26. Oktober 1941 [Feldpoststempel: 27. Oktober 1941]
Meine Lieben!
Unendlich langsam schleichen die Stunden dahin, und es will nicht Abend werden. Ja, das sind meine ganzen Sorgen, und ihr glaubt gar nicht, wie das an den Nerven reißt, weil ich immer denken muß, was ich in dieser toten Zeit alles schaffen könnte, und wie ich diese Tage für uns nützen könnte.
Aber alles geht einmal zu Ende, so auch dieses scheußliche Ringen.
Auf Wiedersehen, hoffen wir recht bald
euer Karli

An die Familie   o.O., 4. November 1941 [Feldpoststempel: 5. November 1941]
Meine Lieben!
Leider schreibe ich noch immer im Lazarett und hab' noch keine große Hoffnung, heraus zukommen, denn in den Augen steckt noch etwas Gelb, und so lange das nicht verschwindet, läßt der Arzt mich nicht los. Im Allgemeinen fühl ich mich ja ganz wohl, nur so wakelige Knie und etwas Kopfweh ist noch zu merken.
Sehr unangenehm ist, daß keine Post hierher kommt, weil die Straßen unfahrbar sind vor lauter Dreck. Wir warten sehnsüchtig auf Frost, daß die Autos nicht einsinken, denn nur so kann dieser Feldzug bald beendet werden und wir Post bekommen. Wenn ich nur wieder bei meiner Einheit währe, dann hätte ich wenigstens Arbeit, die die Zeit schneller vergehen läßt; aber hier ist es ja schrecklich langweilig. Etwas lernt man hier, schlafen, und das tu ich zu genüge, nur nachts, da geht's nicht recht, auch wenn ich tagsüber nicht schlafe.
Durch dieses ereignislose Leben weiß man auch fast nichtsmehr zu erzählen, und von daheim kommt auch nichts, so kann ich auch keine Antwort geben.
Für heute will ich aufhören, weil mir mit bestem Willen nichts einfällt.
Auf Wiedersehen
Karli

An die Familie   o.O., 1. Dezember 1941 [Poststempel: St. Pölten (?),
Meine Lieben!   9. Dezember 1941]
Eure Post kommt jetzt sehr pünktlich an, und ich freu mich, daß es so prima klappt. Am besten gehts bei Grete, da kommt alles schnell und sicher an. Eine menge Päckchen und Briefe hab' ich von ihr bekommen. Bei Steffi gehts wieder ganz langsam und unsicher; da fehlen Briefe zwischendurch, und Päckchen gehn ab, und außerdem dauerts um 8 Tage länger als bei euch.
Von 1. Nov. und 11. Nov. hab' ich Post erhalten, die mich ganz unbändig freut, denn so frohe Zeilen und hoffnungsvolle Zukunftsbilder hab' ich hierher, in dieses elendigste aller Länder, noch nicht bekommen. Alles, Vaters Anzug, Annis Erfolge und der Wille, noch mehr zu werden und zu schaffen, das füllt mein Herz mit einer frohen Begeisterung, und ich bin überzeugt, daß es noch schöne Erfolge geben wird. Ich glaube, daß sich Anni noch für Medizin entschließen wird, wenn sie das Abitur gut absolvieren sollte.
Mich freut es, daß jene Worte, die vor etwa 10 Jahren in einer Zeit, wo es unmöglich aussah, gesprochen wurden, jetzt in Erfüllung gehen können. Aber eines möchte ich, daß alles Materielle einstweilen nicht erwähnt wird, denn das trübt alles. Ich freu mich wirklich, wenn ich, so gut es geht, helfen und dir, liebe Anni, zu einem Ziele den Weg ein bischen ebnen kann, der sonst vieleicht ein wenig schwieriger wäre.

Seid bitte nicht bös, daß ich Schluß mache, aber der Brief muß gleich weg, da er auf einem schnelleren Weg in die Heimat kommt.
Auf Wiedersehen euer
Karli

An die Familie o.O., 11. Dezember 1941 [Poststempel: Wien,
Meine Lieben! 18. Dezember 1941]

Mit Urlaub ists finster, aber nicht für lange, denn im Jänner komme ich ziemlich sicher, wenn auch nicht für einige Wochen. Morgen früh fährt einer von uns wieder nach Wien, so gebe ich das Brieflein gleich mit, weil es da viel schneller geht und ihr ihn vor Weihnachten bekommt. Heute hab' ich von Grete wieder ein Paket bekommen mit allerlei guten Sachen, die sie sich ganz bestimmt abspart und selbst nichts ist [sic!]. Wenn ihr wüßtest, wie wir hier leben, würdet ihr längst keine so großen Sorgen um uns [haben]. Es gibt natürlich eine menge Arbeit, die aber durch unser großes Lager von Selchfleisch, Wurst und ganz herrlichem Schweineschmalz reich vergolten ist, aber Anerkennung gibt es doch kaum. Einen Speisezettel sollet ihr einmal sehen, ihr würdet denken, die Speisekarte von Sacher[219] oder Eisvogel[220] vor euch zu haben.

Daß ich Weihnachten wieder einmal wo anders als in der Heimat verbringen muß, ist nicht gerade schön, aber man gewöhnt sich an vieles, und besonders hier wird man so gleichgültig und wesenlos, daß schon ziemlich große Ereignisse kommen müssen, die uns aus dem Häuschen bringen. Allerdings bin ich diesmal selbst schuld, aber ich sagte mir, daß lieber ein Familienvater fahren soll. Dies war auch so, doch heute 12 Stunden vor der Abfahrt wurde ihm der Urlaubsschein abgenommen, mit der Begründung, daß im Augenblick unsere Abteilung die wichtigste ist (Fresserei, Geld und Bekleidung) und keine 2 Mann entbehren kann. Das ist noch schlimmer, als gleich keinen bekommen. [...]
Nun, meine Lieben, recht viele liebe Grüße und herzlichen Dank für eure Post, die jetzt regelmäßig ankommt. Und nun noch alles Gute zu den Feiertagen; gleichzeitig ein frohes neu Jahr euer
Karli

Eine ruhige Stunde mit Musik – Karl mit Ziehharmonika

An die Familie   o.O., 18. Dezember 1941 [Feldpoststempel:
Meine Lieben!   19. Dezember 1941]

Ich weiß nicht, wann das letzte Brieflein von euch kam, denn ich bin hier schon ganz zeitlos geworden. Auf jeden Fall tropft es kaum, und doch wäre gerade jetzt Post sehr aufmunternd. Von Grete bekomme ich alles schnell und sicher und außerdem sehr viel. Die Päckchen, die ich bekam, hat sie sich ganz bestimmt abgespart, um es mir zu schicken. Ihr könnt es mir glauben, der Verpflegung nach geht's uns viel besser wie euch, doch uns fehlt nur die Heimat, und das ist schlimmer. Ich will nicht sagen, daß es gerade mir so schwer fällt, aber es gibt so manchen Vater bei uns, der das 1. Mal Weihnachten nicht daheim sein kann. Ich bin eben schon zu lange Soldat und hab so viel erlebt und gesehen, daß ich eben mehr tragen kann als so mancher, der vor kurzer Zeit noch daheim war. Vieleicht ist es gut, daß ich nicht heim komme, denn es könnte da ganz leicht vorkommen, daß etwas passiert. Es wird nämlich auch hier schon laut, daß sich verschiedene Herren so manches erlauben. Nun, da würde ich ganz kurzen Prozeß machen, den würde ich hinter seinem Kontorfenster hervor lotsen, na, und was dann kommt, kann man sich schon vorstellen. („Rettungsauto, wenns nicht schon zu spät ist.") Jeden dieser Halunken nur 4 Wochen Rußland aufbrummen, meinetwegen ein gutes Winterquartier, der wäre geheilt und würde oft das Wort bitte und danke jeder einzelnen Partei sagen; aber auch jedem Mekerer das gleiche Los, und alles wäre in schönster Ordnung.
Nun, meine Lieben, recht viele liebe Grüße von eurem
Karli

An die Familie   o.O., 22. Jänner 1942 [Feldpoststempel: 23. Jänner 1942]
Meine Lieben!
Eine viel traurigere Nachricht als die, die ich heute bekam, kann nicht so schnell wieder kommen. Sagt, wie konntet ihr das zu lassen, daß Grete meine Bretter abgab, obwohl es kein Zwang war? Ich darf euch keine Vorwürfe machen, aber daß es mir fast mein Herz abdrückte und ich nun fast keine Lust habe, heim zu fahren, könnt ihr mit glauben. Hab' ich denn noch zu wenig gegeben, und gebe ich nicht noch weiter?
Fast hätte es mir das Leben gekostet, und nichts machte es mir aus, und wenn es sein soll, so gebe ich es hin. Ihr wißt doch ganz genau, daß die Berge mein halbes Leben sind, und daß ihr da sehen konntet, wie meine Bretteln weggingen, kann ich nicht verstehen und bin darüber so derart erbost, daß ich tatsächl. in dem scheußlichsten Land Europas bleiben möchte. Es ist nur ein irdisches Gut, aber für mich etwas unersetzliches.
Hoffentlich sind die Stöcke noch daheim. Meinen Seelenzustand könnt ihr euch ja kaum vorstellen, und tatsächlich heulte ich wie ein kleiner Junge. Wie konnte euch

das auch nur einfallen, es ist schrecklich, mir fehlt jede Ausdrucksform. Wenn ihr glaubt, daß wir diese Bretter an der Front sehen, irrt ihr euch, denn es können kaum 5 % der Soldaten fahren, und sollten sie wirklich hierher kommen, dann ist der Winter vorbei.
Seid bitte nicht böse, aber es ging nicht besser.
Karli

An die Familie   o.O., Anfang: 16. Februar 1942/Ende: 3. März 1942
Meine Lieben!   [ohne Feld(post)stempel]
Wie lange ist es denn schon wieder her, daß ihr ohne Nachricht von mir seid? Bestimmt aber nicht länger als umgekehrt.
Die Zeit vergeht so derart schnell, daß man kaum mitkommt, besonders wenn es, wie bei mir, sehr viel Arbeit gibt.
Bei euch ist es bestimmt nicht anders, und kaum denkt man, zu schreiben, ist auch schon wieder eine Woche pfutsch.
Es ist ja auch klar, denn solche Ereignisse geben immer wieder Anlaß zum unterhalten, und wenn das nicht ist, dann seid ihr sehr müde und geht schlafen. Ich kann ja auch nicht viel erzählen, obwohl große Erlebnisse und viele harte Stunden bereits überwunden sind.
Ich denke jetzt viel an die Heimat und möchte gerne wie vor einem Jahr mich vorbereiten auf eine herrliche Hochgebirgsfahrt. Ja, ein ganzes Jahr ist es schon her, und was liegt alles dazwischen.
Die herrlichen sonnigen Tage seit einer Woche machen mich ein wenig traurig, besonders wenn ich daran denke, daß meine Bretter nichtmehr sind. Es ist kaum glaublich, aber ich komm nicht drüber.
Ich träume sogar bei Tage von dieser, meiner herrlichsten, Fahrt in den Ötztaler Alpen.[221] Oft ertappe ich mich dabei, wenn ich am Steuer sitze, daß meine Gedanken weitab sind: in der Heimat in meinen Bergen.
Von Steffi hab' ich seit Weihnachten nur einen Brief bekommen, und der war alles andere als froh. Nun, ich glaube, es ist eine ganz verfehlte unglückliche Angelegenheit, die radikal in Ordnung gebracht werden muß. Ich bin ja schließlich ein junger Kerl und möchte nicht nocheinmal dort beginnen, wo wir vor sieben Jahren standen, denn wenn ich von dieser „Reise" einmal glücklich heim kommen sollte, dann hab' ich ein Recht auf das Leben und möchte mich nicht mit schweren seelischen Sorgen plagen.
Nun, meine Lieben, recht viele liebe Grüße und auf Wiedersehen euer Karli
Wie ist es mit Anni, lernt sie fleißig? Wenn Geld nötig ist, dann helft euch nur mit meinem, denn ich möchte gerne helfen, die Anni lernen zu lassen.
Karli

6. Bis zur Wolga[222]

Als Karl Wintereder nach einem Heimaturlaub im April 1942 wieder bei seinem „Haufen" in der Ostukraine eintraf, fand er den vom LI. Armeekorps besetzten Frontabschnitt südöstlich von Charkow nahezu unverändert vor. Dieser Zustand sollte sich in der Zweiten Schlacht von Charkow grundlegend ändern, als es der Heeresgruppe Süd Mitte Mai überraschend gelang, die sowjetischen Armeen einzukesseln bzw. über den Donez zu drängen und damit die strategischen Voraussetzungen für die Sommeroffensive („Fall Blau") zu schaffen.

Diese Offensive sollte zunächst auf die Großstadt Woronesch angesetzt und dann über den Donez zum Don-Bogen weitergeführt werden. Obwohl schon dieses Unternehmen aufgrund der langen Nachschubwege und mangelhaften Versorgungslage riskant war, erteilte Hitler im Juli 1942 in der Weisung Nr. 45 den Befehl, die Heeresgruppe Süd zu teilen und den Vorstoß an die untere Wolga *und* an den Fuß des Kaukasus zu führen. Während die Heeresgruppe A nach Süden schwenkte, um die Erdölfelder von Maikop und Grosny zu sichern, rückte die Heeresgruppe B bis zur Wolga bzw. zu der für die Kriegsproduktion und den Nachschub des Gegners wichtigen Stadt Stalingrad vor.

Teil der Heeresgruppe A war unter anderem das Nachschub-Bataillon 542, das 1939 im Wehrkreis 4 (Dresden) aufgestellt worden und ab 1941 der 6. Armee zugeteilt war. Im Juni 1942 wurde Karl zu seiner Überraschung vom LI. Armeekorps in die Stabskompanie des genannten Nachschub-Bataillons versetzt. Dass er in der neuen Einheit der einzige „Ostmärker" war, begriff er als Enttäuschung; immerhin konnte er aber mit einem (alt)österreichischen Kameraden des Korps – dem Obergefreiten Anton „Toni" Borek – in Kontakt bleiben. Ende August erreichte der Unteroffizier mit seiner Einheit den Don und wenig später den Raum Stalingrad.

In der Feld-Bäckerei

Eine kurze Pause

An die Familie   o.O., 9. April 1942 [Feldpoststempel: 14. April 1942]
Meine Lieben!
Heute Morgen, so gegen 7^h, bin ich wieder bei meinem Haufen[223] eingetroffen und fand Ihn auch noch ganz so, wie ich Ihn verließ; nur ist es inzwischen auch ein wenig gemütlicher geworden, denn der Schnee ist fast weg, aber dafür gibt es eine Unmenge Dreck, daß man fast darin ersticken könnte.
Wenn euch, liebe Eltern, der Abschied vieleicht ein wenig brüsk oder nicht ganz schön vorkam, so seid mir darüber bitte nicht böse, denn es ist ganz bestimmt besser so, und wir konnten uns leichter trennen. Glaubt nicht, daß es mir leicht wurde: Im Gegenteil, so ungern bin ich kaum je einmal von daheim weg. Nun ist es ja längst überwunden, und die Arbeit nimmt mich wieder voll in Anspruch. Post habe ich eine ganze Menge vorgefunden: 2 von euch und 4 von Steffi, und alle waren auf meine Brettel abgestimmt. Nun ist ja dieses große Problem bis auf nächstes Jahr gelöst, und wer weiß, was bis dahin ist.
Die Ostertage habe ich ganz schön in Lemberg verbracht, wenn es auch nicht zu viel Freizeit gab, denn 2 mal im Tag mußte ich nachfragen, ob kein Zug Richtung Front fährt. Besonders gut war es, daß Beate und die Küchenschwester dort, die ebenfalls Wienerin ist, mich so lieb aufnahmen und reichlich versorgten, denn sonst wäre es für mich ziemlich kläglich ausgefallen, weil es während des Aufenthaltes nur Suppe gibt. Allerdings kann man in Soldatenheimen gut essen, aber das kostet natürlich. Ich war auf jeden Fall froh, daß ich die Feiertage noch in einer der Heimat ähnlichen Stadt verbringen durfte.
Nun, meine Lieben, recht viele liebe Grüße
euer
Karli

An den Vater   o.O., 14. April 1942 [Feldpoststempel: 19. April 1942]
Lieber Vater!
Deinen lieben Brief, den ich ja erst nach dem Urlaub erhielt, verstehe ich nun, nachdem ich daheim war, erst ganz richtig, denn mit diesem Opfersinn und dieser Ausdauer, mit der du arbeitest für Volk und Heimat, konntest du kaum anders handeln. Und glaube mir, lieber Vater, nur 30 % aller, die in der Heimat sind, sollten mit diesem Eifer und dieser Zuversicht so selbstlos wie du sich einsetzen, und Alles, auch das größte Hindernis, wäre schnell überwunden.
Ich war erstaunt, Dich so zu finden; und Du bist stolz darauf und mit Recht, denn ich glaube, es macht Dich zufrieden, wenn es auch manchmal recht schwer wird. Wir, die wir hier im ärmsten und doch so reichem Lande sind, stehen fest und unerschütterlich, bis uns der Befehl erreicht, den Feind zu vernichten und den Sieg für Deutschland einzuholen. Dies braucht man ja erst gar nicht zu betonen, denn es genügt der einfache Beweis, daß bis heute die Front noch so steht wie vor

3 Monaten, trotz schwerster und ununterbrochener bolschewistischer Angriffe. [...]
Bitte laßt meine Skihose chemisch reinigen, denn waschen ist nicht gut.
Und nun, lieber Vater, recht viele liebe Grüße von deinem
Buam
Karli

An den Vater　　　　　　　o.O., 26. April 1942 [Poststempel: Wien, 20. Mai 1942]
Lieber Vater!
Das heute Gehörte war ein Erlebnis und für uns so von Wichtigkeit, daß wir Kleinen die Tragweite dieses Entschlusses vom Volk, das zu verlangen (vollkommene Freiheit in jedem Handeln), nicht absehen können. Nur haben wir das Gefühl, daß es nötig war, denn sonst würden uns die sogenannten Juristen, die sich einbilden, die einzigen Logiker der Welt zu sein, in Grund und Boden treten.[224] Diese intelektuelle Schicht, die vieleicht national denken, aber nie nationalsozialistisch sein kann, muß eines besseren belehrt werden. Es kann mir kein Mensch erzählen, daß ein solcher sich dem einheimischen einfachen Arbeiter näher verbunden fühlt als irgendeinem Intellekt.[uellen] irgendeines Staates. Daß es eine gewisse Schicht versucht, einen Keil hinein zu treiben, darüber sind sich ganz bestimmt viele im klaren, und darum kann nur eine radikale Reinigung, die ja sicher nichtmehr lange auf sich warten läßt, Ordnung schaffen. [...]
Nun, lieber Vater, recht viele liebe Grüße von Deinem
Buam

An die Familie　　　　　　　o.O., 8. Mai 1942 [ohne Feld(post)stempel]
Meine Lieben!
Wieder ein Urlauber und mit ihm ein kleines Päckchen für euch. Ein Stückchen Seife, ein Päckchen Tee und ein Ringlein. Bitte seid so lieb und laßt das Ringlein schätzen, denn ich glaube, daß es einen ganz schönen Wert hat, nur die Fassung ist nicht modern, und es lassen sich 3 Ringe daraus machen. Mutti soll sich einen schönen daraus machen lassen.
Und noch etwas, es ist mir doch gelungen, eine große Leica[225] zu kaufen mit einer 1:2 Blende.
Nun, meine Lieben, recht viele liebe Grüße und auf Wiedersehen
euer
Karli
[...]

Deutsches Halbkettenfahrzeug (Zugmaschine) beim Überwinden eines Hindernisses

Erbeuteter sowjetischer Flachwagen mit Fliegerabwehr-MG

An die Familie   o.O., 18. Mai 1942 [Feldpoststempel: 18. Mai 1942]
Meine Lieben!
Das Päckchen wird ja sicher schon angekommen sein und euch erfreut haben. Aber heute muß ich leider etwas schreiben, worüber ihr nicht ganz entzückt sein werdet. Vor kurzer Zeit erfuhr [ich] ganz zufällig und zum größten unbehagen zweier Männer, daß ich versetzt werde, und zwar nach weiter forne. Ich war beim Arzt und werde natürlich für nicht einsatzfähig erklärt; doch meine Versetzung war schon hinter meinem Rücken erledigt, so daß ich daran nichtsmehr ändern kann. Aber eins ist gewiß, daß ich nurmehr zu leichten Diensten verwendet werden kann. Es ist sehr schwer, wenn man unter solchen Umständen den Idealismus beibehalten soll, besonders wenn man den ganzen Sommer hindurch alles darangesetzt hat, mehr herzustellen, als es meine Pflicht verlangte. Nun ich will mit meinem Schiksal nicht hadern, denn ich komme überall durch, und wenn es noch so dick kommt.
Von Grete und Steffi habe ich je eine Karte aus meinen lieben Bergen bekommen, die mir die herrlichen Tage meines Urlaubes wieder ganz deutlich hervorzauberten. Wenn ich ein ganz klein wenig Glück habe, dann werde ich noch in die Heimat abgeschoben, denn mit so halben Leuten können sie da forne nicht viel anfangen. Nun, wir werden ja sehen.
Jetzt muß es ja ganz wunderbar daheim sein. Bei uns kam jetzt unter einigen Tagen alles heraus, sogar die Bäume blühen schon teilweise, und ganz ekelhaft heiß ist es. Euer letzter Brief war recht nett, und ich hab' mich richtig über das geschilderte heimatliche Idyll gefreut.
Nun, meine Lieben, recht viele liebe Grüße und auf Wiedersehen
Euer
Karli
[...]

An die Familie   o.O., 23. Mai 1942 [Feldpoststempel: 28. Mai 1942]
Meine Lieben!
Ich sitze hier in einem kleinen Nest ganz nahe dem Feind und weiß nicht, was ich beginnen soll, da ich zu keinem Dienst verwendet werde. Ich bin nur neugierig, wo ich noch überall landen werde. Jetzt hat die Wanderung einmal begonnen, nun wird sie auch nichtmehr so schnell enden, außer es geht in die Heimat. Es ist zum verrückt werden, denn das Schlimmste für mich ist die Langeweile. Es ist ganz abscheulich, von einem Haufen zum anderen geworfen zu werden. Ich glaube, es ist am besten, wenn Ihr erst dann schreibt, wenn ich eine feste Nummer habe, denn sonst laufen die Briefe in der Weltgeschichte herum, und [ich] bekomme sie erst nicht.
Nun, meine Lieben, recht viele liebe Grüße von Eurem Karli

An die Familie   o.O., 30. Mai 1942 [Feldpoststempel: 4. Juni 1942]
Meine Lieben!
Es ist nicht angenehm, wenn man bei diesem herrlichen Wetter im trockenen sitzt und dabei denken muß, daß so viel Wasser auf der Welt ist, wo man sich köstlich hineintauchen könnte. Vor einem Jahr war es, als ich im Süden, an der Adria, war und kopfüber in die blauen Fluten sprang.
Palmen, Zypressen und schöne Agaven machten das Bild zu einem unvergesslichen Eindruck, ganz gleich, wie lange ich das Leben genießen kann.
Die letzten Ereignisse hier waren nicht klein, und Ihr wißt ja über den Krieg mehr als ich, da ich selbst mit dabei war und mir die große Übersicht fehlte.
Wie sind denn meine Bilder ausgefallen, oder habt Ihr vergessen, sie abzuholen? Ich wäre eigentlich ein wenig neugierig und dachte, daß ihr mir eines schicken würdet, aber ich habe ein Gefühl, als ob Ihr bestimmt darauf vergessen habt.
Ist das Päckchen mit den Kleinigkeiten gut in Eure Hände gekommen? Nicht schlecht, und ich glaube, nicht schlecht gekauft zu haben, wenn es auch im Augenblick keine Verwendung dafür gibt.
Nun, meine Lieben, für heute nur wenig, aber Hauptsache ist ja Nachricht überhaupt.
Auf Wiedersehen
Euer
Karli

An die Familie   o.O., 13. Juni 1942 [Feldpoststempel: 15. Juni 1942]
Meine Lieben!
Daß ich nun endlich einen neuen Haufen[226] habe und wieder regelmäßige Arbeit leisten kann, wird euch ja Steffi schon gesagt haben. Es ist die gleiche Beschäftigung, die ich bis jetzt hatte, nur mit einem größeren Wirkungsbereich, da es noch eine menge unterstellte Einheiten gibt, die auch zu verpflegen sind. Nach einiger Zeit hab' ich mich hier eingearbeitet, und dann läuft alles wie früher.
Nur eines ist schwer, es gibt außer mir keinen Ostmärker, aber ich bleib meinem Dialekt treu, und die anderen werden mich schon verstehen lernen.[227]
Hier gibt es fast täglich ein schönes Feuerwerk, für das man früher 50g [Groschen] zahlen mußte. Und heute hat man das alles umsonst und kann auch noch ganz umsonst eine aufs Dach bekommen und bekommt dann auf jeden Fall ganz umsonst ein Staatsbegräbnis. Ihr seht ja, unser Humor will nicht versiegen, und das ist gut so, denn immer Trübsal blasen wird sicher auf die Dauer langweilig. [...]
Heute hörte ich von einem, der von daheim kommt, daß die Engländer in Köln so gehaust und viel kaputtgeworfen haben.[228] Wenn wir dann einmal auf dieses Land losgelassen werden, dann wird das reichlich eingebracht, was diese unvairen Kerle der friedlichen Bevölkerung zufügten. Dieses England kann dann kaum auf

einen schnellen, glanzvollen Aufstieg denken, um die ganze Welt zu beherschen. Dieses Geschäft nehmen wir ihnen schon ab, damit sie sich nicht ihr Köpfchen überanstrengen brauchen, wie sie ihr Geld los werden sollen.
Wenn nur dieses Ringen mit dem unkultiviertesten Volk bald zu ende ginge, dann ist der Krieg nur mehr eine kleine Frage der Zeit, denn Amerika haben wir nicht zu fürchten, wenn es vieleicht auch eine Landung wagen sollte. Wir sind zuversichtlich.
Wie war es denn in der Veitsch, das Wetter dürfte euch ja recht hold gewesen sein? Auch von Anni hab' ich eine nette Karte von ihrem Ausflug per Rad bekommen.
Nun, meine Lieben, recht viele liebe Grüße und auf Wiedersehen euer
Karli
Bitte schickt mir einige Rasierklingen.

An die Familie   o.O., 19. Juni 1942 [Feldpoststempel: 21. Juni 1942]
Meine Lieben!
Mir bleibt zum schreiben scheinbar mehr Zeit, als ich dachte, denn die Arbeit läuft in den Bahnen weiter, besonders so lange, als wir in einem Ort festliegen. Heute ist jener Uffz. weggefahren, den ich ablöste; und Ihr könnt mir glauben, es war mir gar nicht recht wohl zumute, daß einer, der schon fest gesessen ist, meinetwegen fort soll, doch bin ich nicht im geringsten schuld daran, und dann dürfte da auch eine Kleinigkeit gewesen sein. Wie ist denn das Päckchen angekommen, das ich durch einen Kameraden heimschickte, und wart Ihr nicht ein wenig erstaunt? Nun, solche Sachen gab es eben genug, und warum soll man nicht kaufen, wenn es möglich war?
Was macht denn Annis Fortschritt in der Schule, ich helfe sehr gerne, wenn es nötig erscheint, das wißt ihr doch ganz genau. Na, und Mama, hast Du endlich die Arbeit in fremden Häusern aufgegeben?
Bei Väterchen kann ich, ohne fehlzuschlagen, ohne weiteres sagen, was er macht, denn solch einen Idealisten wird es so schnelle nicht wieder geben.
Nun, meine Lieben, recht viele Grüße euer Karli

An die Familie   o.O., 22. Juni 1942 [Feldpoststempel: 23. Juni 1942]
Meine Lieben!
Heute ist es genau ein Jahr, daß wir in diesem trostlosen Land sind, und was haben wir alles erlebt, und wie groß waren die Erfolge, die nun, so wünscht es doch jeder, zum Enderfolg wenigstens in Rußland führen sollen. Die letzten großen Erfolge sind von fast unabsehbarer Wichtigkeit und sichern uns so derart gute Positionen, daß wir tatsächlich mit ganz großen Entscheidungen schon in der

nächsten Zeit rechnen können. Wenn wir nur einmal an der Wolga sind, dann ist ja der Kampf praktisch entschieden, denn das westlich überhöhte Ufer läßt den Russen niemehr weiter nach Westen vordringen. Und was er jetzt einsetzt, sind ja nur mehr Konglomerate eines zusammenbrechenden Staates, der nur durch die Willenskraft einzelner noch aufrecht erhalten wird. Hätte Stalin die alten kriegserfahrenen Offiziere nicht hingemordet,[229] wir hätten kaum standhalten können, aber so, jeder etwas über den Durchschnitt begabte Mann kann sich mit diesen, die sich die Führer der Roten Armeen nennen, gleich stellen. Die russische Infanterie ist ja als aktive Kraft überhaupt auszuschalten, denn heulende, auf einen Klumpen zusammen gerottete Horden können unsere Landser, die hinter ihrem M.G. [Maschinengewehr] liegen, nicht erschüttern. Und die Luftwaffe, die sehr stark, mehr als 50 % von England und U.S.A. ausgerüstet ist, fällt auch nur mehr ganz wenig ins Gewicht.[230] Dagegen möchte ich wissen, wo unsere Flieger herkommen? Allerdings liegen wir nicht weit von einem Feldflughafen.
Wenn einmal so 20 russ. Bomber kommen, wie es der Fall war, als ich noch bei der Div.[ision] war, dann landen bestimmt einige mit ungewöhnlicher, dem Piloten unangenehmer Stellung. Nun [da] das Wetter auch besser ist, kann uns nichtsmehr erschüttern, denn die Dreckmeere sind nun wenigstens wieder hart und wieder befahrbar. Das war heute nur so eine Schilderung, aber immerhin Post.
Heute hab' ich ein Paar Schi aufgetrieben, die in den nächsten 3 Monaten kommen werden, haltet so ungefähr 100–150 R.M. bereit, denn das sind ganz pfundige.
Nun, meine Lieben, recht viele liebe Grüße von eurem
Karli
[...]

An Schwester Grete   o.O., 22. Juni1942 [Feldpoststempel: 23. Juni 1942]
Liebe Grete!
Heute erhielt ich das Brieflein vom 28. V. und bedanke mich recht schön für den Gruß aus unseren herrlichen Bergen. Erst gestern dachte ich, daß ein Stämmchen Petergstam[231] ein netter Gruß und gleichzeitig eine schöne Erinnerung an meine Berge wäre, und heute kommt es tatsächlich so. Nun, wir feiern ja auch ein Jubileum, nämlich 1 Jahr in diesem scheußlichen Land. Ich will gar nichts erwähnen von all dem, was hinter uns liegt, sondern will nur hoffen, das bald der ganze Zauber zu Ende ist. Dazu geben ja die Ereignisse der letzten Tage wieder Anlaß.[232]
Nun hab' ich Dir aber etwas ganz Großes zu berichten, daß mich in dem Augenblick, als ich es erfuhr, ganz wurlert[233] werden ließ.
Ich traf hier einen Gebirgsjäger, der in St. Johann i. P.[234] ein Sportgeschäft hat, und unterhielt mich eine ganze Weile mit ihm und komme natürlich über unsere herrliche Heimat zu sprechen. Natürlich auch über Brettel. Nun, ich bekomme ein

„Heute ist es genau ein Jahr, daß wir in diesem trostlosen Land sind" – Brief an die Familie vom Juni 1942

Paar Hrjkorre (Schichtenschi) mit Kanten und Kandahar.[235] Was sagst Du jetzt? Da biste platt? (berlinerisch) Nicht nur ich, sondern auch für Dich gibt's so etwas, nur sind Dir solche zu schwer.
Na, Du kannst Dir vorstellen, daß ich eine damische[236] Freud habe.
Nun, lebe Wohl, und auf Wiedersehen Karli
[...]

An die Familie　　　　　　　　　o.O., 6. Juli 1942 [Feldpoststempel: 7. Juli 1942]
Meine Lieben!
Heute bekam ich die erste Nachricht von dem Päckchen, daß es gut ankam. Ich hatte schon ein wenig Sorge darum, weil so lange keine Antwort kam, und es war doch ein ganz nettes Sümmchen wert. Wenn es auch keine moderne Arbeit ist,

so hat es ja doch den Wert. Und Vater hat auf eine kurze Zeit einen echten Tee, denn ich glaube, einen miteingepackt zu haben.

Grete hat nun den Wunsch, bald eine Gemeinde zu bekommen, um selbständig zu arbeiten.

Auch, daß ihr nun doch wieder Grabeland[237] habt, erfuhr ich heute, und daß Vaters Stolz die Hasen sind. Ich bin glücklich, daß nun bei uns die Not doch für immer ausgekehrt wurde, und ein richtiges, wenn auch sehr arbeitsreiches, Leben begonnen hat. Wenn ich so unsere Vergangenheit vorbeiziehen lasse, so kann ich sagen, daß mit den Tagen, wo wir nach Wien kamen, ein kleiner Aufstieg begann, an dem wir nun bedeutend leichter weiterbauen können. Nur eines ist halt nicht schön, daß ich nicht mit dabei sein kann. Aber ich werde das ja auch einmal erleben können. Dann noch etwas, ich wälze da so ein kleines Problem, das im Grunde ja schon ein uralter Wunsch von euch ist. Allerdings muß ich da auch mit Steffi darüber sprechen. Ist es möglich, mit irgendeiner Hilfe an der Grenze Wiens einen Siedlungsgrund zu erstehen, wo man später dann ein Häuschen bauen könnte? Es ist nähmlich mein Ernst, in der Nähe Wiens, wenn es möglich ist, zu wohnen, und zwar auf eigenem Grund und Boden. Aber auf keinen Fall in der Affentürkei.[238] Dazu wäre allerdings ein Urlaub nötig, denn übers Knie läßt sich das nicht brechen. Nun, ihr könnt mir ja eure Meinung sagen und versuchen, mir das irgendwie klar zu machen, mit welchen Schwierigkeiten zu rechnen ist. [...]
Nun, auf Wiedersehen
Euer
Karli
Bitte schickt mir noch ein Bild von mir, aber in schwarz.

An Schwester Grete   o.O., 6. Juli 1942 [Feldpoststempel: 7. Juli 1942]
Liebe Grete!
Nun bin ich beruhigt, daß dieses Päckchen angekommen ist, denn es hatte einen ganz schönen Wert, allerdings weiß ich nicht genau, aber ich schätz so auf 3–400 R.M. Ich bin ja doch ein Realist und versuche, das Leben so gut wie möglich für die Zukunft vorzubereiten. Wie wird denn die überhaupt aussehen?
Meine neue Arbeit hab' ich nach 3 Tagen schon ganz erfaßt und kann mich nicht beklagen, zuviel zu haben, denn mir bleibt noch immer Zeit genug, an die Heimat zu denken und zu schreiben. So ein Brief, wie Du ihn mir geschrieben hast, der gefällt mir, denn da ist so ziemlich alles enthalten, worüber ich mich freue, und vor allem schilderst Du alles so natürlich, daß ich mich ganz leicht in die Heimat im Geist versetzen kann. Das ist so ein richtiges Idyll: Grabeland, Hasen und das schöne Zusammenarbeiten. Das Anni sich so wenig dafür intreßiert, führe ich darauf zurück, daß sie eben in der Großstadt groß wurde. Wenn ich einmal für immer heim komme, dann wird, wenn es geldlich möglich ist, ein Häuschen ge-

kauft oder gebaut, und ein Garten darf natürlich auch nicht fehlen. Es ist komisch, aber dafür hatte ich doch früher keine Liebe, und jetzt ist es umgekehrt. Wie ich natürlich ein Leben führen möchte, das kostet allerdings viel, aber ein Beruf mit einem Monatseinkommen von 350 R.M. gestattet es. Und ich glaube fest daran, daß ich das schaffen werde, wenn auch noch Schwierigkeiten auftreten werden und Jahre dazu nötig sind.

Daß Dein größter Wunsch eine Gemeinde ist, kann ich mir denken, und ich wünsche Dir, daß es recht bald so weit ist, um Dich selbständig zu machen und nach Deiner Art zu arbeiten. Du denkst so, daß Du vor Deiner Versetzung dann Urlaub bekommst, um Dich vorzubereiten. Nun, es wird schon so werden, wie es richtig ist. Bei uns hat sich nun das Wetter auch ganz koloßal geändert, und man fühlt es auch gleich, denn es geht nun wieder vorwärts. Ich bin auch ganz schön braun, denn als ich forne lag, gingen wir alle nur in der Badehose.

Nun, liebe Grete, rechte viele liebe Grüße
Karli

An den Vater   o.O., 7. August 1942 [Feldpoststempel: 7. August 1942]
Lieber Vater!

Dein Brief hat mir recht viel Freude gemacht, und ich konnte mich so recht hinein denken in das reizende Familienleben und war für einige Zeit in Gedanken bei euch daheim. Wenn es mir einmal gegönnt sein sollte, ein Heim für mich zu besitzen, dann wird es mir bestimmt ebensoviel Freude machen, wie Dir Deine erfolgreiche Arbeit im Grabeland und Deine Haasen. Ich glaube gerne, daß es da eine menge zu tun gibt für euch Alle, aber wenn dann ein sichtbarer Erfolg zu verzeichnen ist, dann ist es doppelt schön. Mich freut es, daß Du so ganz in Deiner Arbeit aufgehst und vollkommene Genugtuung findest, die Dein Leben zu einer großen zweckmäßigen Aufgabe empor gehoben hat: Daß Deine Gedanken und Dein Tun und Wirken mit dem Deines früheren Lebens nicht in Einklang zu bringen sind, wird auch Dich ganz bestimmt ein wenig stolz machen und nicht weniger uns, da doch wir diese Wandlung am besten merkten; besonders ich, der ich doch nur wenig daheim bin. Dein ganzes Wesen hat sich geändert, und wir sind froh und glücklich darüber.

In den nächsten Tagen schicke ich wieder einiges ab für eure Gaumen, Deine Lunge.

Nun, ich fühle mich ganz sauwohl, wenn es auch andere sind, denn ich arbeite fast ganz selbständig, und dreinreden tut mir keiner. Es gibt ja auch sehr viel Arbeit, die scheinbar nie zu Ende geht, aber ich lasse mich nicht aus der Ruhe bringen. Es ist nähmlich sehr intressant, wie sich diese Leute oft gegenseitig anflaumen, und mich als Neutralen Rechtsprecher fragen, wehr nun recht hätte. Nun, ich gebe jedem recht, und zum Schluß habe ich recht. Diese Leute müssen behandelt werden wie rohe Eier, die schon etwas angeschlagen sind. Besonders meine 3 Küchenunteroffz., wo jeder von sich behauptet, der Unfehlbare zu sein; eben kleine Geister, die sich der Tragweite des Ganzen kaum bewußt sind und nur dem Augenblick leben.

Mit Toni bin ich selbstverständlich in Verbindung, er ist der Letzte, der noch von uns beim alten Haufen übrig blieb, aber er hat es nicht leicht;[239] erst vor kurzem bekam ich Post von ihm.

Mit meiner Versetzung ging es komisch zu, denn die Herren drehten mich ohne Grund, und ohne daß ich etwas wußte, hinter meinem Rücken hinaus. Nun, es gibt aber immer noch Klatschbasen, auch unter Soldaten, und einer erzählte mir etwas davon. Ich ging selbstverständlich den graden Weg zum Kommandeur und erkundigte mich danach, was davon wahr wäre, denn es kam wie ein Wetter vom heiteren Himmel. Das war ein bedrücktes Schweigen, als ich mit dieser klaren Frage herausplatze, denn darauf war er nicht vorbereitet. Er überlegte dann auch nichtmehr lange und erklärte mir wörtlich: „Ich weiß genau, daß ich ihnen genau so wenig sympathisch bin wie sie mir; da ich aber mehr oben habe und mehr bezahlt bekomme, habe ich recht, denn wäre es umgekehrt, dann müßte bestimmt ich gehen." Nun, da es so weit war, bestätigte ich seine Annahme, über die er selbst blaß wurde, und war in Gnaden entlassen. Treibende Kräfte waren der Spieß und ein anderer Uffz., die recht gut Radfahren konnten. Ich habe es hier faßt besser getroffen, nur der gute Freund fehlt eben, aber da ich schon so manches erlebt habe, geht es auch so wieder weiter.

Daß Grete nun doch ihr Ziel erreicht hat, freut mich, glaube ich, fast so wie sie, denn wir sind doch so miteinander verbunden wie selten eine Familie. Ich hab' ihr eine kleine Hilfe geschickt, denn bei solchen Fällen wird immer etwas mehr Geld gebraucht, und ich hab es.

Daß Anni ihre Schule aufgeben mußte, tut mir sehr leid, aber wenn es nicht zu ändern ist, kann man nichts machen. Anni wird wohl auch bald Urlaub bekommen und irgendwo hinaus wollen; nun, auch ihr will ich ein wenig helfen.

Wenn ich befehlen könnte, dann würde ich Mama einfach das Waschen verbieten.

Nun, auf Wiedersehen, und recht viele liebe Grüße
vom Buam
Karli

An die Familie   o.O., 24. August 1942 [Feldpoststempel: 27. August 1942]
Meine Lieben!

Wenn es so weiter geht, dann komme ich immer seltener zum Schreiben, und ihr müßt lange auf Post warten. Nun Hauptsache, es kommt überhaupt etwas.

Vor vielen Wochen schickte ich eine Büchse mit Butter ab, ist diese nicht angekommen? Es wäre sehr schade darum, denn es ist bestimmt 1/2 kg, gut verschlossen, damit sie nicht ranzig wird. Die letzte Sendung wird ja hoffentlich schon eingetroffen sein? Da gabs wieder Fische und Drops und für Vater rauchbares, auch ein wenig guten Tee. Heute geht auch wieder ein Päckchen für euch und auch für Steffi ab. Ihr müßt euch halt untereinander tauschen, denn Steffi hat wieder etwas guten Kaffee. Ihr braucht nicht glauben, daß ich nun zu wenig habe, das sind alles ersparte Marschportionen, die mir nicht fehlen und euch aber helfen, denn daheim ist es ja tatsächlich knapp, das wissen wir ganz genau. Wenn es auch bei uns nicht immer rosig aussieht, das ändert sich aber mit dem Augenblick, wo wieder den Verhältnissen angepaßt nachgeschoben werden kann; Verpflegung ist genug vorhanden.

Von Anni hab' ich einen sehr langen Brief bekommen, in dem sie eine Menge erzählt, woraus ich aber sehe, daß auch sie an einem toten Punkt steht und nur der Gegenwart lebt. Nun, dieses Pech ist uns so ziemlich allen in diesem Moment beschieden; es sind nur ganz wenige, die sich jetzt irgend eine entwickelnde Position schaffen können, und dazu gehört Grete. Von ihr hab' ich bis jetzt noch keine Nachricht, wie es geht, und wo sie steckt. Von Klagenfurth[240] habe ich eine Karte bekommen, das war das Letzte.

Wir sind nun im großen Donbogen am Don gelandet und sind damit der entsetzlichen Steppe ein wenig entronnen. Dieses Land hat seinen eigenen Charakter, der uns ganz seltsam berührt. Ich bin neugierig, auf welch komische Sachen wir noch stoßen werden. Schade, daß ich nicht im Kaukasus[241] dabei sein kann, denn da gebe es noch viel mehr seltsames zu sehen, weil dieses Gebirge nicht unseren Alpen gleich ist. Wenn es heißen würde, heim fahren, dann würde mich auch der Kaukasus nicht halten können, so satt hab' ich dieses elende Land: Und wenn man dann noch in der Nähe eines Verbandplatzes ist und sieht, wie ein junges, blühendes Leben vergeht, dann wird es doppelt schwer. Wann wird dieses fürchterliche Ringen zu Ende sein? Wann wird eine Grenze geschaffen, über die wir nicht hinausgehen, hinter der der Russe machen soll, was er will? Ich glaube, es müßte die Wolga sein, denn weiter ist ja nichtsmehr für uns zu holen, und die Gefahr, daß wir uns totlaufen, kommt dann auch noch dazu. Wenn man die Weltkarte betrachtet, dann kann man an ein Ende wohl kaum denken, weil der Raum ins unendliche wächst. Wir Soldaten hoffen, daß es ganz unvorhergesehen einmal kommt und über Nacht dieser scheußliche Spuk zu Ende geht. Der Russe kann diese dauernden Schlappen doch kaum mehr ertragen, und doch leistet er verdammt zähen Widerstand, der nur von einigen willensstarken Männern hoch-

Im Schlauchboot ...

... über den Fluss

gehalten wird. Wenn man die nun Gefangenen fragt, wo sie her sind und wann sie an die Front kamen, so hört man fast immer: entweder aus dem Abschnitt vor Moskau oder aus dem fernen Osten. Erstere sagen 2–3 Monate an der Front und die Anderen 3–4 Tage. Timoschenko[242] hat nun hier alles zusammen gezogen, um sein Rückgrat, die Wolga, von uns frei zu halten; doch ich glaube, daß gerade dieses Massenaufgebot sein Untergang sein wird, denn vernichtet werden diese Truppen, davon bin ich überzeugt, nur dauert es eben schon sehr lange, und das ist für die Kämpfende Truppe sehr schwer, weil sie nicht abgelöst wird, und doch schon über ein Jahr dauernd im Einsatz ist. Und trotzdem, das sind unsere Besten. Ein Beispiel ist meine alte Div.[ision],[243] deren Regimenter einzeln vom Führer gewöhnlich mit einem Schreiben belobt wurden und die vom russ. Rundfunk als elite Div. angesehen wird und schon einige Male gezeigt hat, was sie kann, und nun von Kleist[244] wieder zum entscheidenden Durchbruch angefordert wurde. Wenn unsere Gegner diesen Kampfgeist hätten, dann ginge es wohl noch um vieles härter, aber so wissen sie ja alle nicht, worum es geht. Die Landung der komischen Westler[245] war ja zu erwarten und die Abfuhr auch. Es wunderte uns an der Ostfront gar nicht, als wir dies hörten, sondern wir waren von einer Spannung befreit und vergaßen, daß wir in Russland sind.

Nun würde ich gerne wieder einmal baden, denn nur 5 Min. draußen, und alles ist grau wie Nebel; diesen Staub kann sich nämlich ein Europäer, der nicht hier war, nicht vorstellen. Wie eben alles, ist auch dies überdimensonal und erdrückend. Gott sei Dank haben wir die Fliegenplage hinter uns, denn diese Biester waren trotz der Netze unverdaulich, und jede Arbeit wurde zur Qual, na, und erst das Essen, man mußte bis kurz vor dem Mund mit dem Löffel in irgendeiner schnellen Bewegung sein, und trotzdem kam es nicht selten vor, daß man so ein Luder in den Mund bekam. Es war einfach furchtbar und kaum zu schildern; nun, ihr werdet ja sicher davon gehört haben. [...]

Der Sommer ist nun vorbei, und ich hatte keine Gelegenheit, unseren Wienerwald einmal zu durchstreifen. Wird es noch einen solchen [Sommer] geben in diesem von Gott verfluchten Land? Ich hoffe, daß der nächste ein wenig anders aussehen wird.

Nun, meine Lieben, noch recht viele liebe Grüße euer
Karli

An Schwester Grete   o.O., 31. August 1942 [Feldpoststempel:
Liebe Grete!   2. September 1942]
Heute kam endlich nach langer Zeit wieder Post aus der Heimat, und das schönste Brieflein war von Dir. Ich glaube, Du kannst Dich über Deinen Erfolg kaum mehr freuen als ich, und ganz besonders über die schöne Aufgabe in einem herrlichen Winkel unserer schönen Alpenwelt. Nach dem Foto, daß die Umgebung zeigt, ist

es einfach ein kleines Paradies, in dem Du Dich sehr wohl fühlen wirst, wenn Du alle Deine Schutzbefohlenen kennst. Daß viel Freizeit für Touren und Ausflüge bleiben wird, glaub ich kaum, aber Du hast dies ja schon alles, wenn Du zu den einzelnen Höfen wanderst. Ich kann mir Deine Arbeit so ungefähr vorstellen, und sie wird sicher so sein, wie sie in manchen Büchern und Schriften geschildert wird. Manchmal wird es schon hart werden, wenn von verschiedenen Höfen Hilfe von Dir verlangt wird und diese weit von einander liegen. Mir ging das Herz richtig auf, als ich Deinen Brief las, und dazu die Illustration der schönen Karte, nun, was soll ich sagen, ich gönne Dir dieses Glück, wenn es auch manchmal ein wenig schwer sein wird. Aber die Berge entschädigen Dich für sehr vieles, und Du wirst bestimmt so manches Mal zuflucht bei ihnen suchen und finden. So niedlich, wie dieses kleine Dorf liegt, gibt es eben nur in unseren Bergen, und so reich sind diese Leute, trotz ihrer Arbeit, daß es nur wir, die wir aus der Großstadt kommen, empfinden können. Wenn ich wieder heim komme und Du noch in dieser herrlichen Gegend bist, dann wirst Du mich schon für einige Zeit aufnehmen müssen, denn Dein Reich, das möchte ich auf jeden Fall kennen lernen. Die erste Zeit wird Dir wahrscheinlich kein so großes Vertrauen entgegen gebracht werden, denn Du bist noch eine Fremde, und das Volk ist gegen jeden, der von außen kommt, ein wenig abgeneigt. Oder gibt es ein wenig Fremdenverkehr, der dieses Volk ein wenig aufgeschlossener gemacht hat?

Waren diese Gemeinden nun eine Zeit ohne Schwester, ehe Du kamst, oder hattest Du Gelegenheit, ein wenig von ihr eingeführt zu werden? Es wäre für Dich selbstverständlich ein wenig leichter, in vorbereiteten Angelegenheiten weiter zu arbeiten.

Wird es für Dich eine längere Stellung, oder sollst Du Dich nur erst einmal in dieses Leben eingewöhnen? Das wird wohl eine Frage sein, die Du nicht beantworten kannst, denn wer weiß, wie noch alles kommt und welche Aufgaben an Dich noch gestellt werden. Wie wurdest Du in Wien von Deinen Mitarbeiterinnen verabschiedet, und wie ist nun Dein Verhältnis zu den braunen Schwestern[246] überhaupt? Ich bin gar nicht neugierig, wie? So nach und nach wirst Du mir dies alles erzählen, auf einmal geht es ja nicht. Da wird nun so manche schöne Aufnahme entstehen, und Du wirst Deine Freude an diesem herrlichen Fleckchen haben. Wenn Du irgend Gelegenheit hast, etwas zu kaufen, daß Dir notwendig oder nützlich erscheint, dann schreibe nur heim, was Du brauchst, sollst Du haben, denn ein neues Leben hat immer einige Neuanschaffungen, die Geld kosten.

Wir sind nun wieder ein großes Stück weiter nach Osten gefahren und sind im großen Donbogen am Don. Dieses Land wird scheinbar immer schlechter, je weiter es in dieser Richtung fort geht. Doch einmal geht auch diese zu Ende, und wir können wieder in unsere Heimat zurückkehren und brauchen nichtmehr daran denken, wieder in diese Hölle hinaus zu müssen. Es handelt sich nur darum, wann dieses große Ereignis eintreten wird.

Auch von Steffi und Beate hab' ich je ein Brieflein bekommen. Steffi schreibt nett, aber so nüchtern, daß ich nicht im stande bin, mir ein richtiges Bild zu machen, nach dem ich mich sehnen könnte. Ich hab' sehr viel und sehr herzlich geschrieben, aber die Antwort ist nicht die Richtige darauf. Vieleicht bilde ich mir nur ein, schön geschrieben zu haben, und es ist gar nicht so; denn jede Frau liebt es, geschmeichelt zu werden.

Von Vater kam vor einiger Zeit ein recht netter Brief, nachdem ich mich so ganz in die Familie hineinfühlen konnte. Nur über eines kann er sich recht ärgern, daß Mama ihre Arbeiten nicht aufgibt, und in dieser Sache geht es mir genau so. Wir werden nun alle auf Mama ein Trommelfeuer eröffnen, daß sie es selbst aufgibt; Du mußt natürlich auch mit helfen und Anni auch mit hineinziehen.

Nun, liebe Grete, recht viele liebe Grüße und auf Wiedersehen
Karli

7. Vor Stalingrad[247]

Als die 6. Armee Ende August 1942 in Stalingrad einrückte, gelang es den Truppen aufgrund des hartnäckigen Widerstands der sowjetischen 62. Armee trotz monatelanger Straßen- und Häuserkämpfe nicht, das gesamte Stadtgebiet zu erobern. Der schleppende Fortschritt der Kämpfe blieb auch Karl Wintereder, der nur wenige Kilometer von der Wolga entfernt – vermutlich in der Nähe des Militärflugplatzes Gumrak – in einem warmen Erdbunker saß, nicht verborgen; ebenso war er über die teilweise haltlosen Zustände in den Gefangenenlagern und die immer schwieriger werdende Versorgungslage unterrichtet. Der mangelhafte Nachschub zwang den Verköstigungsunteroffizier sogar, im Oktober 1942 zwecks Aufnahme zusätzlicher Verpflegung bis ins 2.000 Kilometer entfernte Woroschilowgrad (heute Luhansk) zu reisen. An Urlaub war angesichts dieser Zustände nicht zu denken.

Die am 19. November beginnende Großoffensive der Roten Armee („Operation Uranus"), die zur Einkesselung der 6. Armee führte, kam für die deutschen Verbände überraschend, ebenso für das Oberkommando des Heeres, das die Truppenkonzentration des Feindes völlig unterschätzt und die daraus resultierende Bedrohung verkannt hatte. Bereits am 23. November um 16 Uhr vereinigten sich die sowjetischen Stoßkeile des 4. Panzerkorps mit dem 4. mechanisierten Korps bei Kalatsch und schnitten östlich davon die deutschen Truppen zwischen Don und Wolga ab. Im Kessel von Stalingrad waren die 6. Armee, Teile der 4. Panzerarmee und verbündete Truppenteile eingeschlossen; insgesamt handelte es sich um 22 Divisionen und über 200.000 Soldaten.

Um einen möglichen Ausfall der Eingekesselten zu verhindern, ließ die sowjetische Führung zur Sicherung des Einschließungsringes etwa 60 Divisionen abstellen; zudem brachte man einen deutschen Entsetzungsangriff im Dezember 1942 (Unternehmen „Wintergewitter") nach wenigen Tagen zum Stillstand. Die von Luftwaffenchef Hermann Göring zugesagte Luftversorgung des Kessels mit 300 Tonnen pro Tag wurde zu keinem Zeitpunkt auch nur annähernd erreicht und die Lage der eingeschlossenen Truppen folglich von Tag zu Tag aussichtsloser. Lediglich Karl hoffte bis zuletzt auf einen guten Ausgang der Dinge und schmiedete Pläne für die Zeit nach dem Krieg. Am 2. Februar 1943 kapitulierten die letzten deutschen Verbände in Stalingrad; 110.000 Soldaten der Wehrmacht und verbündeter Truppen gerieten in Kriegsgefangenschaft. Karl selbst kam wahrscheinlich in den letzten Tagen im Kessel um; sein Schicksal konnte bis heute nicht restlos geklärt werden.

An die Familie o.O., 7. September 1942 [Feldpoststempel:
Meine Lieben! 15. September 1942]
Wenn einige Male Post kommt, und es ist nichts dabei, dann komme ich mir immer so arm und verlassen vor und weiß nicht, warum ich so stiefmütterlich behandelt werde; denn so faul bin ich trotz der vielen Arbeit nicht, daß mir keiner Antwort gibt. Allerdings geht die Post auch 3–4 Wochen und dann noch nicht sicher, und die andern Sachen sind eben wichtiger. Von Grete der Brief hat mich ganz außerordentlich gefreut, und ich bin froh und auch stolz, daß sie nun ihr Ziel erreicht hat. Daß Vater und Anni sich dieses niedliche Nestchen gleich angesehen haben, kann ich nur zu gut verstehen, und ich würde mich recht gerne angeschlossen haben. Bin neugierig, ob und wann ich dieses schöne Fleckchen sehen werde, ob es ein Urlaub, oder ob es endgültig ist, daß ich heim komme. Die Nase hab' ich allerdings schon ganz schön voll und wäre einem raschen Ende gar nicht abgeneigt. Es dauert auch nur mehr kurze Zeit, bis ich das 5. Jahr voll habe und in diesen 5 Jahren nur wenig schöne freie Zeit erlebt habe, denn es ging fast quer durch Europa, ohne Atempause und mit einigen Zwischenfällen.
Wenn nun wenigstens Stalingrad schon gefallen wäre, daß wir diese Wolgabasis endgültig für uns haben, dann wäre wenigstens eine gute Winterstellung geschaffen, über die der Russe nichtmehr hinweg kommt. Nun, ich hoffe, daß es nichtmehr lange dauert, denn wir sind schon 2 Wochen ganz nahe heran, aber die Abwehr ist so derart stark wie bei keiner bisher gefallenen Stadt. Frauen stehen an den Geschützen, und Kinder tragen Munition, so sieht es um Stalingrad aus.
Ich bin neugierig, wie die Urlaubsfrage in diesem Jahr gelöst wird, denn so kann es ganz unmöglich weiter gehen, weil sonst unsere Landser ganz verrückt werden. Wenn ihr in einiger Zeit Post aus Pongau bekommt, so handelt es sich um Brettel für Grete und mich, die wahrscheinlich in den nächsten 2-3 Monaten ankommen werden. Dann bekomme ich auch wahrscheinlich ein Herren- oder Damenfahrrad, vielecht auch beides. Bitte haltet für diese Sachen eine größere Summe

bereit, da alles per Nachnahme kommen wird. Wie hoch ist denn ungefähr mein Konto? Ich schätze auf 2500. 3–400 werden diese Kleinigkeiten schon ausmachen, also haltet diese Summe für alle Fälle bereit.
Habt ihr den schönen Ring schätzen lassen, denn es würde mich schon intressieren, was er beiläufig wert ist, und ob ich gut gekauft habe.
Ich hatte vor ungef.[ähr] 3 Wochen ein kleines Pech, daß sehr schlimm hätte ausgehen können. Ein Beil viel mir auf den Kopf und schlug mir die Stirne ein wenig ein, daß ich bei Tageslicht die Sterne sah. Es ist aber schon wieder verheilt, nur brummt der Schädel dauernd zum närrisch werden. Wenn es nicht besser wird, muß es röntgenisiert werden, denn es kann sonst noch schlimmer kommen. Gestern kam ein gans kleiner Knochensplitter rausgeeitert; das kann man nicht unbeachtet lassen. Die Narbe wird wohl auch immer bleiben, das ist aber augenblicklich das kleinere Übel, denn das Brummen ist bedeutend unangenehmer.
Beate hat, nun sie vom Urlaub zurück ist, auch wieder geschrieben, aber nichtmehr so verärgert wie letztens. Nun, ich wäre nicht böse, wenn ich auch alle 4–5 Monate ausspannen könnte, um mehr Kraft für diesen Kampf zu sammeln.
Es kann eben nicht sein.
Nun noch recht viele liebe Grüße
von eurem
Karli

An Schwester Grete   o.O., 11. September 1942 [Feldpoststempel:
Liebe Grete!   15. September 1942]
Täglich kommt die Sonne strahlend über diese trostlose Steppe herauf und beleuchtet dieses traurige, von allen Göttern verfluchte Land so, daß man nur Sehnsucht nach unserer Heimat empfinden kann. Sand, Staub und trostlose Hügel, bestanden mit dürren harten Gräsern, die von keinem Pferd gefressen werden. Nicht weit von hier fließt der mächtigste aller europäischen Flüsse träge durch die unendliche Ebene, und uns überkommt eine eigentümliche Sehnsucht nach Erfüllung und wissen nicht, nach welcher. Macht es das unbekannte ferne Land, von dem wir nur aus Büchern oder aus der herrlichen Operette Zarewitsch[248] hörten, oder ist es die Eigentümlichkeit des Landes selbst, daß diese Stimmung hervorruft? In den Liedern dieses Volkes klingt ja alle durch Jahrhunderte nicht erfüllte Sehnsucht heraus, und nur ganz selten steigert es sich zu einem verhaltenen Jubel, um gleich wieder in das tägliche eintönige Hoffen zurückzukehren. Es ist das Schiksal dieses Volkes, klein und gebäugt zu sein, und wenn es aus dieser Eintönigkeit herausgehoben werden soll, dann steht es mit ungläubigen großen Augen da wie ein Kind, dem zum ersten Mal zum Bewußtsein kommt, was es Großes erlebt hat. Wie diese Wesen das Leben aufnehmen, können wir nicht begreifen, denn die sind furchtbar hart im Tragen und können, trotz ihrer Härte,

„Wenn nun wenigstens Stalingrad schon gefallen wäre" – Brief an Grete vom September 1942

weich wie warmes Wachs werden, wenn man sie mit richtiger Strenge behandelt. Eines fehlt ihnen, und das ist das Mitgefühl, die Gemeinschaft. Dies sehe ich täglich im Gefangenenlager, wo Mädchen, Männer und Frauen verwundet liegen und ein wenig Pflege brauchen. Ich habe schon sehr viel Elend gesehen und bin bestimmt nicht weich, aber so etwas kann einem das Herz abdrücken. Da liegt ein Mädchen mit 18 Jahren, das linke Bein oberhalb dem Knie abgenommen und einem Streifschuß im Nacken und wird von den Hilfskräften kaum beachtet, obwohl es ganz ruhig abwartet, daß man ihr hilft. Ich habe dann mit den Sanis [Sanitätern] gesprochen, und Du kannst Dir nicht vorstellen, wie gleichgültig und stur die gegen die Verwundeten sind. Die Russen haben eben nur die Auffassung, daß bloß der Gesunde ein Lebensrecht hat, ganz gleich, unter welchen Umstän-

den der Andere seine Gesundheit verlor. Ich ging von einem zum andern, und Du kannst Dir kaum diesen frohen Hoffnungsschimmer in jedem Auge vorstellen, als ich jedem Einzelnen etwas erzählte. Diese 18jährige ist wohl am schlimmsten daran, denn wer nimmt dieses Mädchen einmal, wenn sie mit dem Leben davon kommen sollte, und das ist sehr schwer. Wenn sie nicht eine Lazarettpflege bekommt, dann wird sie wohl kaum durchkommen, denn die liegen alle im Freien. Es ist sehr hart, wenn man nur Elend jahrelang sieht und noch kein unmittelbares Ende zu erwarten ist. Doch es muß anders werden.
Die letzten Reserven Stalins, bestehend aus Frauen und Kindern, stehen in Stalingrad und führen die Befehle der Komissare zitternd durch, denn Stalin selbst führt diese Armee.
Ich hatte vor einigen Wochen Pech und Glück zugleich, denn mir viel ein Beil, Gott sei Dank mit dem breiten Ende, auf den Kopf und verletzte mich ganz ansehnlich. Obwohl es gut verheilt ist, brummt mir der Schädel noch ganz gewaltig, und oft kann ich kaum schlafen. Die Narbe wird auch nicht verschwinden, denn der Knochen war auch ein wenig angeschlagen, und vor Kurzem eiterte ein ganz kleines Stückchen heraus. Ich war schon beim Arzt, doch der stellte nichts wesentliches fest.
Neugierig bin ich, wann diese Fliegenplage aufhört, denn so etwas kann man kaum schildern: Das mußt Du Dir illustriert vorstellen. Ganz gleich, was man ißt oder trinkt, mit dem Gegenstand, den man zum Munde führt, muß man in dauernder Pendelbewegung sein; wobei es dem Essenden freigestellt bleibt, von links nach rechts oder von oben nach unten oder umgekehrt zu pendeln: Fliegen schluckt er mit. Es ist ganz scheußlich, und man kann sich auch kaum daran gewöhnen. Nun hab ich Dir eigentlich wenig persönliches geschrieben, aber das kommt das nächste Mal.
Nun, auf Wiedersehen, und recht viele liebe Grüße
Karli

Mit dem „Wüstenschiff"
durch die Kalmückensteppe

An die Familie　　　　　　　　　　　o.O., 17. September 1942 [Feldpoststempel:
Meine Lieben!　　　　　　　　　　　　　　　　　　　　19. September 1942]
Nun wird es doch ein 2. Winter, den wir hier durchhalten müssen, denn in dieser kurzen Zeit, die noch für Operationen bleibt, kapituliert Russland nicht, davon bin ich überzeugt. Dann treffen wir schon Vorbereitungen, um diese fürchterliche Zeit möglichst gut zu überstehen. Es gibt ja nur eine Sorge: Wird der Gegner so stark sein, wieder solche Angriffe zu führen wie im vergangenen Jahr,[249] oder ist er endgültig geschwächt? Die Wolga ist ja ein mächtiges Bollwerk, die uns mächtig hilft, und im Süden stehn keine Truppen mehr, die uns gefährlich werden könnten. Es muß uns nach meiner Ansicht nur gelingen, eine gerade Front von Woronesch[250] zur Wolga in östlicher Richtung herzustellen, dann kann er anrennen, wie er will. Wir werden ja noch alles erleben und sollten weniger denken, aber es dauert eben schon ein wenig zu lange, und es gibt zu wenig Urlaub. Was viel böses Blut macht, ist, daß die Offiziere viel mehr heim fahren als Manschaften. Obwohl jetzt scheinbar etwas dagegen unternommen werden sollte, so kann man bereits genossenen Urlaub nichtmehr zurückholen, und dafür bestrafen, wird kaum gemacht werden. Es nützt nichts, Stimmungsbarometer sind vor allen Dingen Post, Urlaub und Beförderungen, und mit allem sieht es sehr besch...eiden aus.
Wenn ich an den kommenden Winter denke, wird mir ganz schwummerlich, denn das Auge findet keinen Halt und gleitet über diese unendliche Steppe dahin. Doch es gibt keinen Zweifel mehr, denn die Vorbereitungen sind zu gründlich.
Wie gerne hätte ich wenigstens einige Tage im Sommer in der Heimat verlebt, denn ich kenne sie zu dieser Jahreszeit fast gar nichtmehr. Doch diesmal wird auch im Winter nichts daraus, und wenn es nicht früher zu Ende ist, dann wird vor dem nächsten Herbst nichts, so schrecklich auch der Gedanke ist. Aber es ist nicht anders daraus zu schließen, da so viele seit 2 Jahren nicht daheim waren und Monatlich nur 6 Platzkarten für 700 Mann zugeteilt werden. Doch warum soll ich mich schon jetzt damit befassen, der gegebene Augenblick wird schon eine Lösung bringen. Nur möchte ich eben auch schon gerne mir irgend ein Bild über die Zukunft machen, denn ich kann doch nicht immer nur warten und hoffen, daß es anders kommt; und doch bleibt mir nichts anderes übrig. Leider konnte ich mir vor dieser Zeit keine feste Existenz schaffen, denn es ging trotz allem Sparen nur von der Hand zum Mund. Meine paar Mark reichen auch kaum für eine Gründung; und wie gerne würde ich einen kleinen Besitz haben. Die komischsten Gedanken kommen und gehen, aber es ist nie etwas richtiges. Wie ist es denn mit Raßberg,[251] ist es noch im Besitze Jamas?[252] Ich kann es nicht recht glauben, daß die es richtig verwalten können, denn die hängen zu viel am Gelde und schätzen Grund und Boden zu wenig. Mir würde es recht leid tun, wenn dies einmal ein Fremder bekommen sollte. Klopft bitte einmal ein wenig an, und wenn es zu machen wäre, dann kauft es mit einem Anzahlungskapital von 1500 bis 2000 RM. und den Rest in monatlichen Raten von 50–80 RM, denn das ist immer noch auf-

zubringen. Die Raten bringe ich hier auf und schicke sie heim. Dies hört sich recht komisch an, nichtwahr, und doch ist das ein ganz großer Wunsch von mir, denn ich würde euch gerne irgendwo auf eigenem Grund wissen, wo ihr noch Herzenslust euren Lebenswunsch erfüllt seht. Der Garten und alles drum und dran würde euch zu jungen glücklichen Menschen machen, die zwar etwas spät, aber doch, ihren sehnlichsten Wunsch erreicht hätten. Laßt euch bitte nur nicht durch Geld davon abschrecken, wenn es erreicht werden kann, dann ganz schnell zugreifen, wenn es auch ein wenig abseits liegt.

Stellt euch vor, Stefferls Vater will in Weidlingau[253] verkaufen, obwohl es der größte Fehler wäre, den er machen könnte. Ich schrieb Steffi, daß sies mit allen Mitteln versuchen soll, diesen Besitz zu halten, denn es sind ja doch ihrer 3, die einmal ein Heim brauchen, und da draußen ist es doch ganz herrlich und vor allem nahe der Stadt. Dazu reicht allerdings mein lächerliches Kapital nicht, denn Herr Strondl reflektiert nur auf mindestens 75 % Barzahlung, und Geld aufnehmen wird wohl sehr schwer werden, da Kapitalien nur wenig verborgt werden. Doch sollte es doch möglich sein, Geld aufzunehmen und einen Besitz zu erwerben, so tut es und setzt euch mit Steffi in Verbindung; denn wenn er es unbedingt veräußern will, dann soll es kein Fremder bekommen, denn wir haben doch keine Aussicht auf ein Heim bei dieser Wohnungsnot. Sie schreibt auch von einem gewissen Plan, von dem sie aber nichts weitererzählt. Und ich glaube, es wäre aber nötig, einen festen Griff zu tun und nicht halb alles anzupacken. Ich sollte eben Zeit haben, um so manches zu regeln, damit alle noch aufkommenden Zweifel geklärt werden. Ihr kennt euch ja immer noch nicht bei uns aus, aber es geht schon in Ordnung, es ist uns nur zu wenig Zeit gegeben.

Dieser Wunsch, selbst ein Heim zu besitzen, ist ja noch kein alter und auch noch lange kein erfüllter, aber ein recht großer. Ich weiß eigentlich gar nicht wieso, denn ich wollte doch immer frei sein, um in meine Berge zu können. Nun, das muß ja dann auch gehen. Man kann sich eben auch damit verrechnen, und zum Schluß hat man Schulden und nur ein halbes Haus.

Wenn ihr ein wenig mehr Zeit hättet, um euch ein wenig um solche Sachen zu kümmern, aber so wird es leider kaum einen nennenswerten Erfolg geben. Diese Angelegenheiten sollten persönlich und nicht in Briefen besprochen werden.

Von Grete hab' ich erst einen Brief bekommen, der aber voll von Zuversicht und Hoffnung war. Auch euch hat es ja ganz groß gefallen, nach den Kartengrüßen zu schließen.

Auch von Toni hab' ich Post bekommen, er war im August daheim, mehr als 3 Wochen. Ich gönne es ihm, denn er war schon sehr lange nicht bei seinen Lieben. Wenn morgen alles gut geht, dann treffen wir zusammen, denn wir sind kaum 60 km getrennt.

Nun hab' ich aber genug erzählt und euch den Kopf vollgemacht.

Also, auf Wiedersehen, und recht viele liebe Grüße euer Karli

An die Familie   o.O., 20. September 1942 [Feldpoststempel:
Meine Lieben!   22. September 1942]

Die Post kam in den letzten Tagen gar nicht so schlecht, aber leider kam von Euch nicht viel. Die Zeit vergeht eben zu rasch, und kaum daß man sich umsieht, ist wieder eine Woche weg. Von Steffi kam in den letzten 10 Tagen gleich 4 mal Post, und das freute mich selbstverständlich sehr, da dies nur selten vorkommt. Es ist eben so, wenn wir einmal 2 Wochen keine Post bekommen, dann sind wir gleich ein wenig ungehalten, und wir machen es nicht besser. Allerdings fehlt auch uns oft die Zeit zum schreiben, und immer hat man eben keinen Löffel dazu.

Vor 2 Tagen hatte ich Gelegenheit, mit Toni zusammen zu kommen, und es war ein kleiner Feiertag. Doch der schönste Feiertag wird der, an dem wir dieses Land für immer als Sieger verlassen. Dieser Tag verdient sogar, zum Nationalen Feiertag ernannt zu werden.

Soeben kam Post an, und zwar von Grete und Anni. Hoffentlich kommen auch die Päckchen gerade noch zur rechten Zeit an, daß außer einem Urlaubszuschuß noch ein kleiner Schnabulierzuschuß mitgenommen werden kann.

Aber mit Anni muß ich ein wenig unzufrieden sein, obwohl schon eine menge Post von ihr ankam. Es handelt sich um die Schrift: Ich kann mich erinnern, daß dies früher nicht so war, denn die schrecklichste Handschrift hatte doch immer ich. Nun, ich führe das auf die große Eile zurück und will nicht schulmeistern.

Vor Allem wünsche ich Dir ein recht schönes Wetter, damit Du tatsächlich etwas davon hast. Nach den Briefen aus der Heimat ist es auch die beste Zeit, die Du für den Urlaub bekommen hast. Bis dieser Brief ankommt, ist ja Dein Urlaub schon wieder beendet, und Du hast dann noch die Erinnerung, von der Du lebst.

Grete schickte eine recht schöne Karte, die so recht die schönen Hänge zeigt, die man im Winter in schneidiger Fahrt herab sausen kann. Wenn es mir gegönnt sein sollte, noch heuer im Winter Urlaub zu bekommen, dann fahre ich dort hin. Allerdings ist fast keine Hoffnung, daß ich heim komme.

Grete möchte eine Paketmarke, um mir etwas zu schicken, aber ich hab' keine, weil ich sie den Kameraden gab, die so unverfroren sind und sich noch Verschiedenes von daheim schicken lassen. Das ist aber bestimmt nicht nötig, da es umgekehrt geht.

Ich glaube es ja gerne, daß Grete keine Not leidet und mir einige Leckerbissen schicken möchte, aber es ist bestimmt nicht nötig.

Die letzten Briefe aus der Heimat sind recht zuversichtlich und froh, und das macht, daß die Lebensmittelkarten ein wenig mehr Druckerschwärze brauchen. Wenn es auch nicht umwälzend ist, so sieht man doch ganz genau, daß unser Nullpunkt überschritten ist und es wieder aufwärts geht. Ich glaube, daß die Ukraine schon großen Anteil an dieser kleinen Aufbesserung hat, und nicht zuletzt die gute Ernte in der Heimat, von der wir eine menge hörten. Nun muß es noch hier einigermaßen klappen und für den Winter die Front weiter nach Norden schie-

ben, dann ist alles in bester Ordnung, und wir können beruhigt den Winter heran kommen lassen. Stalingrad fällt bestimmt in den nächsten 48 Stunden,[254] und dann ist der Gegner vom Süden fast abgeschnitten, dann bleibt nur mehr eine kleine Bahn östlich der Wolga, die aber für den Nachschub nicht genügt. Wenn es hier einen Berg geben würde, dann könnten wir die Wolga sehen, aber das wird in der nächsten Zeit sowieso der Fall sein.
Der Entlastungsangriff bei Stalingrad war wirklich nicht ohne, und ich freue mich, daß diese Tatsachen so prompt gebracht werden.[255] Durch diesen Angriff gelang es, nach langem wieder einen kleinen Kessel zu bilden, der nun zerschlagen wird, denn die durchgebrochenen Massen werden abgeriegelt und auf engeren Raum zusammen gedrängt.
Wie ist es denn mit eurem Grabeland, hattet ihr auch eine kleine Ernte? So hin und wieder dürfte der Mittagstisch schon eine kleinere Zubesserung erfahren haben, besonders mit Fleisch und Gemüse. Wie schön wäre es, wenn wir selbst einen Garten hätten, in dem wir nach Herzenslust bauen und pflanzen könnten, der aber nicht immer von neuem erstanden werden muß. Nun, vieleicht wird es noch früher, als wir uns träumen lassen.
Nun noch recht viele liebe Grüße und auf Wiedersehen
Karli
Soeben rauschten riesige Bomben nieder, die zwar ganz nahe einschlugen, aber nichts anstellten.

An Schwester Grete   o.O., 20. September 1942 [Feldpoststempel:
Liebe Grete!   22. September 1942]
Nach einigen ganz ekelhaften Tagen ist nun wieder herrliches Herbstwetter eingetreten. Es regnete zwar nicht, aber es war so derart windig und saukalt, daß man gerne im Loch blieb.
Wir sind nun sehr weit im Osten, und wenn es hier einen kleinen Berg geben würde, dann könnten wir die Wolga sehen, da wir kaum 25 km davor sind. Es ist ein ganz eigenartiges Gefühl, sich diesem mächtigen Strom so nahe zu wissen, der für uns Mitteleuropäer etwas Geheimnisvolles ist. Wir Soldaten müssen auch achtgeben, um nicht von dieser großen Sehnsucht, die scheinbar dieses Land ausströmt, befallen zu werden und so langsam in die Gleichmut dieses Volkes hinüberwechseln. Doch dafür sorgt ja die Post aus der Heimat und das Radio, obwohl Post ziemlich sperlich eintrifft. Ob das nun an der Beförderung oder von nicht schreiben kommt, weiß ich nicht, aber mit der Zeit kommt auch das wieder in Ordnung.
Die letzte Post aus der Heimat, allerdings nicht an mich, löste große Zufriedenheit aus, da wir merken, daß unser Tiefstand überwunden ist und es wieder aufwärts geht. Daß nämlich die Lebensmittelkarte wieder ein wenig besser aussieht, zeigt,

daß wir nicht umsonst hier stehen und der Heimat nur nehmen. Ich glaube, die Ukraine hat dieses Jahr schon viel an dieser Aufbesserung beigetragen, und nicht zuletzt die schöne Ernte daheim, von der wir hier hören. Alle Briefe aus der Heimat sind nun wieder zuversichtlicher, und [alle] sehen nun wieder selbst, daß ein Deutschland kein Staat von Heute auf Morgen ist. Jetzt gilt es, noch heuer Stalingrad zu nehmen und die ganze Front nach Norden abzudrängen und von Woronesch bis an die Wolga eine feste Front aufzustellen, an der sich der Gegner im kommenden Winter tot läuft. Ihr daheim werdet das kaum für möglich halten, daß Stalingrad noch nicht fiel, doch wer dieses Ringen um diese Stadt sieht, der greift sich an den Kopf, daß so etwas möglich ist. Kinder, Frauen, alles, was noch kriechen kann, ist eingesetzt und wird von den Komissaren mit der Waffe gezwungen, sich einzeln erschlagen zu lassen. Der letzte Befehl Stalins[256] wirkt sich eben aus, und doch ist alles umsonst, denn die Stadt ist so viel wie gefallen. Der Entlastungsangriff, von dem der gestrige Wochen.Ber. [Wochenbericht][257] sagte, war wirklich nicht von Pappe, und es freut mich sehr, daß solche Sachen genau so prompt gebracht werden wie Erfolge.[258] Mit jedem Augenblick erwarten wir die ersten Panzer, daß sie über den sanften Hügel herauf kommen, und jeden Sturz der Stuka [Sturzkampfbomber] begleiten wir mit Segenswünschen. Und tatsächlich, das Wunder geschah: Kaum einige Kilometer vor einem der größten Lager, die ich in diesem Feldzug sah, wurde dieser Angriff zum stehen gebracht, und die wenig übrig gebliebenen Panzer dampften mit voller Kraft zurück. Mit stillem, aber hartem Gesichtsausdruck warteten wir, und es war schön, die Männer zu betrachten, wie sie ohne Hast, nur etwas bleich, der Tatsache gegenüberstanden. Unsere Soldaten haben alles abgestreift, was mit Angst zusammenhängt.
Bei dieser Gelegenheit kam ich mit Toni zusammen, und Du kannst Dir kaum vorstellen, wie schön diese 1/2 Stunde war. Wir beide sind Freunde fürs Leben geworden, und es wird kaum bessere geben, das merkte ich als, wir uns wieder trennen mußten.
Wie geht es denn Dir in Deinem lieben Gebirgsnestchen, hast Du Dich schon ein wenig eingelebt, oder ist es schwerer, als Du Anfangs dachtest? Nun, Schwierigkeiten gibt es ja überall, aber das sind wir ja gewöhnt, und die werden überwunden. [...] Wegen Deine Brettel brauchst Du Dir noch keine Sorge machen, die

Sowjetischer Jäger des Typs Polikarpow

kommen bis zum Winter ganz bestimmt noch in Deine Hände, denn Du brauchst sie ja dringend dienstlich. Wenn alles klappt, dann bekomme ich auch noch 2 Fahrräder.
Nun, liebe Grete, recht viele liebe Grüße und auf Wiedersehen
Karli

An Schwester Grete   o.O., 24. September 1942 [Feldpoststempel:
Liebe Grete!   27. September 1942]
Recht lieben Dank für die Glückwünsche, und es freut mich, denn Du bist einstweilen die Einzige, die daran so früh dachte. Von daheim kommt es sicher noch nach, aber Steffi wird sicherlich, wie schon die ganzen Jahre hindurch, darauf vergessen haben, wenn sie nicht zufällig von Mama oder Anni daran erinnert wurde. Nun, es sind ja auch nebensächliche Kleinigkeiten, die aber doch ein wenig Freude machen und dieses Leben ein bischen leichter zu tragen helfen.
Du wirst Dich ganz bestimmt erinnern, als ich damals von Charkow wegen eines Mädchens schrieb. Dieses Mädchen ist nun in Hamburg und war sehr schwer krank und schreibt recht liebe Briefe. Diese Angelegenheit damals war ganz rein und sehr schön, und ich glaube, daß dieses Mädchen ihr ganzes Herz mir schenkte, denn an jenem Abend, als sie wegfuhr, und schon 2 Tage früher, war es sehr schwer mit ihr, obwohl sies tapfer zu tragen versuchte. Es war ja doch ihre Heimat, von der sie Abschied nahm, und wenn sie auch keinen Menschen mehr hier hat, daheim ist daheim. An jenem Abend sagte sie, daß ich nun der einzige Mensch bin, dem sie vertraut und den sie hat. Und ich habe viel mehr von ihr, als jemals ein Mensch, außer ihrer Mutter, von ihr besaß. Ich habe ihr Herz, und das ist das Größte, was sie geben kann. Wie wird sie in diesem neuen, ihr föllig fremden Land Wurzeln fassen, wenn niemand ihr hilft? Weißt Du, wenn ich mich ein wenig besser auskennen würde in meinem Durcheinander, dann würde ich eine ganz radikale Entscheidung herbei führen, aber ich bin bei Steffi zu tief verankert und hab' sie lieb. Wie oft versuchte ich schon, ganz sachlich zu denken, und welches Resultat kam? Es war immer das Gleiche. Es waren Gründe genug, aber warum hat sie mir verziehen, warum holte sie mich zurück, trotz meiner großen Verfehlungen, die aber nicht von mir alleine ausgingen? Ein Mensch kann nicht ohne einen 2., dem er alles sagen kann und der mitfühlt, leben, und Steffi hat trotz Eltern und Bruder keinen, denn sie können sich nicht hineinfühlen. Steffi versucht alles, mich zu halten, und es ist nicht schwer, da auch ich nicht loskomme.
Nun, liebe Grete, hab' ich Dir den Kopf vollgemacht, aber es ist halb so schlimm. Also, auf Wiedersehen
Karli
Päckchenmarke hab' ich keine, da ich sie den andern gab; es kommen erst wieder im Oktober welche.

An die Familie   o.O., 13. Oktober 1942 [Feldpoststempel: 18. Oktober 1942]
Meine Lieben!
Nun bin ich von einer langen Fahrt zurückgekommen und hab' Post, wenn auch nur ganz wenig, vorgefunden. Ich war auf einer Fahrt nach Gemüse und Kartoffel und legte dabei mehr als 2000 km zurück, aber nicht ohne Erfolg, wenn ich auch mehr erhoffte. Es waren schöne 2 Wochen, so auf sich selbstgestellt zu arbeiten, und dann gibt es dabei auch immer Abwechslung, besonders in der Verpflegung. Hühnchen und Gänschen helfen recht gut über die Anstrengungen des Tages hinweg und nicht zuletzt auch die guten Quartiere, denn die Umgebung von Woroschilowgrad[259] hat viel Industrie, und da gibt es sogar weiße Betten und reine nette Häuser. Das dürfte eine Gegend gewesen sein, wo auch Fremde hingeführt wurden, um die Arbeit der Sowjets zu bestaunen. Allerdings ist auch dieser Teil nur mit der Bahn einigermaßen bequem zu erreichen, da Straßen fehlen. Doch wir waren sehr zufrieden, denn so gut und ruhig lebten wir schon lange nicht.
Nun kennt ihr schon alle Gretes Heim und seid auch bestimmt alle begeistert. Ob ich auch einmal dorthin komme, wissen die Götter, denn auf Urlaub ist nicht im Schlafen zu denken, und bis dahin kann Grete wieder eine neue Gemeinde haben. Hauptsache ist, daß sie sich eingearbeitet hat und die schwer zu erringenden Herzen der Kärntner gewonnen hat. Sie hat scheinbar recht viel Arbeit, denn es kommt recht wenig Post von ihr.
Von Anni hab' auch eine Urlaubskarte aus Graz erhalten; die will scheinbar auf einmal die ganze Heimat abgrasen. So ist es recht, denn nachher kommt ja doch wieder ein arbeitsreiches Leben, und da muß man die schönen Stunden nützen. Trotz der vielen Arbeit gibt es immer wieder herrliche Stunden, die für immer in den Gedanken verewigt sind. All dies war uns ja vorher versagt, und ich denke mit einem eigenen Gefühl an die Zeit, wo ich alle meine Touren so halb erhungert habe, um auch ein wenig von unserer herrlichen Heimat zu sehen. Ich kann mich ganz genau an die immer wieder kehrenden Worte Muttis erinnern: „Nur einmal auf eine Alm zu kommen", und wie hat sich das geändert, es ist gar keine Schwierigkeit mehr, sondern eine erfüllte Sehnsucht, die trotz ihrer Erfüllung immer bleibt. Auch Vater hat erst nach langem Kampf und Verstehen suchen [sic!] den großen Wert des Landes gefunden.
Mein Heim steht einstweilen noch bei Frau Luna am Mond, und eine Gründung auf dieser Erde ist noch eine Seifenblase, in deren unmittelbaren Nähe eine spitze Nadel steht, die sie zum platzen bringen kann. Ein Heim zu gründen, ist ja gar nicht so schwer, denn heiraten will jedes Mädel, aber ich bin so derart unentschlossen und weich, daß ich mir nur selbst den Vorwurf machen kann, denn ich könnte längst alles geklärt haben und ohne zu denken in die Zukunft blicken. Es ist ja auch nicht die gegebene Zeit, die eigenen Angelegenheiten zu regeln, weil die Entfernung zu groß ist und jedes Rede und Antwortspiel Wochen dauert. Wenn eine Entscheidung verlangt wird, dann werde ich sie auch so fällen, wie sie

sein soll, im Augenblick habe ich zwei Gesichter: eines, daß in alter Liebe ist, wie es war, und das zweite, richtig überlegend, was gut und vernünftig ist. Denn ein gesundes Verhältnis wird das kaum, es ist eben die alte Liebe, und das ist das kräftigste Band. Hin und wieder ist es richtig zum aus der Haut fahren, aber es nützt auch nichts. Ihr werdet es gar nicht für möglich halten, daß euer Bua, der doch sonst fast alles durchbringt, in diesem Punkt so ein Esel ist. Kommt Zeit, kommt Rat, und durchgekommen bin ich auch noch immer, also wird auch dies geklärt. Ich war genau 16 Tage weg, und während dieser Zeit kam kein Brief von Steffi; es tat mir aber gar nicht sonderlich weh, sondern ich wunderte mich nur, weil die letzten beiden Briefe recht nett waren.

Heute habe ich wieder 2 Päckchen weggeschickt, eines mit Fleisch und eins mit Zigaretten. Das sind Ersparnisse von dieser Fahrt; glaubt aber nicht, daß ich hungerte, denn da hätte ichs verspeist.

Waren die Engländer bei euch auch zu besuch,[260] oder war es nur blinder Alarm? Wir kommen bei solchen Besuchen gar nicht erst heraus, außer es gibt ein schönes Feuerwerk.

Nun, meine Lieben, einstweilen recht viele liebe Grüße und auf Wiedersehen
Karli

Recht schönen Dank für die Glückwünsche; Steffi hat, wie seit acht Jahren, darauf vergessen. Schickt mir bitte meine russ. Wintermütze, denn in kurzer Zeit wirds kalt, der Dreck hat bereits begonnen.
Auf Wiedersehen Karli
Meine Brieftasche ist vollkommen kaputt, wäre es möglich, vieleicht bei Karl für mich eine zu erstehen?

Grete an Karl   Arriach, 19. Oktober 1942 [Poststempel: Arriach,
                                19. Oktober 1942;
          Stempel: Zurück. Unter der angegebenen Feldpostnummer
Lieber Karli!   nicht unterzubringen]

Du bist wohl ein viel fleißigerer Briefschreiber als ich. Aber ich habe den Vorsatz, mich zu bessern. Wie Du von diesem Land schreibst, in dem Ihr Euch Soldaten schon länger als ein Jahr durchgeschlagen habt, könnte einem fast in melancholische Stimmung versetzen. Deine Schilderungen sind so bildlich dargestellt, und wenn ich mich noch der Geographiestunden in der Schule erinnere, so kann ich mir trotz der herrlichen Bergwelt, die mich umgibt, das Land und die Menschen vorstellen, und daß es Dich seelisch angreift, ebenso gut. Mit heutigem Tage beginnt die Periode, in der wir mehr bekommen, vor lauter Freude sind mir in der vergangenen Woche schon ein paar Brotmarken übriggeblieben, wenn Du Verwertung dafür hättest, würde ich sie Dir gerne schicken.

Auch für Obst ist gesorgt, jeder, der keinen Obstgarten besitzt, bekam einen Einkaufsschein für 10 kg Äpfel, die kann man sich einwintern od. auf einmal verzehren, ganz, wie man will. Für den Winter stehen auch jedem 200 kg Kartoffel zur Verfügung, die wird man kaum aufbrauchen können. Ihr habt wohl auch genügend. Weißt, im essen geht mir hier bestimmt nichts ab, wenn man mich zu einem Kranken holt, und das ist bei einem Bauern so, gibt's immer eine gute Jause, gewöhnlich Butterbrot und Milch, und das kann man ja immer essen; ich sehe auch ganz prima aus, auch die Luft und die Sonne tun ihr übriges dazu. Wenn Du im Urlaub hierher kommst, laß ich Dir diesbezüglich nichts abgehen. Hoffentlich verträgst Du es, wie steht es denn mit Deiner Gesundheit, hast Du noch öfter Beschwerden von Seiten der Galle od. der Leber? Ja, und daß Du noch eins auf den Kopf bekommen hast, hat Dir gerade noch gefehlt. Erst eins hinten rein, dann das noch, Du hast ja wirklich eine gute Natur, das ist wohl wichtig bei Euren Strapazen. Heute steht wieder ein Bericht vom Kampf in Stalingrad, das nun bald die Entscheidung fallen muß, daß die Soldaten da all ihre Kräfte dazu hergeben, ist nur zu verständlich. Gerne möchte ich wieder einmal so die neueste Wochenschau sehen, da kann man sich erst so ungefähr ein Bild von diesem Kampf machen. Der Gaufilmwagen kommt alle Monat einmal herauf, aber da ist die Wochenschau auch schon nicht mehr neu, aber ich freue mich auch darüber. In punkto Abwechslung auf diesem Gebiet wird man hier bescheiden.
Nun muß ich Dir noch danken für das viele Geld, es ist gleich in die Sparkasse gewandert, denn kaufen, weißt Du, kann man ja nichts hier, von Auswärts, da bestehen wieder die Transportschwierigkeiten. In meiner Wohnung fehlt ja noch allerhand, gerne hätte ich so eine gemütliche Ecke, dann eine schöne Lampe dazu, auch ein ordentlicher Luster fehlt noch und einen schönen Teppich. Wünsche hätte ich nicht wenig, aber das Beschaffen hat halt seine Schwierigkeiten. Geld brauch ich wirklich keines. Mein Bruttogehalt beträgt 235.- RM., davon bekomme ich ungefähr 170.- ausbezahlt, also das ist monatlich, was ich zum Leben brauche, macht höchstens 40.- bis 50.- RM aus. Beheizung und Licht zahlt die N.S.V. [Nationalsozialistische Volkswohlfahrt], die Miete für die Wohnung wird mir schon vom Gehalt abgezogen, also besteht keinerlei Möglichkeit, das Geld anzubringen. Für später wird es sicher einmal gute Verwendung finden. Es kann ja möglich sein, daß Du es einmal brauchen kannst od. sonst jemand bei uns in der Familie, ich stelle es jedem gerne zur Verfügung.
Gestern war wieder ein schöner Sonntag, was das Wetter anbelangt, und auch so. 12 Bäuerinnen sind mit Ehrennadeln ausgezeichnet worden. Zum teil stehen Ihre Männer und Söhne an der Front, trotzdem führten sie ihre Wirtschaft mustergültig weiter und lieferten noch mehr ab, als ihnen vorgeschrieben war. Jetzt, seit ich hier bin, bekomme ich Einblick in die Arbeit eines Bauernhofes, und es ist bestimmt bewundernswert, wenn man bedenkt, das daß eine Frau imstande ist, allein zu führen. Da ist mir z.B. eine Bäuerin besonders lieb, auch sie mag mich gern, sie

ist noch ziemlich jung so gegen ende der 20, hat 4 Kinder, ihr Mann ist eingerückt und jetzt vor kurzem der einzige Knecht, eine Magd hat sie noch als Arbeitskraft, und das ist eine Polin, so hat sie eigentlich niemand, mit dem sie sich aussprechen kann, und sie freut sich jedesmal, wenn ich sie besuche, ich versäume es auch nie, wenn mich mein Weg dort vorüberführt. Auch sie hat die Verständigung bekommen, sich zur Verteilung der Ehrennadeln einzufinden. Sie war ganz überrascht, denn das hatte sie sich nicht erwartet, auch hat sie sich sehr darüber gefreut, daß sie es mir mitteilen konnte; die Kinder sind eben noch zu klein, um das verstehen zu können, und sie ist richtig stolz darauf. Solche Idealisten findet man auch mehr hier als in der Stadt, wenn sich manche Städter hierher verirren, dann tun sie nur meckern. Es ist ja wahr, in der Ernährung steht sich der Bauer besser, wenn man aber bedenkt, welche Arbeit er zu leisten hat, muß man es billigen. Die Städter sollen sich nur auch erinnern, woher das Essen kommt.

Denn wenn man sich an diese gut bürgerlichen Frauen erinnert, wenn sie auf den Markt gingen, jenes war ihnen zu schlecht und dieses zu teuer, für diese Leute ist die Jetztzeit eine gute Lehre.

Danke Dir noch herzlichst für das Bild, darauf siehst Du wirklich prima aus. Viel knipsen tu ich nicht, denn ich hab schon lange keine Filme bekommen, die letzten von Dir. Ich erfreue mich in natura an der Bergwelt.

Von einer Ortschaft aus kann man so wunderbar die Karawanken[261] sehen, die muß ich aber noch einmal in meinem Apparat festhalten, denn die sehen ganz großartig aus.

Anni war in ihrem Urlaub 3 Tage hier [...], vielleicht hat sie Dir auch davon geschrieben, Du weißt ja, wie Anni immer reist, aufs geradewohl, immer mit so kleinen Abenteuern verbunden, da sind sie natürlich auch zu mir gekommen. In so einem guten Bett hätten sie schon lange nicht geschlafen, dann ließ ich sie auch kochen und wirtschaften, obwohl ich, als sie ankamen, nicht sehr erbaut darüber war, hat es mir auch schon ganz gut gefallen. Weißt Du, es waren eben schon zu viel Besuche hintereinander hier, und ich sollte mich erst in meine Aufgabe einleben und wurde doch eigentlich durch die Besuche immer wieder abgelenkt; ganz Beiseite konnte ich sie auch nicht stehen lassen. So war ich halt zu den Mädels am ersten Abend wenig freundlich, aber Anni hat sich nichts drausgemacht und sich hier sauwohl gefühlt. Sie sind dann mit der Tauernbahn nach Mallnitz[262] gefahren, wo sie auch noch allerhand erlebten, und dann in ihre Lieblingsgegend an der Salzburger – Tiroler – und Bayrischen Grenze und von dort nach Hause.

Was mit meinem Urlaub wird, weiß ich noch nicht. Die Oberin hat mir versprochen, mich zu besuchen, und da wollte ich ihr eben alle meine Wünsche mitteilen, aber leider war sie bis jetzt noch nicht hier, es ist auch mit einigen Umständen verbunden. Von Klagenfurt mit der Bahn 1 Stunde bis Villach, von dort 1 St. mit dem Autobus – und wenn der stark besetzt ist, kann man nicht mit – und von der Haltestelle bis hier herauf 1 gute Stunde zu Fuß, also ist es nicht so einfach. Nun

glaube ich, für heute ist es wieder genug, und verbleibe mit den besten und herzlichsten Grüßen
auf Wiedersehen Deine Schwester
Grete

An die Familie   o.O., 20. Oktober 1942 [Feldpoststempel: 27. Oktober 1942]
Meine Lieben!
In letzter Zeit kam eine menge liebe Post von euch, und es freut mich, daß ihr trotz so vieler Arbeit immer noch so viel zu schreiben wisst. Überhaupt bin ich mit Post sehr reich bedacht, denn von allen Seiten kommt sie an und meißt gute. [...] Bitte, meine Lieben, wenn ein Päckchen eintrifft, so schreibt es mir, denn ich führe ein kleines Büchlein, wo diese Sachen notiert werden, und ich möchte sehen, was verschwindet. Vor langer Zeit schon sandte ich eines mit Filme ab, wo ich gerne die Bilder hätte, um den Apparat richtig kennen zu lernen. Eine Tube Zahnkreme war noch enthalten, das Andere hab' ich vergessen. Ich werde von nun ab in jedes Päckchen ein kleines Blatt beilegen und darauf schreiben, daß jeder, der es an sich nimmt, ein Verbrecher und Volksschädling ist, den es über kurz oder lang doch erwischen wird.[263] Es waren die ersten Aufnahmen mit der neuen Kamera, und die kenne ich noch nicht. Wenn dieses Päckchen ankam, dann laßt die Aufnahmen bitte machen und schickt mir die Filme und auch die Bilder, denn daraus erkenne ich die Fehler und kann sie verbessern oder gar vermeiden.
Grete dürfte ja auch schon eine menge Bilder fabriziert haben, und ich wäre neugierig, ob sie glück hat. Mit Urlaub wird es bei ihr wohl recht schwer werden, das ist so in einem solchen Wirkungskreis, denn einen Vertreter kann sie dort schwer finden. Es handelt sich ja nicht um frische Luft, sondern der Mensch braucht einmal etwas anderes. Bei Grete ist ja noch alles neu, und es dauert noch lange, bis alle Einrichtungen fertig sind. Schade, daß ich ihr nicht mehr helfen kann, denn Hausrat gibt es hier nicht; doch wenn ihr immerzu wo ein Stück auftreiben könnt, dann wird es schon. Ich helfe eben ein bischen mit Geld, das ist ja auch zu gebrauchen.
Anni ist nun auch wieder daheim vom Urlaub. Nach den Karten hat sie ihn recht gut ausgenützt und eine menge gesehen. Wir haben scheinbar alle eine Schwäche für schöne und lohnende Urlaubsfahrten, und es ist auch das Schönste.
Ihr werdet über meine Schreiberei ganz erstaunt sein, aber leider gehts nicht besser, denn ich schreibe im „Bett". (Bett ist natürlich Witz)
Ich hatte, wie ihr ja wißt, eine kleine Operation am Bein, und das Luder will nicht gut werden, darum hat der Arzt verboten, daß ich herum humple.[264] Ich halte das natürlich nicht aus, und befolge es nicht ganz; doch wird es auf die weitere Heilung keinen Einfluß haben. Könnt ihr es verstehen, wenn ich immer von einem eigenen Grund und Boden schwärme und gerne etwas erstehen möchte? Doch

weiß ich ganz genau, daß es in diesem Punkt keine Erfüllung gibt; im Augenblick natürlich. [...]

Nun habe ich eine dringende Bitte an Vater: Wenn auch die Zeit sehr knapp ist, so nimm Dir bitte die Zeit, um zum Zahnarzt zu gehen, denn die Zähne zeigen den Menschen, und wenn Du Parteienverkehr hast, bekommen die Leute angst. Dies müßtest Du aber mit einer derartigen Energie beginnen, daß es kein Zurück mehr gibt. Wenn mir dazu Gelegenheit gegeben wird, bin ich in 2 Wochen fertig, denn ich brauche nur noch eine Brücke, dann sind meine Lücken ausgefüllt. Wenn ich wieder einmal auf Urlaub komme, dann möchte ich gerne auch bei Dir zwei Reihen weißer Zähne bewundern können. Bitte, lieber Vater, mache es, dann gewinnst Du noch viel mehr. Und gegen eine Glatze, die leider bei Mutti zu kommen scheint, gibt es leider kein Mittel, und einige werden schon noch dran bleiben, und dann sind sie ja nicht unbedingt lebensnotwendig, doch Zähne ganz gewiß.

Nun, meine Lieben, recht viele liebe Grüße und auf Wiedersehen
Euer
Karli

An Schwester Grete o.O., 21. Oktober 1942 [Feldpoststempel:
Liebe Grete! 27. Oktober 1942]

Von Dir will sich scheinbar gar nichts mehr hierher verirren, so lange hab' ich schon nichts von Dir bekommen. Ich kann mir schon vorstellen, wie viel Arbeit Du hast, aber hin und wieder hätte ich doch ganz gerne ein kleines Brieflein von Dir. Nun, es wird schon wieder kommen, bis Du Dich ganz in Deine Umgebung eingewöhnt hast.

Von Daheim kam auch ein recht liebes Brieflein, und es freut mich, daß alles so schön in Ordnung ist. Jetzt fehlt nur noch, daß der Krieg über nacht zu Ende geht, dann währe aber auch alles in Ordnung, dann könnte man wieder an sich auch ein wenig denken. Doch ist ja nicht einmal auf Urlaub zu hoffen, dann erst auf ein Ende.

Bei Dir in den Bergen wird es nun auch schon etwas kühl geworden sein, und Du siehst mit einigem Bangen dem Winter entgegen. Wie ist denn für Deine Verpflegung gesorgt, hast Du irgend etwas eingelagert, oder bekommst Du von den Bauern Deine Verpflegung? Ich glaube ja nicht, daß Du Entbehrungen leiden wirst, denn etwas Milch oder Kartoffel oder sonst ein Naturprodukt wirst Du immer bekommen können.

Nun haben Dich schon alle besucht und sind restlos begeistert, jetzt fehle nur noch ich. Ich bin neugierig, wann eine Nachricht über die Brettel kommt, die währe nun schon fällig. Aber es wird schon kommen, und ich hoffe, daß Du noch vor dem Winter ein Paar pfundige Bretter hast, mit denen Du durch Dick und Dünn kannst.

Nun noch etwas von mir. Mein Haxl will gar nicht gut werden, denn ich halte es nicht aus, zu liegen, und das wäre aber sehr wichtig.
Nun, liebe Grete, recht viele liebe Grüße, und auf Wiedersehen
Karli

An die Familie o.O., 3. November 1942 [Feldpoststempel:
Meine Lieben! 6. November 1942]
Trotzdem daß ich eine menge Post erhalten habe, schreib' ich nur ein wenig, denn es erfüllt einen eigenen Zweck. Auf die Briefe von euch antworte ich noch.
Wir haben jetzt die Marken für die Weihnachtspäckchen bekommen, und die will ich so schnell wie möglich heim schicken. Daß ihr nichts Großes schicken könnt, weiß ich ja, aber ich hätte gerne ein schönes Buch für diese entsetzlich langen Abende, und ich hoffe, daß es so etwas aufzutreiben gibt. Ich habe sogar einen bestimmten Wunsch, ich hätte gerne „Oliver Cromwell",[265] das ist ein historischer Roman aus einer sehr bewegten Zeit in England. Wenn noch ein 2. Buch auf das Gewicht von 2 kg geht, dann bitte ich um Werke von „Bonsels"[266] oder „Sudermann".[267] Ich hab' auch Steffi 2 Marken geschickt, aber keinen Wunsch dazu; setzt euch bitte mit ihr in Verbindung, damit keine gleichen Bücher ankommen. Grete hat mich um Päckchenmarken gebeten, um einige Bäckereien zu schicken, da hab' ich natürlich „net na gsägt".
Bei uns ist es um 3^h schon stockdunkel, da könnt ihr euch vorstellen, wie unterhaltsam so ein Abend ist und wie lange. Nun, wir hoffen, daß wir diesen Winter tief in der Erde gut überleben werden und im Frühjahr wie die junge Saat frisch aus der Erde wieder hervor kommen. Es ist tatsächlich nicht ratsam, über der Erde zu wohnen, denn die Russen machen jede Erhöhung der Erde gleich, und wir haben den Wunsch, ganz in die Heimat zu kommen. Es ist ganz nett, und wir haben uns, so gut es ging, wohnlich eingerichtet. Wir frieren nicht und leiden keine Not, nur ein wenig mehr Urlaub sollte es geben. Bei mir ist für das nächste halbe Jahr überhaupt keine Aussicht und später nur bedingt. Ich begreife nicht, daß man einfach so drüber hinweggehen kann, wenn ein Landser 2 Jahre nicht daheim war. Das Ungerechte ist, daß die Offiziere alle innerhalb eines Jahres mindestens 1 mal fahren. Doch auch das scheint sich nun einzurenken, da mehr Urlaubskarten ausgegeben werden als bisher. Bei mir sind es nun schon die 5. Weihnachten, wo ich weit von euch sein werde; doch uns kann nichts erschüttern, wir halten durch.
Nun, auf Wiedersehen, und recht viele liebe Grüße
euer
Karli

An Schwester Grete　　　　　　　　　o.O., 3. November 1942 [Feldpoststempel:
Liebe Grete!　　　　　　　　　　　　　　　　　　　　6. November 1942]

Diesmal hatte es eingeschlagen, und Du hast gleich anständig Luft gemacht.
Wie Du alle Deine Arbeit schilderst, genau so stellte ich sie mir vor und war überzeugt, daß Du ganz darin aufgehst. Wenn es nun kalt und die Umgebung unwegsam wird, dann steigern sich die Schwierigkeiten ziemlich. Leider habe ich von diesem Kameraden über die Brettel noch keine Nachricht bekommen, aber ich hoffe, daß Du noch rechtzeitig zu Deinen Brettel kommst.
Wenn ich aber denke, wie Du in diesem Winter eine Fertigkeit im Brettelfahren bekommen wirst, bin ich Dir fast ein wenig neidig. Ganz bestimmt wird Dir dann so mancher Weg eine Freude sein, wenn Du talab in sausender Fahrt Dein Heim erreichst. Gelegenheit wirst Du ja genug haben, es richtig zu lernen, denn am besten lernst Du es, wenn Du einfach heim mußt. Das geht dann natürlich nicht im braunen Kleid, denn das würde sehr komisch aussehen. Daß Du Deinem Kleid schon jetzt [nach]trauerst, ist eigentlich noch ein wenig zu früh, denn Du hast ja noch nichts genaues gehört, daß Dir irgendeine Gewissheit in Deiner Annahme gibt. Ich habe auch gar keine Ahnung, wie Du finanziell gestellt bist. Aber ich hoffe, daß Du soviel bekommst, um Dein Leben einigermaßen zu gestalten.
Bei Dir begann nun schon das 4. Jahr Deines Lebensideals, das Du ja nun tatsächlich erreicht hast, und bei mir das 6. Jahr, daß ich die Uniform trage.[268] Wenn dieses Ringen einmal endgültig beendet ist und wir nichtmehr alle gebraucht werden, ziehe ich diese Kluft ganz schnell aus und suche mir gute, produktive Arbeit. Ich war einmal ganz großer Idealist und dachte, für immer Soldat zu bleiben; doch wenn man trotz aller Mahnungen des Führers so große Unterschiede zwischen „Klein und Groß" sieht, dann bleibt nicht allzuviel übrig. Klar, der Glaube an Deutschland kann durch solche Sachen nicht beeindruckt werden, aber für gewisse Berufszweige bekommt man natürlich Abneigung. Wenn die Größeren kleinlich sind, müssen wir eben versuchen, großzügig zu sein.
Von Daheim bekomme ich jetzt sehr viel Post und recht schöne. Vater schildert so ganz natürlich von seinem Tun und ganz besonders von seinen Haserln, daß ich mich recht freue; daß unser Vater sich so zu seinem Vorteil im Wesen ändern wird, hätten wir nie gedacht. Er fühlt es ja auch selbst, daß er aus dem Sumpf herausgewachsen ist und unser modernes Denken angenommen hat, und ist auch ein wenig stolz darauf.
Ein Mensch braucht Lebensaufgaben, um sich über den Kleinkram des Lebens hinaus zu heben, und Vater hat diese Aufgabe nun gefunden, und sie füllt ihn ganz aus. Ich fürchte nur, daß er diesen Anstrengungen auf die Dauer nicht gewachsen ist.
Und Mama ist mir mit solcher Diplomatie wegen ihrer Wascherei gekommen, daß ich ihr ein wenig Zugeständnisse machen mußte. Am besten gefiel mir der Ausdruck, daß ich mich beeilen sollte, heim zu kommen, sonst finde ich einen zahn-

losen Vater und eine Glatzköpfige Mutter vor. Nun, gegen die Zähne läßt sich etwas machen, aber gegen Haare nicht. Es wird aber sehr schwer sein, Vater dazu zu bewegen, zum Zahnarzt zu gehen. Ich will ihm all die Freuden klarlegen, die er hat, wenn er wieder herzhaft beißen kann. Er hat nähmlich einen Heiden Respekt. Die Anni kann ich nicht ganz verstehen, denn sie glaubt, alles besser zu wissen als alle andern; sie wird sich schon einmal eine Lehre holen, dann ist sie geheilt. Ich glaube, sie ist ein wenig anders geartet als wir.

Hast Du meine kleine Beihilfe schon erhalten? Ich schickte am letzten Aug.[ust] eine kleine Hilfe für Deine Einrichtung, aber ich hab' im letzten Brief noch keine Bestätigung, daß Du sie bekommen hast.

Bei uns ist so derart schönes Wetter, daß man glauben könnte, der Frühling hält Einzug. Nur eines ist dumm, nach dieser neuen, eigentlich richtigen, mitteleuropäischen Zeit ist es hier um 3^h stockfinster. Kannst Dir wohl vorstellen, daß es gar nicht schön ist, so lange bei einer Funzel zu sitzen, denn um 3 kann man noch nicht ins Bett gehen. Wir haben ganz tadellose Bunker, denn es [ist] nicht gut, über der Erde zu hausen, weil der Russe alles wegrasiert; aber so ist es ganz schön und warm und vor allen Dingen sicherer.

Ich lege Dir einen Brief von Steffi bei, und bitte urteile dann. Der Brief ist sehr schön und ganz ehrlich, doch sage selbst, ob ein Mensch, der noch nicht Schiffbruch in der Liebe erlitten hat, mit solch einem Lebensangebot durchkommen kann. Ich weiß nicht, ob Du mich ganz verstehst, aber ich hoffe. Meine Liebe zu ihr kennst Du ja, aber Du wirst Dich an so manche Stunden erinnern, wo sie nicht schön an mir handelte, und ich könnte eine Wiederholung solcher Augenblicke nicht mehr ertragen, denn es gibt manches, das mich dann dazu bewegen würde, sie auf der Stelle zu verlassen. Ich fragte sie, ob diese Schwäche überwunden sei, und nun warte ich auf Antwort. Wenn nähmlich die Briefe so untereinander ein wenig erzählt werden [sic!], und es kommen so herzliche Worte, die jeder hören kann, dann sehnt man sich auch danach. Wenn kein Mädchen daheim wartet, dann können keine Liebesbriefe kommen, aber so. Daß ich nichts von glühender Liebe hören will, ist ja klar, denn solche Worte sind meißt gefaselt, aber schlichte, einfache Worte, die alles enthalten. Ich versuchte es schon so oft, aber es kam noch ganz selten ein gleicher zurück. Ich weiß, daß ich Charakterlich keinen besseren Menschen finden werde, aber ich weiß nicht, was ein Leben zu zweien noch alles fordert. Ich brauche eine Familie, für die ich sorgen kann und für die ich ganz aufgehen werde, das ist mein Ziel, und wenn es auch nichts außergewöhnliches ist, so finde ich es als das vernünftigste Ziel, denn es stellt eine Lebensaufgabe [dar]. Ich weiß nicht, wie Du Dich darüber äußern wirst, und es kann auch nicht entscheidend sein, denn man muß sich schon allein durchbeißen, aber Deine Meinung ist immer vernünftig, denn Du kannst Dich recht gut in diese Lage hinein denken.

Von Beate hab' ich auch einen Brief bekommen, der nicht ganz frei ist. Sie kennt sich auch nicht aus. Sie ist aber viel selbst schuld, denn wenn sie sich mehr als Mädel fühlen würde und nicht als Besserwissende, währe vieles anders. Ein Mann will doch ein Mädel schützen können, und Beate fühlt, als ob es eine Schande währe. So hin und wieder kommt sie sich so sehr einsam vor und in diesen Augenblicken weiß sie, daß sie doch eine Frau ist. Wenn sie einmal heiratet und sich nicht als Frau geben will, dann wird es keine glückliche Ehe, denn jeder Mann liebt das Schmiegsame, und das fällt ihr sehr schwer. Ihr liegt zum B.[eispiel] an einem Kuß herzlich wenig, und ich glaube, daß es erst den richtigen Kontakt gibt, wenn sich zwei Liebende küssen. Aber ich will nicht mit Liebestheorien kommen, damit muß jeder selber fertig werden.

Gestern war ich wieder nach langer Zeit bei Toni, wir sind kaum 10 km von einander. Bei dieser Einheit werden so nach und nach alle Ostm.[ärker] hinausgedreht. Nun, liebe Grete, ist dieser Brief länger geworden, als ich dachte, aber Du wirst bestimmt deshalb nicht böse sein.

Mein Bein ist noch nicht in Ordnung, aber ich lasse mich nichtmehr im Lazarett sehen, denn die wollen mich dortbehalten. Es geht aber ganz schön weiter.

Also, auf Wiedersehen, und recht viele liebe Grüße
Karli
Wenn Du für Weihnachten etwas hast, dann verwende bitte die Päckchenmarken.

Brief von Steffi:

20.10.42

Lieber Karli!
Vor 3 Tagen bekam ich deinen Brief vom 22.9. d.J. und habe sehr darüber nachgedacht. Meine Wiederspruchsstimmung war sehr groß, so daß ich nicht wußte, soll ich schreiben, eben so wie ich jetzt denke, lebe und atme, oder soll ich anfangen, dir schön zu tun, meine Worte mit glitzernden Schein umgeben, oder was soll ich eigentlich. Nun, es siegte das erstere.

Ja, Karli, deine kleinen Hinweise auf meine nüchternen Liebesbriefe sind eben ein Stück oder ein Teil meines Charakters, nachdem mich das Leben so formte, weil es mir einmal ein Stück weggenommen hat, und ich meine[n] Gefühle nicht befehlen kann und erst recht nicht Worte aufs Papier zu schreiben vermag, die nicht in meinen Herzen sitzen, die so wahr sind, daß ich immer dafür einstehen kann.

Freilich, in ganz jungen Jahren wird soetwas niemand verlangen, und man wird Worte finden, die den anderen beim lesen oder gar beim hören schon warm durchrieseln. Man wird vieles sagen, das dem Partner ein Gefühl von Glück so übermannt, daß er an nichts anderes mehr denkt und fühlt, als nur für den anderen auf der Welt zu sein.

Aber leider, so jung sind wir nun nicht mehr, und das Schicksalartige in unserem dasein sind die Zustände, in die wir eingesponnen werden, die uns dann nüchtern, manchmal sogar Kopflos machen.
Ich muß Dir deshalb so schreiben, weil ich einen Weg in den Tagen und Wochen, wo man viel allein ist, gefunden habe, der mich sozusagen zu einer inneren Freiheit führt.
Einige Sätze in deinem Briefe kann ich nicht ganz verstehen, z.B. das mit dem auslachen, was hat sich denn eigentlich in dir jetzt so ausgebreitet? Vielleicht ein anderes Gefühl?
Wer im Leben möchte wohl nicht glücklich sein, wer sehnt sich nicht nach Zärtlichkeit, und wer möchte nicht Liebe spenden und wieder empfangen? Warum geht alles so schnell verloren? Glaubst du, Karli, das die Ehe die Vollendung des vollkommenen Glückes ist?
Glück und Liebe gibt es auf so viele Arten und einen Weg, Karli, werden auch wir wieder gehen, ich hoffe, einen schönen.
Sei nicht mehr traurig, Karli, und schreib mir viel und bald im Sinne „Alles runter vom Herzen".
Es grüßt und küßt dich Stefferl

An den Vater   o.O., 5. November 1942 [Feldpoststempel:
Lieber Vater!   9. November 1942]
Vor kurzer Zeit kam eine menge Post von euch und lauter gute. Von Gretes Aufgaben erfuhr ich auch viel, denn auch von ihr kam endlich ein Brieflein an, der recht ausführlich berichtet.
Dieses Problem, einen eigenen Grund und Boden zu erwischen, werden wir wahrscheinlich fallen lassen müssen, denn die Schwierigkeiten sind ganz sicher sehr groß. Das mit Deinem Elternhaus hab' ich mir nach Deinen Vorstellungen auch überlegt. Du hast mit all Deinen Einwenden recht, und wenn man es klar überlegt, so würde dadurch eine große Überbelastung für Dich entstehen, denn täglich hin- und herzufahren, ist sehr anstrengend, und nur zu den freien Tagen hinauszufahren zu kostspielig. Mir ist dieses Häuschen seit jeher ins Herz gewachsen, aber wenn es nicht rentabel ist, hat es gar keinen Sinn, sich noch länger mit dem Gedanken vertraut zu machen. Wenn es nicht jetzt sein kann, wirds später werden, das Leben ist ja hoffentlich noch recht lang. Das mit dem Haus in Weidlingau hat Steffi schon in Ordnung gebracht, wie ihr bestimmt schon wißt. Wie sich unsere Wohnungsfrage einmal lösen wird, kann ich mir auch nicht recht vorstellen, besonders für Leute ohne Kinder. Ans Heiraten ist ja auch noch nicht zu denken, denn wenn zu einer Wohnung auch noch die Existenz fehlt, dann ist es schon

sehr schwer zu beginnen. Noch dazu bleibt man nicht stehen; ein Jahr nach dem anderen geht rum, und Steffi ist ohnehin noch älter als ich, welche Auswirkung wird das haben, wenn es in diesen Gleisen noch eine Weile weiter geht? Ich will nicht zu schwarz sehen, aber ein wenig bange wird mir doch.
Anni hat mir auch geschrieben und einen Zeitungsausschnitt beigelegt, in dem eine Regelung für Meisterprüfungen angekündigt ist. Vor allen Dingen würde ich da ein Zeugnis brauchen, wie lange ich als Geselle gearbeitet habe. Nötig sind mindestens 2 Jahre. Bitte schreibe einmal an Weinstabl,[269] daß er ein Zeugnis ausstellt. Dem wird ganz schwummerlich werden, wenn er noch keine Ruhe hat und dieser Schlampigkeitsfehler ihm noch immer nachläuft. Doch wenn er das Zeugnis ausstellt, will ich nichtsmehr von dieser verlorenen Zeit wissen und noch weniger von ihm. Wenn Du damals nicht so den Hebel angesetzt hättest, wer weiß, was da noch herausgekommen wäre? Wenn also tatsächlich solche Lehrgänge stattfinden, und ihr könnt da genaueres von der D.A.F. [Deutschen Arbeitsfront] erfahren, wäre es für mich nur zu günstig, mit beiden Händen zuzugreifen. Es ist nur eines ein wenig schwer, daß ich fast 8 Jahre nichtmehr in meinem Fach arbeitete, aber daran soll es nicht scheitern, das schaffe ich auf alle Fälle. Versucht bitte alles, um genaues zu erfahren, denn es ist eine kleine Wendung für eine gute Grundmauer. Nun dürfte meine Serie in Pech wohl beendet sein, denn alle guten Dinge sind 3, aber scheinbar auch der schlechten. Erst das mit dem Kopf, dann das Bein, das ja nun rasch besser wird, und zum Abschluß noch so im Allgemeinen ganz schachmatt. (Grippe) Eine ganz gehörige Roßkur brachte mich aber binnen 3 Tagen wieder auf Schwung, nur ein wenig Halsschmerzen bleiben noch und einige Schönheitsfehler in Form von scheußlichen Fieberblasen. Die Temperatur war ganz nett am Siedepunkt; aber das alte Sprichwort bewährt sich doch immer wieder: Unkraut u.s.w. ...
Im Augenblick gibt es eine menge Urlauber, aber nur solche, die wenigstens 20 Monate nicht daheim waren. Also für mich ist nicht die geringste Hoffnung, außer es würde etwas aus der Prüfung.
Wir sind für den kommenden Winter ganz gut untergebracht und werden kaum frieren, denn die Erde ist warm, aber vergangenen war es besser. Vor langer Zeit schon schrieb ich um ein Foto, bitte seid so lieb und schickt bei Gelegenheit eins mit, und wenn keins daheim ist, braucht ihr doch nur Kopien nachzubestellen. Mein Bild hab' ich nähmlich nichtmehr, das wurde mir recht schnell abgelotst, und zwar in Charkow, wo Toni und ich Winterquartier hatten. Vor 2 Tagen war ich wieder bei Toni, bei diesem Haufen gehts auch recht nett zu; der Führer gibt Befehle, daß die hohen Herren leben sollen wie wir, und wenn man genau hinsieht, dann merkt man, was alles für die Herren da ist und auf welche Art und Weise das Alles erworben wird. Da gibt es noch Kasinos, wo für die größten Herren Fruchtschnitten, erstklassige Kompotte und noch andere Sachen aufgetragen werden. Doch da kann man nicht hineinstechen, es würde nichts nützen, das

dringt nicht durch. Es ist ja auch nicht Kriegsentscheidend; nur gut, daß es der kleine Mann nicht weiß.

Nun habe ich noch eine Bitte: Jetzt habe ich keine Gelegenheit, meine Wintersachen in Ordnung zu bringen, und mir liegt aber doch sehr viel daran, sie zu erhalten. Bitte spannt die Bergschuhe nicht zu straff über die Leisten und stellt sie trocken, dann fetten und wieder trocken stellen. Die Hose wird ja ohnehin schon rein und für weiteren Gebrauch bereit sein. Dann der Stoff, bitte seht hin und wieder nach, daß keine Motten hineinkommen.

Ich bin nur neugierig, wann die Brettel für Grete und mich endlich eintruddeln. Ich werde mich auf jeden Fall eingehend erkundigen.

Und nun, meine Lieben, recht viele liebe Grüße
Euer
Karli

An Schwester Anni　　　　　　　　　　o.O., 5. November 1942 [Feldpoststempel:
Liebe Anni!　　　　　　　　　　　　　　　　　　　　　　10. November 42]
Recht schönen Dank für Deinen lieben Brief und Deine genauen Ausführungen, die mich nun etwas klarer in verschiedenen Sachen sehen lassen. Auch Vater hat von dem Häuschen am Raßberg geschrieben und ist fast abgeneigt, es zu erstehen. Ich verstehe alle seine Gründe, denn von dort täglich zur Arbeit zu fahren, wäre eine sehr große Anstrengung, die er kaum aushalten dürfte. Mir ist dieser kleine Besitz schon seit jeh ins Herz gewachsen, aber wenn man all das für und Wider bedenkt, sind wir in der Nähe Wiens viel ungebundener. Dann wer sollte die ganze Sache in Ordnung halten? Wenn Vater in Wien lebt und nur zu den freien Tagen heimfährt, haben wir keinerlei Vorteile, denn dies kostet soviel, daß es kaum dafür steht. Doch wird es ganz unmöglich sein, irgendwo in der näheren Umgebung etwas zu finden: Und wenn, dann so derart teuer, daß wir nicht im Traum daran denken können, zu kaufen. Du schreibst da von borgen, nun, das wird so leicht nicht sein, denn für einen Kauf in der Nähe Wiens müßten wir schon ein ansehnliches Kapital zurechtlegen. So kleine Gläubiger wie Herr Karl können da nichts helfen, und das würde ich auch nie tun. Das kleinste Kapital für solchen Kauf ist bestimmt 15 bis 20.000 R.M. Nun sieht die Angelegenheit nicht mehr so leicht aus, wie? Und einen Betrag, wie er für Dornbach[270] in Frage käme, ist für unsere Begriffe astronomisch; so weit hab' ich mich auch in Gedanken nicht verstiegen.

Die Schwierigkeit, welche Du in der Stellung siehst, finde ich wieder gar nicht, denn für praktische Menschen gibt es genug und gute Arbeit. Was Du aber von der Meisterprüfung denkst, wird bei mir sicher sehr schwer gehen, da ich kein Zeugnis einer 2 Jährigen Anstellungszeit habe. Doch darüber schreibe ich Vater, daß er dieses bei Weinstabl verlangt. Und trotzdem wird es noch schwer sein,

weil ich nur in Bau- und Kunstschlosserei orientiert bin und ich doch hinüber will zur Maschinenschlosserei. Und dazu kann mir nur ein langer Lehrgang verhelfen, den ich jetzt nicht machen kann. Ihr könnt es ja versuchen, ob zu diesem Beruf überhaupt Prüflinge zugelassen werden. Nach diesem Ausschnitt ist es nun wieder anders als bei Otto Strondl, denn Arbeitsgemeinschaften in der Truppe sollen uns helfen, weiter zu kommen. Nun, ich kann mir da kein rechtes Bild machen; doch sollte es möglich sein, daß ich Gelegenheit habe, die Prüfung abzulegen, dann greife ich mit beiden Händen zu. Versuche, näheres darüber zu erfahren.
Nun noch alles Gute und recht viele liebe Grüße
Karli

Stahlhelm am Grab eines Landsers

Soldatenfriedhof im Osten

An die Familie o.O., 19. November 1942 [Feldpoststempel:
Meine Lieben! 22. November 1942]
In der letzten Zeit wurde gar keine Post transportiert, sodaß wir schon länger als 2 Wochen ohne Nachricht aus der Heimat sind. Wie wichtig aber für uns ein Brieflein aus der Heimat ist, kann sich ja jeder lebhaft vorstellen. Ich tröste mich damit, daß dafür später alles auf einmal kommt und ich nicht nachkomme, zu Antworten.
Daß wir tief in der Erde eingebunkert sind, dürfte ich euch ja schon geschrieben haben. Die Bunker sind in Hänge hineingegraben und sehr geräumig und vor allem angenehm warm. Ich habe kaum das Gefühl, unter der Erde zu sein, denn es ist viel sauberer und schöner als die Hütten, die wir bis jetzt bewohnten. Die Wände sind mit Holz ausgeschlagen, und auch ein Fußboden ist vorhanden, damit die Beine nicht frieren. Wenn da der Wind über die Steppe pfeift, hören wir kaum etwas, sogar Bombenwürfe und Flakartillerie und schwere Ari [Artillerie] geht fast ungehört vorbei, obwohl es manchmal ganz nett rumpelt. Nur einen kleinen Nachteil haben diese „Wohnungen", es ist noch um 1/2 Stunde früher dunkel, weil die Fenster nicht sehr groß sind und zu ihnen nur ein Luftschacht führt. Bei uns kommt allerdings am Morgen die Sonne herein, aber wenn sie an dem Loch

vorbei ist, wirds dunkel. Augenblicklich scheint sie überhaupt nicht, und wir erwarten jeden Tag Schnee, da die Kälte nachgelassen hat. Mit dem Wetter hatten wir dieses Jahr ja so derartig glück, daß es ein Außenstehender gar nicht ermessen kann. Meinetwegen kann der ganze Winter so bleiben.

Ich bin neugierig, wie die Weihnachtspost geregelt wird, wenn es noch eine Weile so weiter geht, dann kann die angelaufene Post gar nichtmehr vorgebracht werden, weil der Transportraum fehlt. Gestern erzählte uns ein Hauptm.[ann] aus Wien, daß viele Tonnen Post weit rückwärts liegen, aber der Nachschub von gefrorenem Selterswasser ist scheinbar wichtiger.

Schade, daß ich diese Weihnachten nun wieder nicht daheim sein kann, es sind schon die 5. Doch ich will zufrieden sein, wenn ich jährlich einmal Urlaub bekomme; doch diesmal ist auch dies sehr in Frage gestellt, weil soviele sehr lange nicht daheim waren. Auch mit Geschenken ist es schlecht bestellt, denn wo soll man auch nur eine Kleinigkeit hernehmen? Ihr genau so wie ich.

Na, wir wollen uns nicht den Kopf noch schwerer machen als nötig und abwarten. Mir fällt es allerdings nicht leicht, da ich mich dauernd mit der Zukunft befasse und keinen Ausweg finde, der mich ganz befriedigt.

Und nun, meine Lieben, recht viele liebe Grüße und auf Wiedersehen
euer
Karli

Eltern an Karl　　　　　　　　　　　　　o.O., 30. November 1942 [Poststempel:
Lieber Karl!　　　　　　　　　　　　　　Wien, 3.12.42; Stempel: Unzustellbar]
von der Hand des Vaters

Deinen netten verständnisvollen Brief in bester Gesundheit erhalten, es freut uns alle, daß auch Du gesund bist. Bezüglich der Beschaffung von Eigenheim und Boden lasse ich trotz aller Schwierigkeiten nicht locker, vielleicht gelingt es mir doch, etwas günstiges zu erhaschen. Ich glaube es Dir ganz gerne, daß das Haus am Raßberg Dir sehr am Herzen liegt, es ist ja doch ein Stück Arbeit von mir daran sowie auch eine Existenzfrage meinerseits von früher, denn in erster Linie wollte ich nicht diesen Beruf, den ich habe, obwohl ich mich [ihm] ganz und gar widme und glücklich bin, in diesem zu schaffen. Wie Du ja weißt, wollte ich Lehrer werden. Der unglückliche Zufall, daß mein Vater gezwungener Weise baute, ging auf Anraten eines Arztes, da meine Mutter zu dieser Zeit schwer krank war und der Arzt von damals zum Vater sagte, wenn er das Leben unserer Mutter verlängern will, so soll er so bald als möglich die Hausmeisterei aufgeben und aufs Land gehen. Und so kam es eben zu diesen Beschluß, ein Eigenheim zu beschaffen; was war das Ende, daß meine Mutter nur 7 Jahre dort genießen konnte, davon mehr als 2 Jahre schwer krank darniederlag und elend zu Grunde ging. Ich glaube, darüber im allgemeinen schon gesprochen zu haben.

Deinem Wunsche gemäß, werde ich alles daran setzen, Dir für Deine Zukunft zu helfen, und zwar im Laufe dieser Woche gehe [ich] zur DAF, um genaue Richtlinien zu erfahren. Auch an Weinstabl werde ich mich persönlich wenden und ihm meinen sowie Deinen Standpunkt klar legen, nur mußt ein wenig Geduld haben bis zur Erledigung all dieser Angelegenheiten, denn ich will volle Klarheit schaffen, um Dir dies mitteilen zu können. Weißt Du überhaupt schon, daß Weinstabl nicht mehr selbständig ist, er arbeitet irgendwo in einem Betrieb? Wenn Du auch 8 Jahre in Deinem Beruf nicht mehr tätig bist, schadet das gar nicht Deiner Zukunft, denn, so weit mir bekannt ist, kann jeder der fähig, willig und strebsam ist, was ja bei Dir der Fall ist, in diesem Staat zu einem vollwertigen Menschen werden. Daß Du ein solcher bist, ist bereits bewiesen.
Bei Durchsicht Deines letzten Schreibens sehe ich, daß Du doch nicht ganz gesund bist, hoffentlich bist Du bei Erhalt meines Schreibens wieder hergestellt. Wegen Deinen Urlaub darfst nicht gekränkt sein, vielleicht kommt es schneller, als man denkt, dazu. Es ist im Leben schon so, umso größer die Freude.
Lege Dir das gewünschte Foto bei [liegt nicht bei], wir werden noch welche nach bestellen, es ist nämlich das letzte Bild von Dir. Du schreibst, daß ihr gut untergebracht seid und nicht frieren braucht, auch wir brauchen nicht frieren, denn der neue Herd, denn wir haben, wie Du bereits wissen wirst, heizt und wärmt ausgezeichnet bei geringem Verbrauch Brennmaterial, was die Hauptsache ist. Wenn Du schreibst über manche Mißstände bei den Herrn, so muß man schon die Zähne zusammen beißen und darüber hinwegsehen. Deine Sachen sind alle in Ordnung, Schuhe, Hosen und so diverses, da hat Mama schon immer darauf geschaut; also, noch eines, Mama hat bereits daß außer Hausgehen aufgegeben, was ja schon lange mein Wunsch war, sie ist nicht gewachsen der schweren Arbeit. Soeben sind von Dir wieder 60 RM eingelangt. In Deinem vorletzten Schreiben bittest [Du] um diverse Bücher, die leider trotz eifrigem Herumlaufen nicht zu haben waren, und so schicken wir Dir ein anderes, hoffentlich erfreut Dich das auch.[271]
Nun, zum Schluß wünschen wir Dir recht angenehme Feiertage und ein glückliches Neujahr, nebst den herzlichsten Grüßen und Küssen von uns allen
Deine Dich liebenden Eltern! [...]

von der Hand der Mutter
3. Dezember 1942
In letzter Zeit sind von Dir 1 Dose mit Fleisch, eine Blunzenprat gekommen, eine Sardinenbüchse, Zigaretten beigepackt. Vater war schon bei der D.A.F., dein Studium in deiner Branche betreffend. Da brauchst du 3 Jahre Praxis nach der Lehrzeit. Vorläufig ist auch alles besetzt, die nächsten Kurse beginnen erst wieder im Oktober 1943. So ist das Ganze wieder so weit hinausgeschoben. Anni bekommt ab 1. Jänner Aufbesserung. Mir geht es seit einigen Tagen gesundheitlich etwas

besser, hoffentlich kann ich mich nun wieder erholen. Auch Vater schaut schlecht aus, er musste ja, wie er Dir mitteilte, viel Überstunden machen, da zwei andere Elektriker krank waren. Seit einer Woche ist wieder ein zweiter im Betrieb, nun ists wieder etwas leichter. Der Brief geht nun mit 3 Tagen Verspätung ab, es war Vater nicht früher möglich, sich über deinen Fall zu erkundigen.
Viele Grüße von uns allen.

An die Familie　　　　　　　　　　　　o.O., 9. Dezember [Feldpoststempel:
Meine Lieben!　　　　　　　　　　　　　　　　10. (?) Dezember 1942]
Nun ist es schon sehr an der Zeit, daß ich einmal einiges schreibe; daß so lange nichts von mir kam, ist nicht meine Schuld, aber diesmal hab' ich Gelegenheit, endlich Nachricht zu geben, um euch nicht in unnützen Sorgen zu lassen. Dieses Brieflein erreicht euch ja sicher noch vor Weihnachten, und ich möchte, daß ihr diese schönen Feiertage ohne Sorge um mich erlebt. Durch Radioberichte seid ihr ja unterrichtet, daß es einige kritische Tage gab und Post nur wenig in die Heimat befördert werden kann.[272] Natürlich bekam auch ich nichts seit sehr langer Zeit, aber das macht nicht so viel aus, denn es kommt dafür später alles nach. Es ist nur schade, daß wir ohne Weihnachtspost bleiben müssen und so manches Päckchen uns nicht erreichen wird durch die ungünstigen Lageverhältnisse der Feldpost. Auch ich hätte einiges Rauchbares für Vater, aber leider, es geht nicht. Wenn diese kritische Zeit vollends überwunden ist, dann kommt ja alles wieder in geregelte Bahnen, und die ganze Verbindung klappt wieder. Ich würde recht gerne auch von euch eine kleine Nachricht bekommen, aber Luftpostmarken besitzt ihr keine, denn es wird nur solche befördert.[273]
Also, meine Lieben, macht euch keine Sorgen und verbringt die Feiertage recht schön, vielleicht kann ich bis dahin noch einmal schreiben. An Steffi schreibe ich auch noch, aber an Grete besorgt es bitte ihr, denn es ist mir nicht möglich.
Wenn ihr Grete schreibt, dann laßt sie von mir recht herzlich grüßen.
Nun, alles Gute, und recht frohe und schöne Weihnachten und auf Wiedersehen
Euer
Karli

An die Familie　　　　　　　　　　o.O., 31. Dezember 1942 [Feldpoststempel:
Meine Lieben!　　　　　　　　　　　　　　　　　　27. Jänner 1943]
Heute kamen nach unendlich langer Zeit 2 Brieflein von euch und 2 Päckchen von Grete an. Mich wundert, daß Poßt überhaupt befördert wird, da doch der Laderaum eines Flugzeuges sehr beschrenkt ist und Verpflegung und Muni[tion] wichtiger sind. Allerdings freut man sich gerade in einer solchen Lage doppelt, wenn irgendetwas aus der Heimat ankommt. Nun sind es schon mehr als 6 Wo-

chen, und ich hoffe, daß es die schwerste Zeit war und der Entsatz von außen bald eintrifft.

Euer Brieflein vom 10. Nov. ist recht erfreulich und bringt meißt nur schöne Sachen, trotz der schweren Zeit und vielen Arbeit. Wenn ich nicht so schreiben kann, dann seid mir bitte nicht böse, denn einen halbwegs guten Brief zu schreiben, kostet sehr viel Anstrengung, da mit bestem Willen keine zusammenhängenden Gedanken kommen wollen.

Unsere schönen Behausungen unter der Erde mußten wir leider aufgeben und hausen jetzt in ganz kleinen Bunkern zu viert, wo 3 liegen müssen, wenn sich einer bewegen will. Doch die Größe der Bunker wird durch die Aktivität der russ. Flieger bestimmt, die dauernd über uns sind und ihre unangenehmen Eier legen. Täglich kann man 6 bis 8 Abschüsse durch unsere Jäger nur in einem kleinen Umkreis zählen, und doch werden sie fast nicht weniger.

Zu diesem Kameraden aus Hamburg bin ich auf sonderbare Art gekommen, nämlich durch ein Mädel aus Charkow, die in Deutschland ist und sehr schwer krank war und viel im Fieber von mir erzählt hat. Es ist allerdings eine vollkommen reine Angelegenheit. Darüber werde ich euch bei besseren Zeiten mehr erzählen.

Mein Bein ist nun seit 2 Wochen wieder verheilt; es war ein ganz enorm großes Forunkel, das geschnitten werden mußte. Der Arzt holte gleich ein Stück vom Umfang eines 5 R.M. und mehr als 2 cm [große] Teile heraus. Na, das war ein Hochgenuß, ich zerdrückte den halben Op.[erations] Tisch, denn die Vereisung gelang nicht. Ich sollte im Lazarett bleiben, doch dazu hatte ich keine Zeit; darum dürfte auch dieser Heilungsprozeß solange gedauert haben.

Was meine innere Angelegenheit betrifft, da kann ich nicht viel sagen, wenn es auch vieleicht ein bischen zur Stimmung beiträgt. Seht, Steffi ist bei jeder Gelegenheit draußen mit fidelen jungen Leuten, was ich auch verstehe, aber es ist mir doch nicht so gleichgültig, wenn auch nichts dahinter steckt, denn das sind meißt Leute, die diese seelische Belastung, wie wir sie gerade in diesen Wochen erlebten, nie durchmachen. Und wenn ich daran denke, daß ich damals im Urlaub um ein Bild bat und im Nov.[ember] Bescheid bekam, daß sie nichtmehr angenommen wurde, weil es zu spät ist, dann kann man schon ein wenig traurig sein. Doch ich will mir nicht zuviele Gedanken machen, denn die Jugend siegt immer wieder.

Nun, meine Lieben, recht viele liebe Grüße und auf Wiedersehen euer
Karli

Am Rand nachgetragen: Und nun noch ein recht gutes neues Jahr und Grete alles Gute z. Geburtst[ag]

An die Familie   o.O., 6. Jänner 1943 [Feldpoststempel: 9. Jänner 1943]
Meine Lieben!
Es gab diesmal 2 Festtage hintereinander: ein Weihnachtspaket, das sich wie durch ein Wunder hier herein verirrte von Justus, und gestern konnte ich mich endlich wieder einmal ganz reinigen und die Haare schneiden lassen.
Über das Paket, war ich sehr freudig überrascht, und konnte es im ersten Augenblick gar nicht fassen. Wollt ihr bitte so lieb sein und zu Justus hingehen und für mich danken? Denn ich kann nur ganz wenig Briefe vom Stapel lassen. Es ist eben nicht ganz einfach, wenn man in einer Festung ist.
Daß die Fa. Justus sich solche Mühe gab, uns eine Freude zu machen, ist einfach herrlich, und die Überraschung gelang vollkommen. Wenn ihr dieses Paket gesehen hättet, mit welcher Liebe und Sorgfalt alles verpakt war, ihr hättet gestaunt. Seid bitte so lieb und dankt einstweilen für mich, und wenn es wieder lockerer wird, dann bedanke ich mich noch mit einem Brief, denn der fromme Wunsch eines Urlaubs geht noch sehr lange nicht in Erfüllung.
Dann habe ich noch eine Bitte: Vor kurzem sang ich das Liedchen „Mamatschi schenk mir ein Pferdchen",[274] und das gefiel so gut, daß mich ein Kamerad bat, ich möchte ihm dies Liedchen verschaffen und seinem Töchterchen schicken, die Harmonika spielt. Kauft es bitte für Harmonika geschrieben in einer schönen klangreichen und angenehmen Dur und schickt es an die beigelegte Anschrift.
An Grete und Beate habe ich auch schon sehr lange nicht geschrieben, aber es ist jetzt sehr schwer, und ich glaube, sie werden es beide verstehen.
Wenn die Post weiter so herein tropft, dann bin ich recht zufrieden, nur könnte auch einmal von Steffi etwas dabei sein. Ich bin überzeugt, daß auch sie schreibt, aber es ist halt wie verhext.
Und nun, meine Lieben, recht viele liebe Grüße und auf Wiedersehen
Euer
Karli

An Schwester Grete   o.O., 8. Jänner 1943 [Feldpoststempel: 19. Jänner 1943]
Liebe Grete!
Daß Du so lange nichts von mir hörtest, ist nicht meine Schuld, denn im Augenblick ist es ein wenig schwer, viel zu schreiben. Sehr, sehr viel zu tun und gar keine Gedanken, die sich zu einem Brief formen lassen. Die Gedanken haben sich scheinbar auch in eine Festung verwandelt und lassen keinen aus und noch weniger hinein. Gott sei Dank, habe ich nicht wie so viele meinen Humor verloren, denn dann ist es traurig. Wir haben so ein paar alte Miesmacher, die täglich schwarz sehen und erst jetzt richtig merken, was überhaupt Krieg ist, denn bis vor kurzem haben die außer einigen Bomben noch nichts gemerkt. Wenn man denen zuhören wollte, dann ginge alles im Kopfe rundum. Doch wenn dieses ängstliche

Getue nicht bald aufhört, dann fahre ich aber einmal ganz kräftig drein. Es geht nun schon so weit, daß sich einer fürchtet, allein in einem Bunker zu hausen. Für mich ist das nun wieder vorteilhaft, denn ich hause nun allein im Küchenbunker und habe so viel Raum, mich am Abend frei zu bewegen. Die Bunker sind nähmlich sehr klein, und wir wohnten zu viert. Wenn da einer auf sein wollte, mußten die anderen liegen. Und doch erlebten wir einige ganz schöne Stunden: Wir hatten einen Burschen mit seiner Harmonika am hl. Abend eingeladen. Einen Föhrenzweig hatten wir auch von irgendwo aufgetrieben, da war es doch ein wenig feierlich. Wir saßen auf unseren Pritschen, die übereinander gebaut sind, so hatten dann sogar 7 Mann platz. Doch die Gedanken waren bei Allen außerhalb der Festung, so daß es eine ganze Weile dauerte, ehe die Stimmung wieder bei uns einkehrte.

Nun haben wir nur einen Wunsch, und zwar, daß die Flugzeuge etwas mehr zu futtern und ein wenig Post mitbringen, das sind nähmlich sehr ausschlaggebende Stimmungsbarometer.[275]

Nun hab' ich gar nicht gefragt, wie's Dir geht, aber Du wirst darüber ja auch nicht böse sein.

Von Beate habe ich schon unendlich lange keine Post bekommen, aber von Dir noch länger keine. Nun, liebe Grete, lebewohl, und auf Wiedersehen Dein Bruder Karli

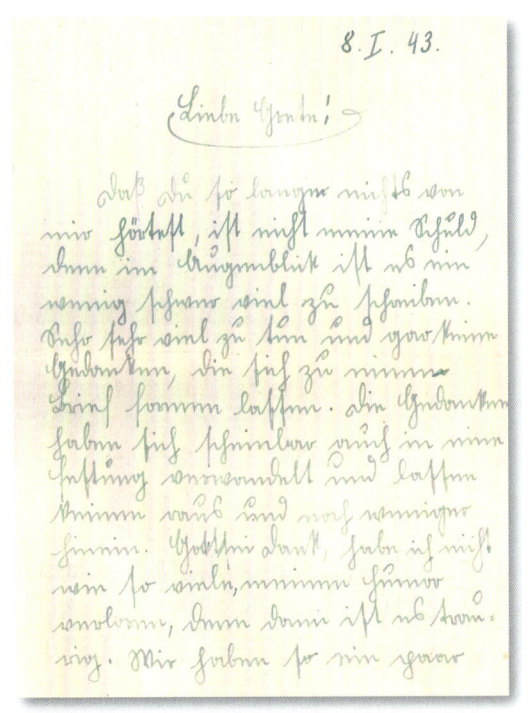

Das letzte Lebenszeichen Karls Wintereders – sein Brief vom 8. Jänner 1943

Grete an Dienststelle der Feldpostnummer 23.995   Arriach, 29. März 1943
[Poststempel: Arriach, 2. April 1943;
Stempel: Zurück, Feldpost Nr. unrichtig]

An die Dienststelle der
Feldpostnummer 23.995.
Wenn es möglich ist, möchte ich Sie ersuchen, mir einige Fragen zu beantworten.
Es handelt sich um den Uffz. Karl Wintereder, von dem ich seit 8.I.1943 keine Nachricht habe. Soviel ich erfahren konnte, war die Feldpostn. 23.995 nicht im Kessel von Stalingrad. Bitte, vielleicht könnte ich Nachricht bekommen, wo er sich der Zeit aufhält od. was sonst los ist. Er war Verköstigungs-Uffz. geb. am 15. Sept. 1916 in Anzbach, N.D.
Es grüßt und im voraus besten Dank.
Heil Hitler
Gem.Schw. Margarethe Wintereder
Arriach 28. Kr. Villach
Kärnten

ÖKIS

Dokumentationsstelle
Österreichische Kriegsgefangene
und Internierte in der Sowjetunion

A-8054 Graz, Ankerstraße 4
Telefon 0 31 6/28 50 19

Frau
Anna Wager

Graz, 26.08.93

Ihre Anfrage betreffend **Wintereder Karl**
Anfragenummer: **A3080353**

(Geben Sie bei jeder weiteren Korrespondenz Ihre Anfragenr. an!)

Sehr geehrte Frau Wager,

wir haben Ihre Anfrage geprüft. Bedauerlicherweise müssen wir Ihnen mitteilen, daß in den uns zugänglichen Dateien keine Angaben über den Gesuchten vorhanden sind.

Sie können daher mit großer Wahrscheinlichkeit annehmen, daß der Gesuchte von der sowjetischen Hauptlagerverwaltung für Kriegsgefangene und Internierte nicht registriert wurde.

Wir bedauern, Ihnen nicht weiterhelfen zu können, und verbleiben

Mit freundlichen Grüßen

Ö K I S

Information der ÖKIS über das mögliche Schicksal des Soldaten

Literatur und gedruckte Quellen

Rudolf ABSOLON, Die Wehrmacht im Dritten Reich. Bd. V: 1. September 1939 bis 18. Dezember 1941. Boppard am Rhein 1988 (Schriften des Bundesarchivs 16/V); Bd. VI: 19. Dezember 1941 bis 9. Mai 1945. Boppard am Rhein 1995 (Schriften des Bundesarchivs 16/VI)

Christoph BIRNBAUM, „Es ist ein Wunder, daß ich noch lebe." Feldpostbriefe aus Stalingrad 1942/43. Bonn 2012

Horst BOOG, Jürgen FÖRSTER, Joachim HOFFMANN, Ernst KLINK, Rolf-Dieter MÜLLER, Gerd R. UEBERSCHÄR, Der Angriff auf die Sowjetunion. Mit einem Beiheft. Stuttgart 1983 (Das Deutsche Reich und der Zweite Weltkrieg 4; Beiträge zur Militär- und Kriegsgeschichte)

Horst BOOG, Werner RAHN, Reinhard STUMPF, Bernd WEGNER, Der globale Krieg. Die Ausweitung zum Weltkrieg und der Wechsel der Initiative 1941–1943. Stuttgart 1990 (Das Deutsche Reich und der Zweite Weltkrieg 6; Beiträge zur Militär- und Kriegsgeschichte)

Ortwin BUCHBENDER, Reinhold STERZ (Hgg.), Das andere Gesicht des Krieges. Deutsche Feldpostbriefe 1939–1945. München 1982

Friedrich DETTMER, Otto JAUS, Helmut TOLKMITT, Die 44. Infanterie-Division. Reichs-Grenadier-Division Hoch- und Deutschmeister 1938–1945. Lizenzausg. Eggolsheim 2004 (Dörfler Zeitgeschichte)

Veit DIDCZUNEIT, Museum und Feldpost. Vom Reichspostmuseum zum Museum für Kommunikation Berlin. In: Veit Didczuneit, Jens Ebert, Thomas Jander (Hgg.), Schreiben im Krieg. Schreiben vom Krieg. Feldpost im Zeitalter der Weltkriege. Essen 2011, S.23-33

Max DOMARUS, Hitler. Reden und Proklamationen 1932–1945. Kommentiert von einem Zeitgenossen. Teil II: Untergang, 4. Bd. 1941–1945. Leonberg ^{4}1988 [1973]

Jens EBERT, Jeder Brief ist ein Geschenk. Deutsche Feldpost von der Wolga 1942/43. In: Gorch Pieken, Matthias Rott, Jens Wehner (Hgg.), Stalingrad. Dresden 2012, S.52-69

Jens EBERT, Ein privates Medium von öffentlichem Interesse. Zur Geschichte der Feldpost in Deutschland. In: Hermann Nöring, Thomas F. Schneider, Rolf Spilker (Hgg.), Bilderschlachten. 2000 Jahre Nachrichten aus dem Krieg. Technik – Medien – Kunst [Ausstellungskatalog zur gleichnamigen Ausstellung in Osnabrück]. Göttingen 2009, S.174-183

Jens EBERT, Private Mitteilungen als mediale Botschaften. Zur Veröffentlichungsgeschichte deutscher Feldpostbriefe. In: Claudia Glunz, Artur Pełka, Thomas F. Schneider (Hgg.), Information Warfare. Die Rolle der Medien (Literatur, Kunst, Photographie, Film, Fernsehen, Theater, Presse, Korrespondenz) bei der Kriegsdarstellung und -deutung. Göttingen 2007 (Schriften des Erich Maria Remarque-Archivs 22, Krieg und Literatur 12 [2006]), S.261-269

Jens EBERT, Organisation eines Mythos. In: Ders. (Hg.), Feldpostbriefe aus Stalingrad. November 1942 bis Januar 1943. München 2006 [Orig. Göttingen 2003] (dtv 34269), S.333-402

Jens EBERT (Hg.), Feldpostbriefe aus Stalingrad. November 1942 bis Januar 1943. München 2006 [Orig. Göttingen 2003] (dtv 34269)

Jens EBERT (Hg.), Stalingrad – eine deutsche Legende. Mit einem Vorwort von Lew Kopelew. Reinbek bei Hamburg 1992 (rororo aktuell 13121)

Anatoly GOLOVCHANSKY u.a. (Hgg.), „Ich will raus aus diesem Wahnsinn". Deutsche Briefe von der Ostfront 1941–1945. Aus sowjetischen Archiven. Wuppertal ^{2}1991 [1991]

Christian HERMANN (Hg.), Feldpost einer Dresdner Familie 1939/1940 aus Deutschland und Polen. Leipzig 2021

Martin HUMBURG, Das Gesicht des Krieges. Feldpostbriefe von Wehrmachtssoldaten aus der Sowjetunion 1941–1944. Opladen, Wiesbaden 1998 (Kulturwissenschaftliche Studien zur deutschen Literatur)

Martin HUMBURG, Die Bedeutung der Feldpost für die Soldaten in Stalingrad. In: Wolfram Wette, Gerd R. Ueberschär (Hgg.), Stalingrad. Mythos und Wirklichkeit einer Schlacht. Frankfurt/M. ^{4}2003 [1992] (Die Zeit des Nationalsozialismus. Eine Buchreihe; Fischer TB 11097), S.68-79

Konrad H. JARAUSCH, Klaus J. ARNOLD (Hgg.), „Das stille Sterben ...". Feldpostbriefe aus Polen und Russland 1939–1942. Paderborn 2008

Gerhard KATSCHNIG, „Am Sonntag war der Vati in Versailles" – Feldpostbriefe aus dem Zweiten Weltkrieg am Beispiel einer privaten Chronik. In: Carinthia I. Zeitschrift für geschichtliche Landeskunde von Kärnten 201 (2011), S.537-563

Manfred KEHRIG, Die 6. Armee im Kessel von Stalingrad. In: Jürgen Förster (Hg.), Stalingrad. Ereignis – Wirkung – Symbol. München, Zürich 1992 (Serie Piper 1618), S.76-110

Manfred KEHRIG, Stalingrad. Analyse und Dokumentation einer Schlacht. Stuttgart 1974 (Beiträge zur Militär- und Kriegsgeschichte 15)

Katrin KILIAN, Kriegsstimmungen. Emotionen einfacher Soldaten in Feldpostbriefen. In: Jörg Echternkamp (Hg.), Die Deutsche Kriegsgesellschaft 1939 bis 1945. 2. Halbbd.: Ausbeutung, Deutungen, Ausgrenzungen. München 2005 (Das Deutsche Reich und der Zweite Weltkrieg 9/2), S.251-288

Katrin KILIAN, Funktionsweise der deutschen Feldpost 1939 bis 1945. Online unter: http://www.feldpost-archiv.de/09-arbeit-der-feldpost.shtml [Zugriff 4.8.2022].

Ernst KLINK, Horst BOOG, Der Krieg gegen die Sowjetunion bis zur Jahreswende 1941/42. In: Horst Boog, Jürgen Förster, Joachim Hoffmann, Ernst Klink, Rolf-Dieter Müller, Gerd R. Ueberschär, Der Angriff auf die Sowjetunion. Mit einem Beiheft. Stuttgart 1983 (Das Deutsche Reich und der Zweite Weltkrieg 4; Beiträge zur Militär- und Kriegsgeschichte), S.449-712

Thomas A. KOHUT, Jürgen REULECKE, „Sterben wie eine Ratte, die der Bauer ertappt". Letzte Briefe aus Stalingrad. In: Jürgen Förster (Hg.), Stalingrad. Ereignis – Wirkung – Symbol. München, Zürich 1992 (Serie Piper 1618), S.456-471

Bernhard R. KROENER, Der Kampf um den »Sparstoff Mensch«. Forschungskontroversen über die Mobilisierung der deutschen Kriegswirtschaft 1939–1942. In: Wolfgang Michalka (Hg.), Der Zweite Weltkrieg. Analysen, Grundzüge, Forschungsbilanz. Weyarn 1997 [1989], S.402-417

Klaus LATZEL, Kriegsbriefe und Kriegserfahrung: Wie können Feldpostbriefe zur erfahrungsgeschichtlichen Quelle werden? In: WerkstattGeschichte [Schwerpunkt: Feldpostbriefe] 22 (1999), S.7-23

Klaus LATZEL, Vom Kriegserlebnis zur Kriegserfahrung. Theoretische und methodische Überlegungen zur erfahrungsgeschichtlichen Untersuchung von Feldpostbriefen. In: Militärgeschichtliche Mitteilungen 56 (1997), S.1-30

Alexander LOSERT, Stalingrad. Das kurze Leben des Funkers Rudol Theiß. Feldpost aus dem Kessel. Aachen 2018

Klaus A. MAIER, Horst ROHDE, Bernd STEGEMANN, Hans UMBREIT, Die Errichtung der Hegemonie auf dem europäischen Kontinent. Stuttgart 1979 (Das Deutsche Reich und der Zweite Weltkrieg 2; Beiträge zur Militär- und Kriegsgeschichte)

Klaus A. MAIER, Bernd STEGEMANN, Die Sicherung der europäischen Nordflanke. In: Klaus A. Maier, Horst Rohde, Bernd Stegemann, Hans Umbreit, Die Errichtung der Hegemonie auf dem europäischen Kontinent. Stuttgart 1979 (Das Deutsche Reich und der Zweite Weltkrieg 2; Beiträge zur Militär- und Kriegsgeschichte), S.187-231

Inge MARSZOLEK, „Ich möchte Dich zu gern mal in Uniform sehen". Geschlechterkonstruktionen in Feldpostbriefen. In: WerkstattGeschichte [Schwerpunkt: Feldpostbriefe] 22 (1999), S.41-59

Wolfgang MICHALKA (Hg.), Der Zweite Weltkrieg. Analysen, Grundzüge, Forschungsbilanz. Genehm. Lizenzausg. Weyarn 1997 [Orig. München 1989]

Russell MILLER, Die Sowjetunion im Luftkrieg. Lizenzausg. Eltville am Rhein 1993 [Orig. 1983] (Geschichte der Luftfahrt)

Marie MOUTIER unter Mitarbeit von Fanny CHASSAIN-PICHON (Hg.), „Liebste Schwester, wir müssen hier sterben oder siegen." Briefe deutscher Wehrmachtssoldaten 1939–45. München 2015

Wolfgang MÜHLBAUER, 1.000 Bomber gegen Köln. In: Luftkrieg über Deutschland. Teil 1: von 1939 bis 1943. München 2019 (Clausewitz Spezial), S.38-43

Sönke NEITZEL, Deutsche Krieger. Vom Kaiserreich zur Berliner Republik – eine Militärgeschichte. Berlin ⁴2020 [2020]

Richard OVERY, Russlands Krieg 1941–1945. Reinbek bei Hamburg 2003 [amerikan. Orig. New York 1998]

Janusz PIEKALKIEWICZ, Ziel Paris. Der Westfeldzug 1940. Lizenzausg. Augsburg 1998 [Orig. München 1986]

Janusz PIEKALKIEWICZ, Stalingrad. Anatomie einer Schlacht. Lizenzausg. Eltville am Rhein 1989 [Orig. München 1977]

Janusz PIEKALKIEWICZ, Polenfeldzug. Hitler und Stalin zerschlagen die Polnische Republik. Bergisch Gladbach 1982

Magnus POHL, Die militärischen Operationen vor und während der Schlacht um Stalingrad. In: Gorch Pieken, Matthias Rott, Jens Wehner (Hgg.), Stalingrad. Dresden 2012, S.36-51

Ronald POSCH, Bauernopfer – Bauerntäter – Feldpost. Feldpostbriefe eines steirischen Soldaten aus dem Zweiten Weltkrieg. Graz 2016 (Grazer Universitätsverlag Reihe Habilitationen, Dissertationen und Diplomarbeiten 47)

Bruce QUARRIE, Das große Buch der Deutschen Heere im 20. Jahrhundert. Die Gesamtdarstellung der Deutschen Heere von 1900 bis heute. Organisationen und Gliederungen, Bewaffnungen – Fahrzeuge, Ausrüstungen, Chronologien beider Weltkriege. Deutsche Bearbeitung: Horst Scheibert. Friedberg/H. 1990

Christoph RASS, „Menschenmaterial". Deutsche Soldaten an der Ostfront. Innenansichten einer Infanteriedivision 1939–1945. Paderborn u.a. 2003 (Krieg in der Geschichte 17)

Christoph RELLA, Martina FUCHS (Hgg.), *Wir schießen schon auf die unmöglichsten Sachen*. Der Briefwechsel des Payerbacher Artillerieoffiziers Tonio Rella mit seiner Gattin Camilla 1914–1917. St. Pölten 2018 (Studien und Forschungen aus dem Niederösterreichischen Institut für Landeskunde 72)

Horst ROHDE, Hitlers erster „Blitzkrieg" und seine Auswirkungen auf Nordosteuropa. In: Klaus A. Maier, Horst Rohde, Bernd Stegemann, Hans Umbreit, Die Errichtung der Hegemonie auf dem europäischen Kontinent. Stuttgart 1979 (Das Deutsche Reich und der Zweite Weltkrieg 2; Beiträge zur Militär- und Kriegsgeschichte), S.77-156

Anton SCHIMAK, Karl LAMPRECHT, Friedrich DETTMER, Die 44. Infanterie-Division. Tagebuch der Hoch- und Deutschmeister. Wien 1969

Gerhard SCHREIBER, Bernd STEGEMANN, Detlef VOGEL, Der Mittelmeerraum und Südosteuropa. Von der „non belligeranza" Italiens bis zum Kriegseintritt der Vereinigten Staaten. Stuttgart 1984 (Das Deutsche Reich und der Zweite Weltkrieg 3; Beiträge zur Militär- und Kriegsgeschichte)

Georg TESSIN, Verbände und Truppen der deutschen Wehrmacht und Waffen[-]SS im Zweiten Weltkrieg 1939–1945. Bd. 5: Die Landstreitkräfte 31–70. Frankfurt am Main o.J. [1971]; Bd. 7: Die Landstreitkräfte 131–200. Osnabrück 1973; Bd. 11: Die Landstreitkräfte 501–630. Osnabrück 1975

Klaus UMBREIT, Der Kampf um die Vormachtstellung in Westeuropa. In: Klaus A. Maier, Horst Rohde, Bernd Stegemann, Hans Umbreit, Die Errichtung der Hegemonie auf dem europäischen Kontinent. Stuttgart 1979 (Das Deutsche Reich und der Zweite Weltkrieg 2; Beiträge zur Militär- und Kriegsgeschichte), S.233-327

Detlef Vogel, Das Eingreifen Deutschlands auf dem Balkan. In: Gerhard Schreiber, Bernd Stegemann, Detlef Vogel, Der Mittelmeerraum und Südosteuropa. Von der „non belligeranza" Italiens bis zum Kriegseintritt der Vereinigten Staaten. Stuttgart 1984 (Das Deutsche Reich und der Zweite Weltkrieg 3; Beiträge zur Militär- und Kriegsgeschichte), S.415-511

Frank Vossler, Propaganda in die eigene Truppe. Die Truppenbetreuung in der Wehrmacht 1939–1945. Paderborn u.a. 2005 (Krieg in der Geschichte 21)

Bernd Wegner, Der Krieg gegen die Sowjetunion 1942/43. In: Horst Boog, Werner Rahn, Reinhard Stumpf, Bernd Wegner, Der globale Krieg. Die Ausweitung zum Weltkrieg und der Wechsel der Initiative 1941–1943. Stuttgart 1990 (Das Deutsche Reich und der Zweite Weltkrieg 6; Beiträge zur Militär- und Kriegsgeschichte), S.759-1102

Sigrid Wegner-Korfes, Der Fund – Briefe aus dem Kessel. In: Jens Ebert (Hg.), Stalingrad – eine deutsche Legende. Mit einem Vorwort von Lew Kopelew. Reinbek bei Hamburg 1992 (rororo aktuell 13121), S.47-92

Die Wehrmachtsberichte 1939–1945. Bd. 2: 1. Januar 1942 bis 31. Dezember 1943. Unveränd. pohotomechan. Nachdr. Köln 1989

Alexander Werth, Rußland im Krieg 1941–1945. München, Zürich 1965 [engl. Orig. London 1964]

Wolfram Wette (Hg.), Der Krieg des kleinen Mannes. Eine Militärgeschichte von unten. München 1992

Wolfram Wette, Gerd R. Ueberschär (Hgg.), Stalingrad. Mythos und Wirklichkeit einer Schlacht. Frankfurt/M. ⁴2003 [1992] (Die Zeit des Nationalsozialismus. Eine Buchreihe; Fischer TB 11097)

Oliver von Wrochem, Stalingrad im Nachkriegsgedächtnis – Ereignis und Erinnerung im Wandel. In: Harald Schmid, Justyna Krzymianowska (Hgg.), Politische Erinnerung. Geschichte und kollektive Identität. Würzburg 2007, S.132-149

[Christian] Zentner, [Friedemann] Bedürftig (Hgg.), Das große Lexikon des Dritten Reiches. Genehm. Lizenzausg. Augsburg 1993 [Orig. München 1985]

[Christian] Zentner, [Friedemann] Bedürftig (Hgg.), Das große Lexikon des Zweiten Weltkriegs. Genehm. Lizenzausg. Augsburg 1993 [Orig. München 1988]

Anmerkungen

1. Vgl. Archiv Christoph Rella, Küb [im Folgenden: ACR], Geburtsurkunde Karl Wintereder, Pfarramt Anzbach, 18.3.1917. – Alle handschriftlich überlieferten Quellen, Dokumente sowie die in dieser Publikation abgedruckten Fotos werden in diesem Archiv verwahrt.
2. ACR, Tagebuch Karl Wintereder, 1938–1940 [unpag.].
3. ACR, Tagebuch Karl Wintereder.
4. Vgl. ACR, Zeugnis Karl Wintereder, Knaben-Bürgerschule Preßbaum, 24.6.1928; Abgangszeugnis Karl Wintereder, Fortbildungsschule Preßbaum, 13.5.1932.
5. Vgl. ACR, Gesellenbrief Karl Wintereder, Schlosser-Innung Baden, 6.4.1935.
6. Vgl. ACR, Mitgliedskarte Karl Wintereder, Deutscher Alpenverein, Zweig Ostmärkischer Gebirgsverein, 1939.
7. ACR, Tagebuch Karl Wintereder.
8. ACR, Tagebuch Karl Wintereder.
9. ACR, Tagebuch Karl Wintereder.
10. ACR, Karl Wintereder an die Familie, 14.6.1939.
11. Vgl. Anton SCHIMAK, Karl LAMPRECHT, Friedrich DETTMER, Die 44. Infanterie-Division. Tagebuch der Hoch- und Deutschmeister. Wien 1969, S.15-27; Friedrich DETTMER, Otto JAUS, Helmut TOLKMITT, Die 44. Infanterie-Division. Reichs-Grenadier-Division Hoch- und Deutschmeister 1938–1945. Lizenzausg. Eggolsheim 2004 (Dörfler Zeitgeschichte), S.10-13; Georg TESSIN, Verbände und Truppen der deutschen Wehrmacht und Waffen[-]SS im Zweiten Weltkrieg 1939–1945. Bd. 5: Die Landstreitkräfte 31–70. Frankfurt am Main o.J. [1971], S.8f.; Bd. 7: Die Landstreitkräfte 131–200. Osnabrück 1973, S.116f.; Bd. 11: Die Landstreitkräfte 501–630. Osnabrück 1975, S.114f.
12. ACR, Tagebuch Karl Wintereder.
13. ACR, Karl Wintereder an die Familie, 20.4.1940.
14. ACR, Karl Wintereder an Schwester Grete, 8.1.1943.
15. ACR, Tagebuch Karl Wintereder.
16. Vgl. ACR, Karl Wintereder an die Familie, 23.7.1940.
17. Dieses Schreiben legte Karl seinem eigenen Brief an die Eltern bei: ACR, Karl Wintereder an die Familie, 7.5.1941.
18. Vgl. z.B. ACR, Karl Wintereder an die Familie, 23.7.1940; Karl Wintereder an Schwester Grete, 24.9.1942.
19. ACR, Tagebuch Karl Wintereder.
20. Zur Bedeutung des Unteroffizierkorps innerhalb der Wehrmacht vgl. Christoph RASS, „Menschenmaterial". Deutsche Soldaten an der Ostfront. Innenansichten einer Infanteriedivision 1939–1945. Paderborn u.a. 2003 (Krieg in der Geschichte 17), S.229-237.
21. Nachweise über Karls militärische Verwendung sowie über das Kriegsgeschehen im Allgemeinen finden sich jeweils in den erläuternden Kapiteleinleitungen dieser Edition. Diese Angaben stützen sich auf Karls Tagebuch, das Briefkorpus, die in Anm. 11 angeführte militärhistorische Standardliteratur sowie auf: Klaus A. MAIER, Horst ROHDE, Bernd STEGEMANN, Hans UMBREIT, Die Errichtung der Hegemonie auf dem europäischen Kontinent. Stuttgart 1979 (Das Deutsche Reich und der Zweite Weltkrieg 2; Beiträge zur Militär- und Kriegsgeschichte); Gerhard SCHREIBER, Bernd STEGEMANN, Detlef VOGEL, Der Mittelmeerraum und Südosteuropa. Von der „non belligeranza" Italiens bis zum Kriegseintritt der Vereinigten Staaten. Stuttgart 1984 (Das Deutsche Reich und der Zweite Weltkrieg 3; Beiträge zur Militär- und Kriegsgeschichte); Horst BOOG, Jürgen FÖRSTER, Joachim HOFFMANN, Ernst KLINK, Rolf-Dieter MÜLLER, Gerd R. UEBERSCHÄR, Der Angriff auf die Sowjetunion. Mit einem Beiheft. Stuttgart 1983 (Das Deutsche Reich und der Zweite Weltkrieg 4; Beiträge zur Militär- und Kriegsgeschichte); Horst BOOG, Werner RAHN, Reinhard STUMPF, Bernd WEGNER, Der globale Krieg. Die Ausweitung zum Weltkrieg und der Wechsel der Initiative 1941–1943. Stuttgart 1990 (Das Deutsche Reich und der Zweite Weltkrieg 6; Beiträge zur Militär- und Kriegsgeschichte); Janusz PIEKALKIEWICZ, Stalingrad. Anatomie einer Schlacht. Lizenzausg. Eltville am Rhein 1989 [Orig. München 1977].

22 Z.B. ACR, Karl Wintereder an die Familie, 22.1.1942; Karl Wintereder an Schwester Grete, 22.6.1942.
23 Laut PIEKALKIEWICZ, Stalingrad, S.467, handelt es sich um einen Truppenteil, dessen Zugehörigkeit zu einer Division nicht bekannt ist. Das deckt sich mit der Auskunft des Bundesarchivs Freiburg, Abteilung Militärarchiv, wonach diese Einheit keiner Heerestruppe unterstellt war. Vom Nachschub-Btl. 542 ist im einschlägigen Bestand dieses Archivs, RH 52, lediglich eine Akte überliefert, nämlich die Vermisstenliste 1943–1944 (E-Mail von Kurt Erdmann, 4.4.2019).
24 ACR, Bundesministerium für Inneres [Ö] an Mathilde Wintereder, 19.7.1952.
25 ACR, Dokumentationsstelle ÖKIS (Österreichische Kriegsgefangene und Internierte in der Sowjetunion) an Anna Wager, 26.8.1993.
26 „Medaille zur Erinnerung an den 1. Oktober 1938". Sie wurde nach dem Münchner Abkommen 1938, das die Einverleibung des Sudetenlandes ins Deutsche Reich regelte, von Adolf Hitler gestiftet.
27 Vgl. Pfarrarchiv der r.k. Stadtpfarre Amstetten, Taufbuch XIII, fol. 30; Trauungsbuch VIII, fol.51.
28 Vgl. ACR, Arbeitsbuch Karl Wintereder [Senior], Deutsches Reich, 31.3.1939, S.3.
29 Vgl. Österreichische Land-Zeitung 36, 12.11.1915, S.3; Neues Wiener Tagblatt 49, 21.11.1915, S.71.
30 Vgl. ACR, Arbeitsbuch Karl Wintereder [Senior], S.4.
31 ACR, Tagebuch Karl Wintereder.
32 Vgl. ACR, Arbeitsbuch Karl Wintereder [Senior], S.6.
33 Vgl. ACR, Tagebuch Karl Wintereder.
34 Vgl. Ybbstal-Zeitung 11, 24.11.1923, S.6.
35 Vgl. Pfarrarchiv der r.k. Pfarre Maria Anzbach, Trauungsbuch II, fol.146.
36 Vgl. ACR, Heimatschein Mathilde Wintereder, Gemeinde Mährisch-Ostrau, 22.8.1914; Zeugnis Mathilde Krist [Wintereder], Mädchen-Bürgerschule Odrau, 15.7.1905.
37 Vgl. ACR, Reisepass Mathilde Wintereder, 5.8.1930; Tagebuch Karl Wintereder; Karl Wintereder an den Vater, 7.8.1942; Eltern an Karl, 30.11.1942.
38 Vgl. ACR, Arbeitsbuch Karl Wintereder [Senior], S.6-9; ÖGB-Mitgliedskarte Karl Wintereder [Senior], Nr. 113856.
39 Vgl. ACR, Bestätigung Mathilde Wintereder, Gemeinde Preßbaum, 12.3.1957; Sterbeurkunde Karl Wintereder [Senior], Standesamt Wien Innere Stadt-Mariahilf, 25. August 1947; Sterbeurkunde Mathilde Wintereder, Standesamt Wien-Penzing, 28.1.1959; Grabausweis Karl und Mathilde Wintereder, Magistrat der Stadt Wien, 6.9.1979.
40 ACR, Tagebuch Karl Wintereder.
41 Vgl. u.a. ACR, Karl Wintereder an die Eltern, 6.2.1940, 3.4.1941.
42 ACR, Karl Wintereder an die Eltern, 11.9.1941.
43 ACR, Karl Wintereder an die Eltern, 11.12.1941.
44 Vgl. ACR, Geburtsurkunde Margarete Winterederova [Wintereder], Ministervo Vnitra [CSR], 29.6.1962; Jahres- und Entlassungszeugnis Margarete Wintereder, Hauptschule für Knaben mit Zulassung von Mädchen in Preßbaum, 9.7.1932; Bestätigung Margarete Wintereder, NS-Schwesternschaft, 3.10.1939; Ausweis über die Erlaubnis zur berufsmäßigen Ausübung der Krankenpflege, Der Reichsstatthalter in Wien, 23.3.1941.
45 ACR, Karl Wintereder an die Familie, 13.2.1941.
46 ACR, Beurteilung Margarete Wintereder, NS-Schwesternschaft, 15.7.1942.
47 Vgl. ACR, Karl Wintereder an Schwester Grete, 31.8.1942.
48 Vgl. ACR, E-Mail von Oswald Wager Junior an Christoph Rella, 28.8.2022.
49 ACR, Karl Wintereder an die Eltern, 13.10.1942.
50 Vgl. ACR, Geburts-Schein Mathilde [Anna] Wintereder, Magistrat der Bundeshauptstadt Wien, 15.1.1925; Taufbestätigung Anna Rosina Wintereder, Pfarre Neulengbach, 4.3.1928.
51 Vgl. ACR, Jahres- und Entlassungszeugnis Anna Wintereder, Hauptschule für Mädchen Wien-Loquaiplatz, 2.7.1938; Zeugnis Anna Wintereder, Hauptschule für Mädchen Wien-Embelgasse, 15.6.1939.
52 Vgl. ACR, Mündliche Mitteilungen von Anna Wintereder [Typoskript von Christoph Rella], 15.2.2010; E-Mail von Oswald Wager Junior an Christoph Rella, 28.8.2022.
53 Vgl. ACR, Karl Wintereder an die Eltern, 26.7.1940; Lebenslauf Anna Wintereder, 10.12.1947.
54 ACR, Karl Wintereder an die Eltern, 12.2.1940.
55 Vgl. ACR, Karl Wintereder an die Eltern, 1.12.1941; Kursbestätigung Anna Wintereder, Privat-Han-

delsschule A. Weiss Nachf., 2.12.1941; Prüfungszeugnis Anna Wintereder, Industrie- und Handelskammer Wien, 13.12.1941; Lebenslauf Anna Wintereder 1947.
56 Organisation, in der zwangsweise alle Betriebe und Personen der landwirtschaftlichen Erzeugung zentralisiert waren.
57 Vgl. ACR, Bescheinigung Anna Wintereder, Lehrerbildungsanstalt Graz z. Zt. Marburg/Drau, 4.4.1944; Dienst-Bestätigung Anna Wintereder, Schulleitung Filzmoos, 22.3.1947; Dienstbestätigung Anna Wintereder, Schulleitung Altenmarkt, 5.4.1947; Lebenslauf Anna Wintereder 1947.
58 Vgl. ACR, Beschäftigungsausweis Anny Wintereder, Arbeitsamt Wien, 17.5.1946; Heiratsurkunde Anna u. Oswald Wager [Senior], Standesamt Wien Innere Stadt-Mariahilf, 15.4.1950; E-Mail von Oswald Wager Junior an Christoph Rella, 28.8.2022.
59 Vgl. ACR, Teilauszug über Todesfall Anna Wager, Standesamt Wien-Favoriten, 30.12.2015; Sterbeurkunde Margarete Wintereder, Standesamt Wien-Ottakring, 19.6.2001.
60 Vgl. Martin HUMBURG, Die Bedeutung der Feldpost für die Soldaten in Stalingrad. In: Wolfram Wette, Gerd R. Ueberschär (Hgg.), Stalingrad. Mythos und Wirklichkeit einer Schlacht. Frankfurt/M. ⁴2003 [1992] (Die Zeit des Nationalsozialismus. Eine Buchreihe; Fischer TB 11097), S.68-79, hier 68.
61 Zur Entwicklung des Feldpostwesens vgl. Jens EBERT, Ein privates Medium von öffentlichem Interesse. Zur Geschichte der Feldpost in Deutschland. In: Hermann Nöring, Thomas F. Schneider, Rolf Spilker (Hgg.), Bilderschlachten. 2000 Jahre Nachrichten aus dem Krieg. Technik – Medien – Kunst [Ausstellungskatalog zur gleichnamigen Ausstellung in Osnabrück]. Göttingen 2009, S.174-183.
62 Für die k.u.k Monarchie geht man von neun Millionen versendeten Briefen, Postkarten und Paketen aus. Vgl. Christoph RELLA, Martina FUCHS (Hgg.), *Wir schießen schon auf die unmöglichsten Sachen.* Der Briefwechsel des Payerbacher Artillerieoffiziers Tonio Rella mit seiner Gattin Camilla 1914–1917. St. Pölten 2018 (Studien und Forschungen aus dem Niederösterreichischen Institut für Landeskunde 72), S.33.
63 In den Postämtern der Heimat konnten Männer dagegen vielfach durch Frauen „ersetzt" werden.
64 In einer Extremsituation wie derjenigen im Kessel von Stalingrad wurden Ausnahmen gemacht und die Kontrolle durch die Feldpostprüfstellen „großzügig" gehandhabt: Die Verantwortlichen waren sich bewusst, dass es sich bei zahlreichen Briefen um die letzten Lebenszeichen der Soldaten handelte. Vgl. HUMBURG, Bedeutung der Feldpost, S.76.
65 Vgl. grundsätzlich HUMBURG, Bedeutung der Feldpost, und Katrin KILIAN, Funktionsweise der deutschen Feldpost 1939 bis 1945. Online unter: http://www.feldpost-archiv.de/09-arbeit-der-feldpost.shtml [Zugriff 4.8.2022].
66 Vgl. Jens EBERT, Organisation eines Mythos. In: Ders. (Hg.), Feldpostbriefe aus Stalingrad. November 1942 bis Januar 1943. München 2006 [Orig. Göttingen 2003] (dtv 34269), S.333-402, hier 395.
67 Vgl. Jens EBERT, Private Mitteilungen als mediale Botschaften. Zur Veröffentlichungsgeschichte deutscher Feldpostbriefe. In: Claudia Glunz, Artur Pełka, Thomas F. Schneider (Hgg.), Information Warfare. Die Rolle der Medien (Literatur, Kunst, Photographie, Film, Fernsehen, Theater, Presse, Korrespondenz) bei der Kriegsdarstellung und -deutung. Göttingen 2007 (Schriften des Erich Maria Remarque-Archivs 22, Krieg und Literatur 12 [2006]), S.261-269, hier 265.
68 Prominente Beispiele: Erich von MANSTEIN, Verlorene Siege. Bonn 1955; Heinz GUDERIAN, Erinnerungen eines Soldaten. Heidelberg 1951. Beide Werke wurden vielfach aufgelegt und in diverse Sprachen übersetzt.
69 Etwa: Wolfram WETTE (Hg.), Der Krieg des kleinen Mannes. Eine Militärgeschichte von unten. München 1992.
70 Z.B. Martin HUMBURG, Das Gesicht des Krieges. Feldpostbriefe von Wehrmachtssoldaten aus der Sowjetunion 1941–1944. Opladen, Wiesbaden 1998 (Kulturwissenschaftliche Studien zur deutschen Literatur).
71 Vgl. etwa Marie MOUTIER unter Mitarbeit von Fanny CHASSAIN-PICHON (Hg.), „Liebste Schwester, wir müssen hier sterben oder siegen." Briefe deutscher Wehrmachtssoldaten 1939–45. München 2015, oder Ortwin BUCHBENDER, Reinhold STERZ (Hgg.), Das andere Gesicht des Krieges. Deutsche Feldpostbriefe 1939–1945. München 1982.
72 S. Christian HERMANN (Hg.), Feldpost einer Dresdner Familie 1939/1940 aus Deutschland und Polen. Leipzig 2021.

73 S. Konrad H. Jarausch, Klaus J. Arnold (Hgg.), „Das stille Sterben ...". Feldpostbriefe aus Polen und Russland 1939–1942. Paderborn 2008.
74 Oft wird nicht einmal angegeben, wo die Briefe aufbewahrt werden, etwa bei Alexander Losert, Stalingrad. Das kurze Leben des Funkers Rudolf Theiß. Feldpost aus dem Kessel. Aachen 2018. Populäre Darstellungen, wie Christoph Birnbaum, „Es ist ein Wunder, daß ich noch lebe." Feldpostbriefe aus Stalingrad 1942/43. Bonn 2012, kombinieren die Schilderung der Ereignisse mit dem Abdruck von Briefen verschiedener Soldaten.
75 S. Ronald Posch, Bauernopfer – Bauerntäter – Feldpost. Feldpostbriefe eines steirischen Soldaten aus dem Zweiten Weltkrieg. Graz 2016 (Grazer Universitätsverlag Reihe Habilitationen, Dissertationen und Diplomarbeiten 47).
76 Etwa: Gerhard Katschnig, „Am Sonntag war der Vati in Versailles" – Feldpostbriefe aus dem Zweiten Weltkrieg am Beispiel einer privaten Chronik. In: Carinthia I. Zeitschrift für geschichtliche Landeskunde von Kärnten 201 (2011), S.537-563.
77 Vgl. Veit Didczuneit, Museum und Feldpost. Vom Reichspostmuseum zum Museum für Kommunikation Berlin. In: Veit Didczuneit, Jens Ebert, Thomas Jander (Hgg.), Schreiben im Krieg. Schreiben vom Krieg. Feldpost im Zeitalter der Weltkriege. Essen 2011, S.23-33, hier 30f.
78 Wenngleich Stalingrad nicht die Kriegswende war, wie über Jahrzehnte kolportiert. Einen kompakten Überblick über die Schlacht bietet: Manfred Kehrig, Die 6. Armee im Kessel von Stalingrad. In: Jürgen Förster (Hg.), Stalingrad. Ereignis – Wirkung – Symbol. München, Zürich 1992 (Serie Piper 1618), S.76-110.
79 Vgl. Wolfram Wette, Gerd R. Ueberschär (Hgg.), Stalingrad. Mythos und Wirklichkeit einer Schlacht. Frankfurt/M. ^{4}2003 [1992] (Die Zeit des Nationalsozialismus. Eine Buchreihe; Fischer TB 11097).
80 Vgl. Oliver von Wrochem, Stalingrad im Nachkriegsgedächtnis – Ereignis und Erinnerung im Wandel. In: Harald Schmid, Justyna Krzymianowska (Hgg.), Politische Erinnerung. Geschichte und kollektive Identität. Würzburg 2007, S.132-149; Ebert, Organisation eines Mythos, S.333-402; Jens Ebert (Hg.), Stalingrad – eine deutsche Legende. Mit einem Vorwort von Lew Kopelew. Reinbek bei Hamburg 1992 (rororo aktuell 13121).
81 Vgl. Sigrid Wegner-Korfes, Der Fund – Briefe aus dem Kessel. In: Jens Ebert (Hg.), Stalingrad – eine deutsche Legende. Mit einem Vorwort von Lew Kopelew. Reinbek bei Hamburg 1992 (rororo aktuell 13121), S.47-92.
82 S. Anatoly Golovchansky u.a. (Hgg.), „Ich will raus aus diesem Wahnsinn". Deutsche Briefe von der Ostfront 1941–1945. Aus sowjetischen Archiven. Wuppertal ^{2}1991 [1991]: In diesem Buch werden 200 Front- und Heimatbriefe abgedruckt; 67 Soldatenbriefe stammen aus dem Stalingrader Kessel. Vgl. Thomas A. Kohut, Jürgen Reulecke, „Sterben wie eine Ratte, die der Bauer ertappt". Letzte Briefe aus Stalingrad. In: Jürgen Förster (Hg.), Stalingrad. Ereignis – Wirkung – Symbol. München, Zürich 1992 (Serie Piper 1618), S.456-471.
83 Vgl. Jens Ebert (Hg.), Feldpostbriefe aus Stalingrad. November 1942 bis Januar 1943. München 2006 [Orig. Göttingen 2003] (dtv 34269).
84 Für eine inhaltliche Charakteristik der Briefe im Verlauf der Schlacht s. z.B.: Jens Ebert, Jeder Brief ist ein Geschenk. Deutsche Feldpost von der Wolga 1942/43. In: Gorch Pieken, Matthias Rott, Jens Wehner (Hgg.), Stalingrad. Dresden 2012, S.52-69, hier bes. 60-63. Vgl. auch Kohut, Reulecke, „Sterben wie eine Ratte, die der Bauer ertappt".
85 Ebert, Organisation eines Mythos, S.395.
86 Ebd., S.399. Für die ausgegebenen Rationen vgl. Manfred Kehrig, Stalingrad. Analyse und Dokumentation einer Schlacht. Stuttgart 1974 (Beiträge zur Militär- und Kriegsgeschichte 15), S.300 und 501.
87 Ebert, Organisation eines Mythos, S.396.
88 So erwähnt auch Wintereder die Bombardierung Kölns Ende März 1942 und kommentiert diese ganz den typischen anti-englischen Stereotypen verhaftet: Vgl. ACR, Karl Wintereder an die Familie, 13.6.1942.
89 Vgl. grundsätzlich: Katrin Kilian, Kriegsstimmungen. Emotionen einfacher Soldaten in Feldpostbriefen. In: Jörg Echternkamp (Hg.), Die Deutsche Kriegsgesellschaft 1939 bis 1945. 2. Halbbd.: Ausbeutung, Deutungen, Ausgrenzungen. München 2005 (Das Deutsche Reich und der Zweite Weltkrieg 9/2), S.251-288.

90 Aufzugreifen wären zudem die Anregungen von Klaus Latzel, Kriegsbriefe und Kriegserfahrung: Wie können Feldpostbriefe zur erfahrungsgeschichtlichen Quelle werden? In: WerkstattGeschichte [Schwerpunkt: Feldpostbriefe] 22 (1999), S.7-23; Klaus Latzel, Vom Kriegserlebnis zur Kriegserfahrung. Theoretische und methodische Überlegungen zur erfahrungsgeschichtlichen Untersuchung von Feldpostbriefen. In: Militärgeschichtliche Mitteilungen 56 (1997), S.1-30.
91 Vgl. grundsätzlich: Inge Marszolek, „Ich möchte Dich zu gern mal in Uniform sehen". Geschlechterkonstruktionen in Feldpostbriefen. In: WerkstattGeschichte [Schwerpunkt: Feldpostbriefe] 22 (1999), S.41-59.
92 ACR, Tagebuch Karl Wintereder.
93 ACR, Karl Wintereder an Schwester Grete, 11.9.1942.
94 ACR, Karl Wintereder an die Familie, 20.20.1942.
95 Zudem konnte unter bestimmten Umständen – etwa der eigenen Hochzeit, Todesfällen enger Familienangehöriger oder als Genesungsurlaub nach Lazarettbehandlungen – Sonderurlaub beantragt werden; ein Rechtsanspruch auf Urlaub bestand nicht. Vgl. Rudolf Absolon, Die Wehrmacht im Dritten Reich. Bd. V: 1. September 1939 bis 18. Dezember 1941. Boppard am Rhein 1988 (Schriften des Bundesarchivs 16/V), S.303; Bd. VI: 19. Dezember 1941 bis 9. Mai 1945. Boppard am Rhein 1995 (Schriften des Bundesarchivs 16/VI), S.522f.
96 Vgl. ACR, Karl Wintereder an die Familie, 3.11.1942.
97 ACR, Karl Wintereder an die Familie, 23.9.1941.
98 ACR, Karl Wintereder an die Familie, 23.9.1941.
99 ACR, Karl Wintereder an die Familie, 4.4.1940.
100 ACR, Karl Wintereder an die Familie, 20.10.1942.
101 ACR, Karl Wintereder an die Familie, 3.11.1942.
102 ACR, Karl Wintereder an Schwester Grete, 11.9.1942.
103 Sönke Neitzel, Deutsche Krieger. Vom Kaiserreich zur Berliner Republik – eine Militärgeschichte. Berlin ⁴2020 [2020], S.213.
104 Vgl. Kilian, Kriegsstimmungen, S.260.
105 ACR, Karl Wintereder an die Familie, 6.5.1943.
106 ACR, Karl Wintereder an die Familie, 22.11.1939.
107 Vgl. ACR, Karl Wintereder an die Familie, 13.10.1942.
108 Vgl. ACR, Karl Wintereder an Schwester Grete, 11.9.1942.
109 Ebd.
110 ACR, Karl Wintereder an die Familie, 13.6.1942.
111 ACR, Karl Wintereder an den Vater, 14.4.1942.
112 ACR, Karl Wintereder an den Vater, 26.4.1942.
113 ACR, Karl Wintereder an die Familie, 22.6.1942.
114 ACR, Karl Wintereder an Schwester Grete, 11.9.1942.
115 ACR, Karl Wintereder an Schwester Grete, 3.11.1942.
116 ACR, Karl Wintereder an den Vater, 5.11.1942.
117 ACR, Tagebuch Karl Wintereder, 1938–1940.
118 Z.B.: https://www.eurologisch.at/docroot/waehrungsrechner/#/.
119 Freundliche Auskunft von Hubert Emmerig, Institut für Numismatik der Universität Wien (E-Mail, 10.3.2022).
120 Vgl. Schimak, Lamprecht, Dettmer, 44. Infanterie-Division, S.15-47; Dettmer, Jaus, Tolkmitt, 44. Infanterie-Division, S.10-13, 18f. u. 155; Tessin, Verbände und Truppen, Bd. 5, S.116; Bd. 7, S.8f.; Horst Rohde, Hitlers erster „Blitzkrieg" und seine Auswirkungen auf Nordosteuropa. In: Klaus A. Maier, Horst Rohde, Bernd Stegemann, Hans Umbreit, Die Errichtung der Hegemonie auf dem europäischen Kontinent. Stuttgart 1979 (Das Deutsche Reich und der Zweite Weltkrieg 2; Beiträge zur Militär- und Kriegsgeschichte), S.77-156, hier 79-91, 103 u. 111-135.
121 Wintereder meint damit in ironischer Weise sich selbst, da er als Heimaturlauber mehr häuslichen Aufwand (=Wirtschaft) verursachte.
122 Brünn/Brno, Tschechien.

123 Fachschule für die Offiziersausbildung. 1939 existierten im Deutschen Reich fünf Standorte: Dresden, Hannover, München, Potsdam und Wiener Neustadt.
124 Zum Gefreiten.
125 Sammelbezeichnung für Offiziersanwärter.
126 Iglau/Jihlava, Tschechien.
127 Mährisch-Ostrau/Ostrava, Tschechien.
128 Gemeint ist die mit den Wintereders befreundete Familie Nossek aus Witkowitz/Vítkovice bei Mährisch-Ostrau. Heinrich Nossek war Oberwerkmeister im Eisenwerk Witkowitz und Oberscharführer der SA. Seine Frau Aloisie war bereits 1930 im Alter von 38 Jahren verstorben.
129 Die Nosseks wohnten in der Hermann-Göring-Straße Nr. 25, Witkowitz.
130 Von der Sonne gebräunt.
131 Hochgebirgsregion der Zentralalpen in Österreich.
132 Friedeck/Frýdek, Tschechien.
133 Äußere Westkarpaten, Ausläufer des 1.300 Kilometer langen Karpatenbogens, der sich von Rumänien bis Mähren erstreckt.
134 Die höchste Erhebung der Äußeren Karpaten bildet die 1.725 Meter hohe Teufelsspitze/Babia Góra im polnisch-slowakischen Grenzgebiet. Hier ist aber wohl der Altvater/Praděd (1.491 Meter) gemeint. Der nicht mehr zu den Karpaten zählende Gipfel ist der höchste Berg Mährens.
135 Karls Großmutter hieß Anna Christ, geb. Kreuz (1858–1939), und stammte aus der mährischen Stadt Fulnek, unweit der schlesischen Grenze.
136 Friedland/Břidličná, Tschechien.
137 Gallitzinberg, nach einem russischen Botschafter benannter Berg im Westen von Wien-Ottakring (449 Meter).
138 Krakau/Kraków, Polen. Die Besetzung durch die Deutsche Wehrmacht erfolgte am 6. September 1939.
139 Franz Schubert (1797–1828), österreichischer Komponist.
140 Singspiel in drei Akten von Heinrich Berté (1857–1924). Zentrale Figur der Operette ist der Komponist Franz Schubert, dessen Musik Berté in leicht bearbeiteter Form seiner Partitur zugrunde legte.
141 Mit dem „Korridor" ist von 1919 bis 1939 die schmale polnische Landbrücke zur Ostsee, zwischen Pommern und Ostpreußen gelegen, gemeint. Zum Polenfeldzug vgl. Janusz PIEKALKIEWICZ, Polenfeldzug. Hitler und Stalin zerschlagen die Polnische Republik. Bergisch Gladbach 1982.
142 Im Sommer 1939 wurden der deutschen Wirtschaft etwa 2,5 Millionen erwerbstätige Wehrpflichtige entzogen. Vgl. Bernhard R. KROENER, Der Kampf um den »Sparstoff Mensch«. Forschungskontroversen über die Mobilisierung der deutschen Kriegswirtschaft 1939–1942. In: Wolfgang Michalka (Hg.), Der Zweite Weltkrieg. Analysen, Grundzüge, Forschungsbilanz. Weyarn 1997 [1989], S.402-417, hier 403.
143 Radom, Kjelzy/Kielce, Kattowitz/Katowice, alle Polen.
144 Einbeck, Deutschland.
145 Nachrichtenstaffel.
146 Karl bezieht sich hier auf die so genannte Reichskleiderkarte, welche zum Einkauf von Textilien berechtigte und im November 1939 eingeführt wurde. Für einen Rock benötigte man beispielsweise 20, für einen Sommermantel 35 Punkte.
147 In der Wehrmacht war der Rechnungsführer ein (älterer) Unteroffizier, der nach einer 8- bis 12-monatigen Ausbildung zur Bearbeitung der Geld- und Rechnungsangelegenheiten eingesetzt wurde.
148 Vgl. SCHIMAK, LAMPRECHT, DETTMER, 44. Infanterie-Division, S.47-53; DETTMER, JAUS, TOLKMITT, 44. Infanterie-Division, S.19 u. 38; TESSIN, Verbände und Truppen, Bd. 5, S.116f.; Bd. 7, S.8; Klaus A. MAIER, Bernd STEGEMANN, Die Sicherung der europäischen Nordflanke. In: Klaus A. Maier, Horst Rohde, Bernd Stegemann, Hans Umbreit, Die Errichtung der Hegemonie auf dem europäischen Kontinent. Stuttgart 1979 (Das Deutsche Reich und der Zweite Weltkrieg 2; Beiträge zur Militär- und Kriegsgeschichte), S.187-231.
149 Mittelgebirge in Deutschland.
150 Humor.
151 Karl war bei Privatleuten untergebracht.
152 Plötzlich, voreilig.

153 Ortsteil der Stadt Einbeck in Niedersachsen, Deutschland.
154 Skier.
155 Wehrsold.
156 Der gesetzlich vorgeschriebene Arbeitseinsatz von Volksschulabsolventen.
157 NS-Schwesternschaft der Nationalsozialistischen Volkswohlfahrt (NSV), Unterorganisation der NSDAP und Sammelbecken für Krankenschwestern und Pfleger im Reichsdienst.
158 Die Deutsche Buchgemeinschaft wurde 1924 in Berlin gegründet. Die Idee bestand darin, vorhandene Produktionsmittel dafür zu nutzen, einer breiten Leserschaft, die an inhaltlich guten Büchern interessiert war, jene in geschmackvoller Ausstattung und trotzdem erschwinglich zu liefern. Während der NS-Zeit waren freilich nur aus NS-Sicht unbedenkliche Bücher bezugsfähig.
159 Isabelle Kaiser (1866–1925), Schweizer Schriftstellerin.
160 Richard Voß (1851–1918), deutscher Schriftsteller.
161 Hermann Sudermann (1857–1928), deutscher Schriftsteller.
162 Herbert Volck (1894–1944), deutscher Schriftsteller und Abenteurer. Ein Werk Volcks mit dem von Wintereder angeführten Titel gibt es nicht; möglicherweise bezieht er sich auf: Herbert VOLCK, Rebellen um Ehre. Mein Kampf um die nationale Erhebung 1918–1933. Berlin 1932.
163 Von Tryge Gulbranssen (1894–1962), norwegischer Schriftsteller; „Ewig singen die Wälder" (norwegisches Orig. 1933; deutsche Übersetzung 1935); „Das Erbe von Björndal" (norwegisches Orig. 1934; deutsche Übersetzung 1936).
164 Der Flecken Greene ist ein Ortsteil der Stadt Einbeck.
165 Talkessel und Dorf in der Obersteiermark, Österreich.
166 Knickerbocker.
167 Kompaniefeldwebel, Leiter des Innendienstes einer Kompanie.
168 Befreundete Familie in der Veitsch: Hier verbrachte Karl Wintereder öfters seinen Bergurlaub. Die Beziehungen bestanden bereits länger, wie eine Weihnachtskarte der Familie Kandlbauer an Karl Wintereder aus 1937 belegt.
169 Mund, Gebiss.
170 Bezeichnung für außerhalb des Deutschen Reichs in den Grenzen von 1937 und Österreichs lebende Personen deutscher Volkszugehörigkeit und nichtdeutscher Staatsangehörigkeit, vor allem in Ost- und Südosteuropa.
171 Gemeint ist Kreiensen.
172 Die „Bremen" und die „Europa" waren turbinengetriebene Schnelldampfer der Reederei Norddeutscher Lloyd. Die „Bremen" gewann 1929 erstmals das Blaue Band als schnellstes Schiff auf der Transatlantik-Route Europa – New York, die „Europa" war von 1930 bis 1933 Trägerin dieser Auszeichnung.
173 Gemeint ist die Burgruine Greene.
174 Ausgelassener, leichtsinniger Mensch.
175 Großglockner, höchster Berg Österreichs (3.798 Meter).
176 Vgl. SCHIMAK, LAMPRECHT, DETTMER, 44. Infanterie-Division, S.55-89; DETTMER, JAUS, TOLKMITT, 44. Infanterie-Division, S.38-41, 51 u. 155; TESSIN, Verbände und Truppen, Bd. 5, S.116f.; Bd. 7, S.9; Klaus UMBREIT, Der Kampf um die Vormachtstellung in Westeuropa. In: Klaus A. Maier, Horst Rohde, Bernd Stegemann, Hans Umbreit, Die Errichtung der Hegemonie auf dem europäischen Kontinent. Stuttgart 1979 (Das Deutsche Reich und der Zweite Weltkrieg 2; Beiträge zur Militär- und Kriegsgeschichte), S.233-327, hier 282-327.
177 Karl Wintereder wurde bei Péronne, Frankreich, verwundet.
178 Amiens, Frankreich.
179 Péronne, Frankreich.
180 Fluss in Nordfrankreich.
181 Péruwelz, Belgien.
182 Mons, Belgien.
183 Gaze.
184 Zahlungsunfähig, pleite.
185 Gemeint ist wohl die Familie von Stefanie Strondl.
186 Hainburg an der Donau, Niederösterreich.

187 Das Einkommen, die „Gebührnisse", eines Soldaten bestand(en) aus monetären sowie Sach- und Dienstleistungen. Vgl. Rass, „Menschenmaterial", S.238. Die Gebührnisse setzten sich aus Grundgehalt, Wohnungsgeldzuschuss, Kinderzuschlägen, Dienstaufwandsentschädigungen und allfälligen Zulagen zusammen. Im Krieg erhielten alle Angehörigen der Wehrmacht zur Deckung individueller Bedürfnisse Wehrsold ausbezahlt; für Unteroffiziere belief sich dieser auf monatlich 42.- RM. Vgl. Absolon, Die Wehrmacht, Bd. V, S.345, 352. Rass, ebd., betont den aufgrund dieses Systems relativ hohen Lebensstandard von Wehrmachtsangehörigen und deren Familien während des Zweiten Weltkrieges.

188 Senitz/Senica, Slowakei.

189 Lundenburg/Břeclav, Tschechien.

190 Der Volksempfänger war ein technisch einfaches Rundfunkgerät, welches 1933 auf Veranlassung von Reichspropagandaminister Joseph Goebbels entwickelt wurde und als zentrales Instrument nationalsozialistischer Massenbeeinflussung fungierte.

191 Eines der zahllosen Mädchen, welches einem ihm persönlich unbekannten, im Feld stehenden Soldaten Briefe schrieb. Von ihr ist ein mit 5. Oktober 1940 datierter Brief erhalten, in dem sie über ihre – geheime! – Tätigkeit als Telefonistin in einer Militärbehörde berichtet und auf ein persönliches Kennenlernen hofft.

192 Vgl. Tessin, Verbände und Truppen, Bd. 5, S.168; Detlef Vogel, Das Eingreifen Deutschlands auf dem Balkan. In: Gerhard Schreiber, Bernd Stegemann, Detlef Vogel, Der Mittelmeerraum und Südosteuropa. Von der „non belligeranza" Italiens bis zum Kriegseintritt der Vereinigten Staaten. Stuttgart 1984 (Das Deutsche Reich und der Zweite Weltkrieg 3; Beiträge zur Militär- und Kriegsgeschichte), S.415-511, hier 442-484.

193 Gemeint ist das Salzkammergut, Oberösterreich.

194 Traunsee.

195 Totes Gebirge. Gebirgsgruppe der Nördlichen Kalkalpen in der nördlichen Steiermark und im südlichen Oberösterreich.

196 Berg im oberösterreichischen Teil des Salzkammergutes im Gemeindegebiet von Gmunden, am Ostufer des Traunsees (1.691 Meter).

197 Grete legte am 21. März 1941 vor dem Prüfungsausschuss der Krankenpflegeschule am Städtischen Krankenhaus in Wien-Lainz die staatliche Krankenpflegeprüfung mit dem Gesamtergebnis „Gut" ab.

198 Dem Brief liegt eine gepresste Pflanze bei.

199 Gebirgsgruppe südwestlich von Innsbruck in den zentralen Ostalpen, Tirol.

200 Berg westlich von Ebensee am Traunsee, Oberösterreich (1.592 Meter).

201 Das Hotel „Mucha" wurde 1873 unter dem Namen „Laufhuber" gegründet und hieß bis zu seinem Abriss 2008 „Parkhotel".

202 Luftsprung.

203 Vermutlich Agram/Zagreb, Kroatien.

204 Wallhalla ist ein Begriff aus der nordischen Mythologie. Er beschreibt den Ruheort der in einer Schlacht gefallenen Kämpfer, die sich als tapfer erwiesen haben.

205 Vgl. Tessin, Verbände und Truppen, Bd. 5, S.168; Ernst Klink, Horst Boog, Der Krieg gegen die Sowjetunion bis zur Jahreswende 1941/42. In: Horst Boog, Jürgen Förster, Joachim Hoffmann, Ernst Klink, Rolf-Dieter Müller, Gerd R. Ueberschär, Der Angriff auf die Sowjetunion. Mit einem Beiheft. Stuttgart 1983 (Das Deutsche Reich und der Zweite Weltkrieg 4; Beiträge zur Militär- und Kriegsgeschichte), S.449-712, hier 470-486, 508-539, 642-652.

206 Karl Wintereder reiste vermutlich von Agram über Wien und Brünn ins Generalgouvernement (Polen). Unter anderem erfolgte von hier aus am 22. Juni 1941 der Einmarsch der Wehrmacht in die Sowjetunion.

207 Das Gasthaus „Radwirt", Veitsch, Steiermark, existiert noch heute.

208 Gemeint ist die Veitschalpe (1.981 Meter).

209 Lemberg/Lwów/Lwiw, Ukraine.

210 Kiew/Kijew/Kyjiw, Ukraine.

211 Karl Wintereder bezieht sich auf die von 23. August bis 26. September 1941 stattgefundene Schlacht von Kiew.

212 Name nicht nachweisbar.

213 Amtsträger der NSDAP. Die Aufgaben der Politischen Leiter, zu denen Funktionsträger der Partei vom Blockleiter bis zum Reichsleiter gehörten, lagen in der politischen Überwachung, propagandistischen Ausrichtung und weltanschaulichen Schulung derjenigen Teile der Bevölkerung, die in der NSDAP organisiert waren.

214 Laut Feldpostnummer in der 1. Kriegslazarett-Abteilung 541.

215 Karl Wintereder laborierte offenbar an einer Gelbsuchtinfektion.

216 „Geselchtes" oder „Selchfleisch", eine aus Schweinefleisch hergestellte Kochpökelware.

217 Lebensmittelmarken für Wehrmachtsangehörige auf Heimurlaub.

218 Werkmeister, qualifizierte technische Führungskraft, zu dessen Kernaufgaben Koordination der Produktion sowie Sicherstellung von Qualitäts- und Arbeitsschutzstandards gehören.

219 Hotel Sacher, Wien.

220 Gasthaus im Wiener Prater.

221 Gebirge in den Tiroler Alpen.

222 Vgl. Tessin, Verbände und Truppen, Bd. 11, S.114f.; Bernd Wegner, Der Krieg gegen die Sowjetunion 1942/43. In: Horst Boog, Werner Rahn, Reinhard Stumpf, Bernd Wegner, Der globale Krieg. Die Ausweitung zum Weltkrieg und der Wechsel der Initiative 1941–1943. Stuttgart 1990 (Das Deutsche Reich und der Zweite Weltkrieg 6; Beiträge zur Militär- und Kriegsgeschichte), S.759-1102, hier 761-815, 840-898, 962-997; Piekalkiewicz, Stalingrad, S.37-138.

223 Umgangssprachlich für Wintereders Einheit.

224 Wintereder dürfte sich hier auf die letzte abgehaltene Sitzung des „Großdeutschen Reichstags" am 26. April 1942 in der Krolloper beziehen, in der Hitlers Machtfülle noch einmal vergrößert wurde, ohne an bestehende Rechtsvorschriften gebunden zu sein. Vgl. Max Domarus, Hitler. Reden und Proklamationen 1932–1945. Kommentiert von einem Zeitgenossen. Teil II: Untergang, 4. Bd. 1941–1945. Leonberg ⁴1988 [1973], S.1865-1877; beachte bes. 1877 mit den Ausführungen Hermann Görings.

225 Die Leica Camera AG ist ein deutsches Unternehmen der optischen Industrie mit Sitz in Wetzlar. Das Unternehmen hat sich auf die Fertigung von Fotoapparaten und Ferngläsern spezialisiert.

226 Stabskompanie im Nachschub-Bataillon 542.

227 Obwohl sich eine homogene Zusammensetzung der einzelnen Truppenteile – besonders in landsmannschaftlicher Hinsicht – auf die Soldaten positiv auswirkte, konnte diese, v.a. im Verlauf des Krieges, nicht durchgehend realisiert werden. Vgl. Rass, „Menschenmaterial", S.49.

228 Gemeint ist die Operation „Millennium". Sie war der Deckname für die Bombardierung Kölns in der Nacht vom 30. auf den 31. Mai 1942, bei dem die Royal Air Force (RAF) erstmals über 1.000 Bomber gleichzeitig einsetzte, weshalb er auch als erster „1000-Bomber-Angriff" bekannt ist. Vgl. Wolfgang Mühlbauer, 1.000 Bomber gegen Köln. In: Luftkrieg über Deutschland. Teil 1: von 1939 bis 1943. München 2019 (Clausewitz Spezial), S.38-43.

229 Angespielt wird auf den so genannten „Großen Terror" von 1936 bis 1938 (auch als „Große Säuberung" bekannt), dem zahlreiche, oftmals hochrangige Offiziere zum Opfer fielen. Das Wissen um diese Vorgänge war laut Sönke Neitzel, Historisches Institut der Universität Potsdam, zu Wintereders Zeit Allgemeingut (freundliche Auskunft vom 25.7.2022). Was die Folgen für die Rote Armee betrifft, wird in der Literatur einerseits die gestörte Balance von Militär und Politik erläutert, andererseits ein differenziertes Bild von den Ursachen des für die Rote Armee im Jahr 1941 katastrophalen Kriegsverlaufs gezeichnet, indem neben der erwähnten „Säuberung" das Fehlen echter Kriegserfahrung und der oft unzureichende Ausbildungsstand angegeben werden. Vgl. Richard Overy, Russlands Krieg 1941–1945. Reinbek bei Hamburg 2003 [amerikan. Orig. New York 1998], S.64 bzw. 65; Alexander Werth, Rußland im Krieg 1941–1945. München, Zürich 1965 [engl. Orig. London 1964], S.114.

230 Hier irrt Wintereder doppelt. Die Literatur zitiert – bei aller Vorsicht – sowjetische Angaben, denen zufolge die von den Alliierten 1941–45 „gelieferte schwere Ausrüstung (Panzer und Flugzeuge) etwa 10 bis 15 Prozent dessen" betrug, „was der Roten Armee insgesamt an diesen Waffen zur Verfügung stand." (Werth, Rußland im Krieg, S.427); ferner bezeugt diese Briefstelle die allgemeine Unterschätzung der sowjetischen Luftwaffe, wie sich gerade anhand der wenig später erfolgten Einkesselung der 6. Armee zeigen sollte. Zu deren Beginn „hatte die sowjetische Luftwaffe über 1400 Flugzeuge zusammengezogen. Und sie hatte nicht nur quantitativ zu der deutschen Luftwaffe aufgeschlossen, sondern begann

auch, sie qualitativ einzuholen." Russell MILLER, Die Sowjetunion im Luftkrieg. Lizenzausg. Eltville am Rhein 1993 [Orig. 1983] (Geschichte der Luftfahrt), S.122/123.
231 Primula balbisii aus der Familie der Primelgewächse.
232 Mitte 1942 entwickelte sich der Krieg für die Achsenmächte an verschiedenen Schauplätzen günstig; so verliefen die Abwehrkämpfe im Raum von Charkow ebenso erfolgreich wie die Angriffe auf Sewastopol bzw. Tobruk.
233 Unruhig, aufgeregt.
234 St. Johann im Pongau, Salzburg.
235 Hickory-Skier sind aus einem sehr harten und zähen Holz gefertigt; Kandahar ist eine spezielle Form der Bindung. Freundliche Auskunft von Barbara Habermann, WinterSportMuseum Mürzzuschlag (E-Mail, 26.7.2022).
236 Närrisch.
237 Kleingarten.
238 Brigittenau, 20. Wiener Gemeindebezirk.
239 Es dürfte sich um Anton Borek, einen Obergefreiten aus Böhmen/Mähren, handeln.
240 Klagenfurt, Kärnten.
241 Die deutsche Sommeroffensive von 1942 führte bekanntlich nach Stalingrad einer-, in den Kaukasus andererseits. – Vgl. die Übersicht bei KEHRIG, Stalingrad, S.25-35.
242 General Semjon Konstantinowitsch Timoschenko (1895–1970), Marschall der Sowjetunion. Ab Mai 1940 sowjetischer Verteidigungsminister (Volkskommissar). Nach dem Beginn des Deutsch-Sowjetischen Krieges ab Juni 1941 stellvertretender Oberbefehlshaber der Roten Armee.
243 Derartige Belobigungsschreiben konnten anhand der einschlägigen Literatur für die 44. ID nicht nachgewiesen werden.
244 Generalfeldmarschall Ewald von Kleist (1881–1954), während des Zweiten Weltkrieges Oberbefehlshaber verschiedener Armeen bzw. Heeresgruppen der Deutschen Wehrmacht.
245 Gemeint ist die von kanadischen bzw. britischen Truppen am 19. August 1942 unternommene und gescheiterte Landung bei der französischen Stadt Dieppe.
246 NSV-Schwesternschaft; wegen ihrer Dienstkleidung als „Braune Schwestern" bezeichnet.
247 Vgl. WEGNER, Krieg gegen die Sowjetunion, S.997-1102; PIEKALKIEWICZ, Stalingrad, S.139-672; Magnus POHL, Die militärischen Operationen vor und während der Schlacht um Stalingrad. In: Gorch Pieken, Matthias Rott, Jens Wehner (Hgg.), Stalingrad. Dresden 2012, S.36-51, hier v.a. 41-48.
248 Operette in drei Akten von Bela Jenbach und Heinz Reichert; die Musik wurde von Franz Lehár komponiert.
249 Gemeint sind die von der Roten Armee im Winter 1941/42 durchgeführten, für die Deutsche Wehrmacht zeitweise überaus gefährlichen Angriffsoperationen.
250 Eisenbahnknotenpunkt nordwestlich von Stalingrad.
251 Groß Raßberg, heute KG Maria Anzbach, Bezirk St. Pölten.
252 Name nicht nachweisbar.
253 Hadersdorf-Weidlingau, heute Teil des 14. Wiener Gemeindebezirks.
254 Die Grundzüge des am 13. September 1942 begonnenen Angriffs auf Stalingrad dürfen als bekannt vorausgesetzt werden. S. die im Literaturverzeichnis genannte Literatur zu Stalingrad.
255 Wintereder spielt wohl auf den Wehrmachtsbericht des 19. Septembers 1942 an, in welchem folgende Meldung gebracht wurde: „Der Kampf um Stalingrad wurde gegen zähen Widerstand erfolgreich fortgesetzt. Ein von Norden her gegen die deutsche Riegelstellung geführter örtlicher Entlastungsangriff starker feindlicher Infanterie- und Panzerverbände brach unter schweren Verlusten zusammen. In die eigenen Stellungen eingedrungene feindliche Kräfte wurden in hervorragender Zusammenarbeit von Verbänden des Heeres und der Luftwaffe aufgerieben." – Die Wehrmachtsberichte 1939–1945. Bd. 2: 1. Januar 1942 bis 31. Dezember 1943. Unveränd. pohotomechan. Nachdr. Köln 1989, S.291. – Zu diesen Kämpfen: PIEKALKIEWICZ, Stalingrad, S.134.
256 Karl Wintereder referenziert offenbar auf den Befehl Nr. 227 des Volkskommissars für Verteidigung der UdSSR vom 28. Juli 1942 („Keinen Schritt zurück!"). – OVERY, Russlands Krieg, S.249.
257 Gemeint ist der Wehrmachtsbericht.
258 Vgl. Anm.255.

259 Luhansk, Ukraine.
260 Gemeint ist ein Luftangriff.
261 Gebirgsstock der südlichen Kalkalpen an der österreichisch-slowenischen Grenze.
262 Gemeinde im Bezirk Spittal an der Drau, Kärnten.
263 Bereits in einem früheren undatierten Brief beklagte sich Wintereder über Kameradendiebstahl: „[…] und da hat mir einer 30 R.M. aus der Brieftasche genommen, während ich waschen war. Ich habe so etwas noch nicht erlebt, das ist keine Soldatengemeinschaft mehr." ACR, Karl Wintereder an die Familie.
264 Karl Wintereder litt unter einem schmerzhaften Furunkel am Bein, das entfernt werden musste.
265 Roman – erstmals 1933 erschienen – von Mirko Jelusich (1886–1969), einem österreichischen Schriftsteller.
266 Waldemar Bonsels (1880–1952), deutscher Schriftsteller.
267 Vgl. Anm. 161.
268 Eigentlich das 5. Jahr.
269 Jakob Weinstabl, Schlossermeister in Pressbaum, bei dem Karl Wintereder zwischen 1930 und 1933 lernte und am 6. April 1935 die Gesellenprüfung ablegte.
270 Teil des 17. Wiener Gemeindebezirks.
271 Vermutlich handelt es sich um folgendes Werk: Vorstoß nach Bosnien. Der Einsatz des LI. Armeekorps in der Südsteiermark und in Kroatien. Ein Bericht über den jugoslawischen Feldzug des LI. A.K. unter Mitwirkung von Männern der kämpfenden Truppe und einer Propaganda-Kompanie. Zsgest. u. hg. vom Generalkommando LI. A.K. Köthen 1941.
272 Am 19. November begann der sowjetische Großangriff am Don, der in der Folge zu der am 22. November vollendeten Einschließung der 6. Armee führte.
273 Ab 1942 wurde die Möglichkeit der Postbeförderung via Luftfeldpost verstärkt genutzt, v.a. in denjenigen Bereichen, die auf dem Landweg nicht (mehr) zu erreichen waren. Vgl. KILIAN, Funktionsweise der deutschen Feldpost. Es galt eine strenge Begrenzung von Menge und Gewicht der zur Beförderung zugelassenen Briefe bzw. Pakete.
274 „Mamatschi, schenk mir ein Pferdchen". Musik und Text stammen vom Wiener Oskar Schima (1894–1966).
275 Zwei Tage, nachdem Karl Wintereder diesen Brief geschrieben hat, am 10. Jänner 1943, begann die sowjetische Offensive zur Zerschlagung der eingeschlossenen 6. Armee. Das letzte deutsche Flugzeug verließ den Kessel am 23. oder 25. Jänner.

Weiteres zum Thema im Kral-Verlag

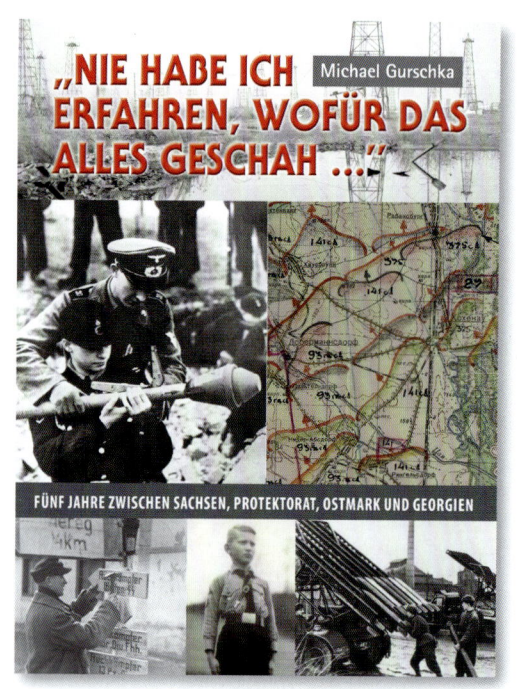

Michael Gurschka
„Nie habe ich erfahren, wofür das alles geschah ..."
Fünf Jahre zwischen Sachsen, Protekorat, Ostmark und Georgien
978-3-99103-075-1
23,5 x 31 cm
228 Seiten

Mit Lagekarte der 7. Gardearmee von den Bezirken Gänserndorf und Mistelbach im April 1945 • Mit Luftbild des Raumes NÖ Nordost/Dreiländereck dokumentiert durch die 60th Squadron der South African Air Force 1945

Heinz Fischer Jg. 1928 wurde 1945 im Alter von 16 Jahren dem SS-Regiment Konopacki zugeteilt, erlebte den Gegenangriff zur Wiederherstellung des Frontvorsprungs des Panzerkorps Feldherrenhalle im Raum Altlichtenwarth sowie Rückzugsgefechte an der Thaya bei Hrabětice, Grafendorf/Laa.

Hans Fischer: „Nie habe ich erfahren, wofür das alles geschah", wurde im April 1945 ebenfalls 16-jährig und, im Gegensatz zu Heinz Fischer, keinem militärischen Truppenteil mehr zugehörig, sprich einheitslos (!), mit 30 weiteren Jugendlichen vom Truppenübungsplatz Kynschlag, Protektorat, im Eisenbahntransport über Prag ins Frontgebiet an der niederösterreichisch-tschechischen Grenze verbracht und einfach seinem Schicksal überlassen.

Zwischen „Soldaten, die noch halbe Kinder waren", ideologischer und materieller Auflösungserscheinung, Feuerüberlegenheit der Roten Armee, begrenzten deutschen Erfolgen, kontrollierter Absetzbewegung bzw. Flucht, Gefangennahme, Kriegsgefangenschaft in Lagern im Waldviertel, Horn und Edelbach bis Georgien und Heimkehr bleibt in diesem Werk nichts unberührt.

„Möge das, was wir aus bitterer eigener Erfahrung weitergeben, ein geistiges Mahnmal sein und für die Geschichte – gestern, heute und morgen – sensibel machen." (Mitwirkender und Mentor des Autors: Generalinspektor außer Dienst; Sektionschef in Ruhe Dr. iur. Otto Gratschmayer, Jg. 1925)

Weiteres zum Thema im Kral-Verlag

Michael Gurschka / unter Mitwirkung von Otto Gratschmayer
Wir waren die Jüngsten
Zeitzeugen der Jahrgänge 1919–1935 berichten
978-3-99024-896-6
23,5 x 31 cm
256 Seiten

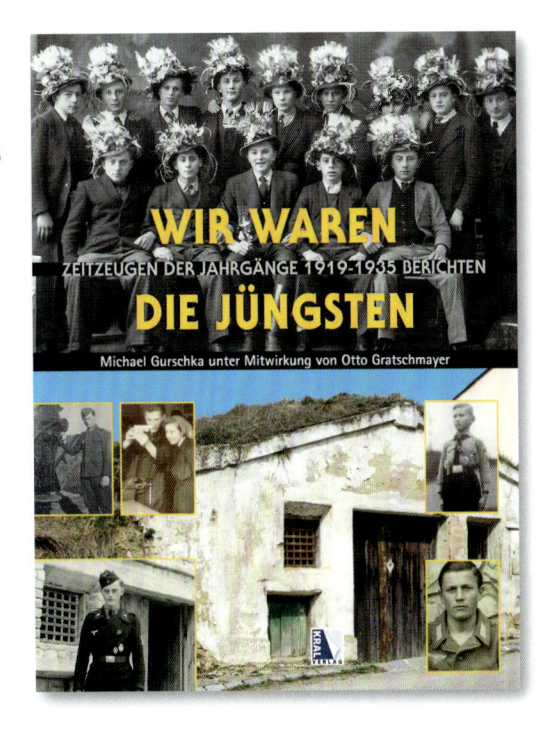

Von der letzten großangelegten Panzerschlacht an der **Ostfront 1943** bis zum bitteren Ende im Österreichischen **Weinviertel** nördlich der Donau im April 1945 veranschaulicht der Autor, selbst Offizier und Enkelsohn eines Stalingrad-Überlebenden, die menschlichen Tragödien hinter den militärischen Schachzügen.

Zahlreiche Zeitzeugen aus Deutschland, Ober- und Niederösterreich und Wien **der letzten elf zum Wehrdienst eingezogenen Jahrgänge**, 1919 bis 1929, berichten über das Leben als Zivilisten, die Stellung und Einberufung, den ab 1943 einsetzenden Rückzug, die sowjetische oder westalliierte Überlegenheit an Truppen sowie an Panzern, Flugzeugen und Artillerie, am Marsch und in der Stellung und die russische Kriegsgefangenschaft.

Weiteres zum Thema im Kral-Verlag

Michael Gurschka
Vom Weinviertel nach Stalingrad
1930 bis März 1943
978-3-99024-728-0
23,5 x 31 cm
240 Seiten

Michael Gurschka, geboren 1979, in Mistelbach und aufgewachsen im nordöstlichen Weinviertel, Schrattenberg, absolvierte nach einer Elektroinstallateur-Lehre den 29. Jagdkommandogrundkurs. Nach friedenssichernden Einsätzen im Kosovo, in Mazedonien und Bosnien legte er die Berufsreifeprüfung ab und begann das Studium der Militärischen Führung an der Theresianischen Militärakademie in Wr. Neustadt, das er gleichzeitig mit der Ausbildung zum Truppenoffizier als Leutnant 2011 abschloss. Es folgten Entsendungen zu Ausbildungskooperationszwecken nach Deutschland und Griechenland sowie privatwirtschaftliche Projekttätigkeit in Europa und im Nahen Osten und ein Einsatz im Raum Srebrenica, Ostbosnien, im Rahmen von EUFOR. Derzeitige Verwendung an der Heerestruppenschule.

Die tragischen Folgen von Hitlers Fehlentscheidung aus Größenwahn ist historisches Allgemeinwissen: Die Vernichtung der 6. Armee vor Stalingrad in nur zwei Monaten. 100.000 Gefallene und 90.000 Gefangene, von denen lediglich 6.000 heimkehrten! Der Autor, selbst Offizier, dokumentiert anhand von 600 Einzelschicksalen junger Männer aus dem nordöstlichen Niederösterreich, dem Weinviertel, aus Wien und dem Nordburgenland persönliche Schicksale und bringt sie mit militärischer Taktik und Operation zum offiziellen Kriegsverlauf und den Geschehnissen an der Front in Übereinstimmung. In jahrelanger Kleinarbeit wurden akribisch Dokumente und Fotos aus bisher teils unzugänglichen Archiven, zahlreichen persönlichen und bewegenden Gesprächen mit Zeitzeugen sowie aus privaten Quellen gesammelt und zu einem einmaligen Werk zusammengefügt, das dieses Buch sowohl zu einer spannenden Lektüre wie auch zu einer wichtigen Mahnung werden lässt.

Weiteres zum Thema im Kral-Verlag

Helmut Berg
Sie nannten uns Helden
Der Stuka-Flieger Hans Deibl
978-3-99024-925-3
16 x 24 cm
184 Seiten

Das Buch zur gleichnamigen Doku in ORF III Kultur und Information

Der Maturant Hans Deibl träumt schon als Kind vom Fliegen. Im Jahr 1938 scheint die Zeit gekommen. Begeistert wird er Kampfpilot in einem der gefürchtetsten Flugzeuge der deutschen Luftwaffe, dem Sturzkampfbomber Junkers Ju 87, genannt Stuka. Der junge, schneidige Offizier scheint wie geschaffen für diese todbringende Maschine. Stuka-Flieger sind die „Popstars" und Jugendidole der Luftwaffe. Hans Deibl genießt die Rolle des gefeierten Helden und Frauenschwarms. Nach zahlreichen gefährlichen Einsätzen wird er über der Sahara im Luftkampf abgeschossen und schwer verwundet.

Weiteres zum Thema im Kral-Verlag

Markus Reisner
Die Schlacht um Wien 1945
Die Wiener Operation der sowjetischen Streitkräfte im März und April 1945
978-3-99024-898-0
16,5 x 24 cm
656 Seiten

+ 1 **Faltkarte 62 x 85 cm** mit Angriffsverlauf der 6. Gardepanzerarmee und der 9. Gardearmee auf Wien

2. überarbeitete Auflage

Mit einzigartigem, bisher noch nie veröffentlichten Kartenmaterial

Im Frühjahr 1945 marschierten an allen Fronten die alliierten Streitkräfte vor, während sich die Soldaten der deutschen Wehrmacht zurückzogen und einen aussichtslosen Kampf führten. Die letzten Wochen des Krieges waren geprägt von sinnlosen Opfern und umfangreichen Zerstörungen. Auf den Osten Österreichs bewegten sich im März 1945 umfangreiche sowjetische Truppenverbände zu. Ihr Ziel war die Stadt Wien, deren Einnahme im Rahmen der sogenannten „**Wiener Operation**" so rasch wie möglich erfolgen sollte und schließlich von 16. März bis 15. April 1945 dauerte.